客户智能

客户营销与服务的数字化转型

杨 林 杨佳祺◎编著

人民邮电出版社
北 京

图书在版编目（CIP）数据

客户智能 ： 客户营销与服务的数字化转型 / 杨林，杨佳祺编著. -- 北京 ： 人民邮电出版社， 2021.10
ISBN 978-7-115-57015-4

Ⅰ. ①客… Ⅱ. ①杨… ②杨… Ⅲ. ①企业管理—销售管理 Ⅳ. ①F274

中国版本图书馆CIP数据核字(2021)第149491号

内 容 提 要

本书系统、详尽地介绍了客户智能在客户营销与服务的数字化转型中所起的作用，以及客户智能系统的落地实践。内容主要包含客户智能产生的背景、研究现状，客户智能的体系框架，客户智能中的管理思想，CIS 和 I-CRM 的实现；还包含 5 个综合案例，分别为客户智能在金融机构客户分类、对公银行客户获取、零售业精准营销、零售银行精准财富规划，以及在整车销售企业打造优质客户体验中的应用。

本书内容丰富，图文并茂，适合客户营销与服务数字化转型从业人员、CRM 咨询从业人员、市场营销领域从业人员等读者阅读和参考。

◆ 编　　著　杨　林　杨佳祺
责任编辑　贾鸿飞
责任印制　王　郁　彭志环

◆ 人民邮电出版社出版发行　　北京市丰台区成寿寺路 11 号
邮编　100164　　电子邮件　315@ptpress.com.cn
网址　https://www.ptpress.com.cn
北京市艺辉印刷有限公司印刷

◆ 开本：700×1000　1/16
印张：15.75
字数：256 千字　　　　　　2021 年 10 月第 1 版
印数：1 – 2 500 册　　　　2021 年 10 月北京第 1 次印刷

定价：69.90 元

读者服务热线：(010)81055410　印装质量热线：(010)81055316
反盗版热线：(010)81055315
广告经营许可证：京东市监广登字 20170147 号

推荐序

客户是企业生存之本，优化以客户为中心的经营模式是企业长期追求的目标。这不仅为企业带来经济效益，还极大地提高了企业的竞争力。然而，很多企业在管理客户资源、实现客户营销的道路上走得并不顺畅。杨林博士根据企业的需求，结合自己的工作实践，对客户营销和服务的数字化转型作了坚持不懈的研究，“客户智能”一书是他 20 年的思考、实践和研究的总结，从理论和实践两个方面对客户智能进行了全面的诠释。

客户智能是一个不断发展的概念。作者早在 2002 年就率先对“客户智能”（Customer Intelligence, CI）的概念和理论体系展开了研究，后续经过 20 多年在不同行业的打磨和应用，确定了本书的研究视角：提出从客户知识的角度系统定义和研究客户智能，扩展了国内外咨询公司、IT 公司研究客户智能的新视角。研究认为，客户知识是客户智能的基本要素，客户智能是指创新和使用客户知识，帮助企业提高优化客户关系的决策能力和整体运营能力的概念、方法、过程、能力以及软件的集合。

有了理论框架体系后如何使客户智能运转起来，是企业管理者和企业 IT 部门关心的问题。自 20 世纪 80 年代信息技术革命促进信息时代的来临起，ERP、CRM、MES 等管理信息系统（MIS）在企业内不断得到推广，推进了企业数字化转型的进程。特别是 2019 年，在政府提出的“加强新一代信息基础设施建设”的新基建方针指引下，杨林发挥他的管理科学和信息技术专业优势，运用 5G、大数据、人工智能、物联网等新兴信息技术，在多家企业的营销管理领域，设计并实施了客户智能系统。这些系统构建客户知识库，能同时分析大量影响管理决策的内、外部影响因素，实现动态学习并制定更快、更智能的决策，达到辅助管理决策自动化。可以认为，这个领域中人工智能最大的优势在于与人类智慧相结合，从而实现企业经营决策与消费行为决策间的相辅相成。

这种结合体现在市场营销领域，5G、大数据、人工智能在不同方面赋能客户营销和服务，促使产品更快地被客户接受，带来更好的客户体验，让客户得到更好的服务，可以让数字化手段充分发挥应有的作用。这就是本书倡导的“客户智能—赋能客户营销和服务”的概念。创新企业进行市场营销活动的方法和手段，从而实现包括客户营销和服务在内的企业数字化转型。

本书有三个突出的特点。

一是系统性。它从客户智能体系的全视角，阐述从客户知识到产生客户智能能力的内在联系，详述商业智能、知识发现技术为什么能够、如何能够支持客户营销和服务活动的原理，奠定了书的理论基础。

二是实用性。书中分享了作者主持过的几个客户营销和服务数字化案例，重点提炼了客户智能应用部分，从案例的字里行间，让读者感受零售、银行、汽车销售等行业应用客户智能技术，精准提升营销能力、提高客户服务体验水平的场景与事实，以启发读者扩大应用范围。

三是创新性。本书打破仅从管理学视角研究市场营销的局限，运用知识工程领域的知识，阐述客户知识的来龙去脉。用新兴信息技术实现企业数字化转型，创造出一种分析、解决市场营销问题的新方法、新途径，为大数据、人工智能等新兴技术应用到社会经济活动提供了新思路。

20 多年来，杨林博士不懈地努力推进客户营销和服务的数字化转型，站在企业一线从事客户智能有关的项目。在繁忙工作的间隙，他经常回到大学校园与导师、学者交流心得，通过学术会议与同行交流科研成果，这种边实践、边总结的精神，是他得以写成本书的动力。从另一个角度，随着互联网技术的迅猛发展，无论在学术研究领域，还是在企业数字化转型的实践领域，这种与时俱进的理论和实践相结合的分享一定会让读者从中获益。

刘仲英 教授
2021 年 8 月于同济大学

前言

当前，以客户为中心的经营模式要求企业对竞争环境的关注焦点集中到客户身上，客户是企业生存之本。另外，很多企业在客户营销和服务数字化转型（包括 CRM 实施）的道路上走得并不顺畅。笔者经过近 20 年客户营销和服务数字化转型、理论学习、实践和思考，发现业界对客户营销和服务数字化转型所涉及的基础对象——客户决策、客户体验、客户关系等的理解，缺乏普遍意义上的思想指导。笔者早在 2002 年就较完整地首次在国内提出“客户智能”（Customer Intelligence, CI）的概念，该概念经过近 20 年在不同行业企业的实践与应用，现在有必要从新的视角诠释客户营销和服务数字化转型的理论支撑和思想精髓。本书从客户知识的角度系统地定义和研究了客户智能，突破了咨询公司、IT 公司研究客户智能视角的局限性，从知识工程角度阐述客户智能的基本要素——客户知识，并对基于客户知识的客户智能体系和客户智能的实现进行了研究。研究结论认为，客户智能是指创新和使用客户知识、帮助企业提升优化客户关系的决策能力和一系列理论、概念、方法、过程、能力以及软件的集合。

本书第 1 章分析了提出客户智能的时代、市场和企业管理背景，指出客户智能是企业建立基于知识的竞争优势必不可少的要素，它也是企业数字化转型发展到一定程度的要求。本章综述了当前客户智能的研究现状。

基于以上分析，本书第 1 章重新定义了客户智能。客户智能是通过客户知识生成、分发和使用所产生的、体现在面向客户决策上的能力。客户智能体系包括三部分内容：客户智能体系框架、客户智能理论基础（客户智能中的管理思想）、客户智能系统。接下来 3 章分别就上述三部分内容展开阐述。

第 2 章为客户智能体系框架，包括客户知识、客户知识管理、CRM、商业智能。客户智能的本质是企业创新、使用客户知识创造客户价值，从而产生持续竞争优势。客户价值概念的提出是市场营销理论的又一次飞跃，本书中的“客户价值”是从客户出发的价值——客户让渡价值，以及从企业出发的价值——客户关系价值的综合。

第 3 章中的客户智能理论基础包括与客户有关的理论，即客户行为、客户心理、客户价值以及企业对客户的相关评判、决策等密切相关理论的集合。客户发展战略是企业处理客户关系的指导思想，它是企业战略中最具参照价值的一种竞争战略。结合本书研究的出发点，第 3 章将研究重点放在如何长期保留客户，即客户忠诚上。客户忠诚能为企业创造基于知识（客户知识）的竞争优势。本章在对雷克海尔德（Reichheld）的客户 LTV（生命周期价值）定义进行改进的基础上，进行基于客户价值的客户忠诚建模，该模型对企业提升客户忠诚度的客户智能应用具有指导意义。其研究方法和思路对客户价值的研究以及对其他基于客户价值理论的研究具有借鉴意义。

客户智能系统是客户智能的实现平台。第 4 章就客户智能系统的研究内容、实现方法和技术进行了研究。本书构造了客户智能系统的一般性框架，提出基于商业对象的客户智能系统实现方法，并重点就客户智能系统实现中的客户数据仓库建设、客户知识发现两个关键问题进行了详细研究。本章最后，针对当前 CRM 理论研究和应用存在的局限性，提出基于客户智能的 CRM，即 I-CRM 系统架构。

第 5 章以分类客户知识发现为例探讨了客户智能实现的一般过程，可作为其他以客户知识发现为技术手段的客户智能实现过程的参考。第 6 ~ 9 章分别对智能获客、精准营销、精准财富规划、精致客户体验等在银行、零售、汽车销售等行业的客户智能创新案例进行了分享和剖析。

杨林

2021 年 5 月

目　录

第1章

定义客户智能

企业竞争环境，泛指一切影响、制约企业战略最普遍的因素。企业竞争环境既包括影响企业战略的社会性力量与因素，如经济、社会文化、法律及科技状况，又包括与企业经营活动直接发生关系的组织者与行为者的力量和因素，如企业内部环境、供应商、经销商、客户、竞争企业等。企业竞争环境是一种动态的环境。

而客户资源无疑已经成为企业最重要的战略资源之一。客户行为越来越理性，企业越来越意识到以客户为中心的经营模式的必要性。客户是企业生存之本。这要求企业在广泛关注竞争环境的同时，必须加大对客户这一因素的投入力度。企业的核心任务是一方面提升企业核心竞争力适应客户需求的变化，以提升市场竞争力，另一方面以先进的管理思想为指导，采取技术手段，科学地处理企业与客户之间的关系，以维持和提高客户占有率。

中国已经加入世界贸易组织（World Trade Organization, WTO）多年，企业正面临着全球经济一体化的全方位挑战。当前的企业正处在崭新的时代背景和崭新的市场背景下，经受着各种先进的、科学的企业管理理论的影响，其中包括由客户因素驱动的企业管理理论。客户智能（Customer Intelligence, CI）理论就是在这种复杂的背景下应运而生的。

1.1 引言

概括地讲，客户智能代表企业为发展与客户之间的长期合作关系、提高企业以客户为中心的运营性能而采用的一系列理论、方法、技术、能力和软件的总和。“智能”体现了企业对经营环境变化的应变能力，客户“智能”反映了在面对特定的与客户有关的决策问题时，企业作为一个整体抓住问题本质并对它们做出适当的反应的能力。客户智能（活动）受客户智能理论和体系的指导、制约。

笔者于2002年在国内系统地提出“客户智能”的概念，该概念经过近20年在不同行业企业的实践与应用，现在有必要从新的视角诠释客户营销和服务数字化转型的理论支撑和思想精髓。本书定义、研究、推崇应用“客户智能”这一概念主要出于以下动机。

（1）以客户为中心的发展导向。客户成为企业最重要的资源，以客户为中心是市场经济环境下的企业必须奉行的准则，而这一点在执行层面缺乏普遍意义上的企业战略指导。企业需要明确客户发展战略在企业战略中的地位。

（2）企业数字化转型要经历五次浪潮。当前企业所处的信息化的阶段是通过网络和信息系统，企业已成为一个“实时”的企业，业务数据已经有了大量的积累。但是，一个“实时”的企业仅仅提高了事务操作的效率，并不能保证同时提高了决策的效率和准确性，因为企业缺乏的是对业务数据的智能分析和利用。这种不足体现在面向客户的决策上，就是缺乏客户智能的体系和对客户智能的实现。

而企业对现有业务数据的智能分析和利用的需求是相当迫切的。一方面是为满足提高决策质量的需要，另一方面来自日益激烈的市场竞争。经济的全球化带来的机遇与挑战要求企业想尽一切办法赶超客户的期望，长久地赢得客户的订单与情感。对一些客户数据基础较好的企业，比如商业银行、保险公司、证券公司，这种需求会更迫切一些。

（3）当前客户营销和服务数字化转型，包括CRM（Customer Relationship Management，客户关系管理）的应用方兴未艾。由于缺乏普遍意义上的理论基础指导，客户营销和服务数字化转型的研究和应用仿佛失去了方向，迫切需要一些具有普遍意义的指导。

（4）基于知识的企业竞争需要企业内外多种知识的支持。客户知识是企业知识类型中的一种，并且已经成为其中最重要的一类。基于客户知识的客户智能研究对如何创造基于客户知识的企业竞争优势具有理论指导意义。

1.2 客户智能的意义

本节简要论述提出并研究客户智能的必要性和意义。知识经济的发展潮流要求企业建立以知识和信息为基础的经济，增强知识工人的素质和增大比例，以满足客户理性的需求。客户智能是基于知识（客户知识）的体系和能力反映，顺应了时代的要求。另外，客户驱动的市场环境要求企业实现从以产品为中心到以客户为中心的经营模式、营销模式、竞争策略的转变，企业需要新的指导思想、新的经营策略应对由客户驱动的市场环境。本书在论述客户智能出现的企业管理背景时突出了两个方面：一方面论述业务智能化是企业数字化转型发展到一定阶段的必然趋势，另一方面强调客户智能是企业建立或保持基于知识的竞争优势的一种战略和应用。

1.2.1 客户智能提出的时代背景

一个以知识和信息为基础的、竞争与合作并存的经济全球化的市场经济已经形成。有数据表明，WTO 主要成员 GDP 的 50% 以上是以知识为基础创造的。

经济全球化是以信息技术为基础、以信息全球化为条件、以市场全球化为根本的世界经济发展趋势，它使各个国家和地区之间经济联系日益密切。相伴着目前经济全球化的发展进程，以知识经济为经济形态代表、虚拟经济为经济活动主体、网络经济为经济运行核心、知识工人为经济发展主力的新经济时代似乎已经来临。在新经济时代的召唤下，企业经济活动更加趋于全球化。

美国经济学家保尔·罗默在他的《新经济增长理论》一文中指出，知识是一种生产要素。经济合作与发展组织（Organization for Economic Cooperation and Development, OECD）于 1996 年 10 月发表的一份报告中提出了知识经济是“以知识为基础的经济”（Knowledge-based Economy）的概念，并把它界定为建立在知识和信息的生产、分配和使用之上的经济。有关知识经济的定义和相关问题的讨论日益深入和激烈，也取得了一些较为一致的认识。相关认识包括：①对“知识社会”的认识；②知识经济离我们还有一段不小的距离；③对知识管理的研究可成为知识经济即将来临的标志之一；等等。

开放、共享、联合与合作是新经济时代的特征。这样的合作或联合可以集中优势，优化资源配置，进一步占领全球市场；又能相互借助对方的资源、技术、管理、产品等方面的优势实现互补，增强各方的综合竞争实力。这其中就包括了企业自身的客户和其战略联盟的客户，因为客户已经成为企业最重要的资源之一。新经济时代改变了客户的思维方式和行为方式，缩短了客户与企业的距离。尤其是信息技术的飞速发展，带来了客户消费行为历史性和根本性的变革。

所以，一方面企业必须积极应对消费观念不断变化的客户，而另一方面企业面临着建立以知识和信息为基础的经济，增强知识工人的素质和增大比例的使命和挑战，这是时代赋予企业的使命和挑战。客户智能是利用客户知识满足客户需求的变化、提升企业 - 客户联盟的长效性的理论，并且它为企业提供了基于客户知识的应用平台。

1.2.2 客户智能提出的市场背景

客户的内涵随着企业管理理论的深化不断延伸。延伸后的客户范围包括两个部分：一部分是企业的外部客户，即凡是购买或可能购买企业产品和服务的团体和个人。这里不仅指企业产品和服务的直接购买者（经销商、代理商），还包括企业产品和服务的最终使用者，即消费者或客户，甚至还包括广泛意义上的社会大众。另外一部分是指企业的内部客户。当客户的概念被引入企业内部时，客户的内涵得到了延伸，见图 1-1。在这一层面上，企业中产、供、销及其他职能部门之间，上级领导与下级部属之间，以及生产线上下工序之间等都存在着彼此互为服务对象的关系，这种存在着服务与被服务、供应与被供应关系的双方都可以称为“客户”。依照延伸后的定义，企业供应链中的供应商、零售商也应被视为企业的客户。

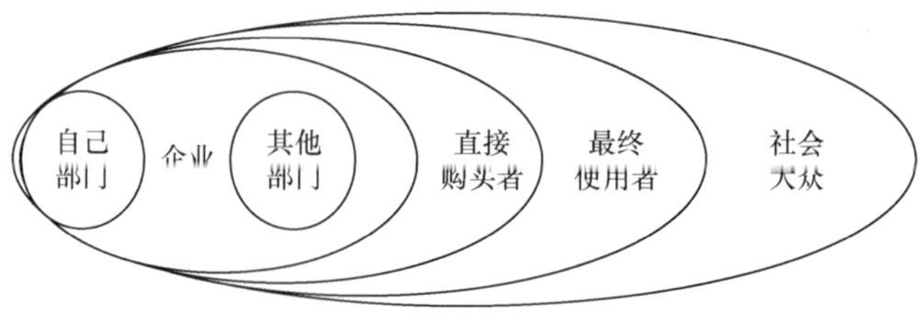

图 1-1　延伸后的客户内涵

本书研究的客户，指企业以外的全部客户，更精确一点，是与企业有往来的外部客户。

1.2.2.1　经营模式的转变

任何一个经过长期发展的经济都不可避免地经历从以产品为中心到以客户为中心的经营模式的转变，见下表。现代科技发展使产品不断更新，唯一不变的只有客户。因此，现代企业的迫切工作是在新的经营模式下维持客户关系。

经营模式的转变

以产品为中心——→以客户为中心
产品——→客户
业务管理——→关系管理
吸引客户——→保留客户
品牌价值——→客户价值

传统经营模式以产品为竞争基础。企业关心更多的是企业内部运作效率和产品质量的提高，以此提升企业的竞争力，如在 20 世纪 80 年代末期兴起的 ERP（Enterprise Resource Planning，企业资源计划）应用。随着全球经济一体化和竞争的加剧，产品同质化的趋势越来越明显，降低产品价格和提高产品质量不再是企业获利的主要手段。提升以客户为中心、倾听客户呼声和需求、对不断变化的客户期望迅速做出反应的能力成为企业成功的关键。

伴随着竞争环境的变化和信息技术的飞速发展，一方面企业与客户之间进行交流的渠道或方式越来越多，有呼叫中心、电话、移动电话、掌上电脑、E-mail、互联网、社交平台及面对面交谈，客户选择产品和服务的途径越来越多。另一方面，客户消费行为日益成熟，客户采用和购买产品比以往更加理性。客户已经不满足只购买产品，而更关心能不能得到良好的服务和体验，并且关心服务能否具有个性化。因此，企业关于只要客户满意就能长期获利的观念有所改变，客户满意不代表客户不会流失。保持较高的客户保留率对企业利润的增加至关重要。有资料表明：

（1）获得一个新客户的成本是留住一个老客户的成本的 5 ～ 8 倍；

（2）客户保留率提高 5%，利润会增加 85%；

（3）推销产品或服务给一个新客户和一个老客户的成交机会分别为 15% 和 50%。

因此现代企业不但要提高现有客户的满意度，更重要的，是要通过客户关系管理提高存量客户和潜在客户的忠诚度，从而提高客户保留率。著名的网上书店亚马逊获得了极大成功，主要的原因是采取了一系列客户保留措施，提升了客户忠诚度。数据表明，来自全球的上千万客户当中，超过 65% 的客户是老客户。

1.2.2.2 营销模式的变革

新的经营模式的出现带来了市场营销模式由传统的 4P（Product、Price, Place、Promotion）到 4C（Customer、Cost、Convenience、Communication）的转变。客户对产品或服务的感知程度或者客户体验直接决定了营销效果。

20 世纪 80 年代，西方企业兴起了客户满意战略，目的在于提高客户满意度和客户盈利率。此后的 20 余年里，许多新的、与营销密切相关的理论相继诞生，如 6Ps、关系营销、客户联盟（Customer Intimacy）、敏捷性公司（Agile Company）、虚拟组织（Virtual Organization）、数据库营销等。其中以 Fred.Wiersema 提出的客户联盟理论最具代表性。客户联盟的目标在于创造一个企业与客户的动态合作关系，不但帮助客户解决已存在的难题，而且挖掘未实现的潜能。客户联盟远远超出客户满意的范畴，追求能够超越客户期望的解决方案。企业通过挖掘未被客户察觉的潜能和预先防止客户不满的发生，来为客户、为企业创造新的商业机会。囿于当时的支持技术，客户联盟很难从实践上真正做到。

著名营销学家菲利普·科特勒（Philip Kotler）总结了营销观念发展的五个阶段，即生产观念、产品观念、推销观念、市场营销观念及社会营销观念五个阶段（见图 1-2 所示的前五个阶段）。生产观念、产品观念和推销观念的共同之处在于没有真正重视客户的需求，仅把交易看作营销的基础而一味追求交易的利润最大化，没有把与客户建立和保持广泛密切的关系摆在重要位置。形成于 20 世纪 50 年代的市场营销观念要求企业营销管理贯彻“顾客至上”的原则，是市场营销哲学质的飞跃和革命；社会营销观念则兼顾社会长远利益，是对市场营销观念的补充和修正。大营销（Megamarketing）研究的是企业在全球市场进行营销的问题，较之前有所进步的地方在于它强调企业必须在买卖双方的共同利益和目标下，为达到彼此互助互利、和谐一致而采取合理的态度和行动。

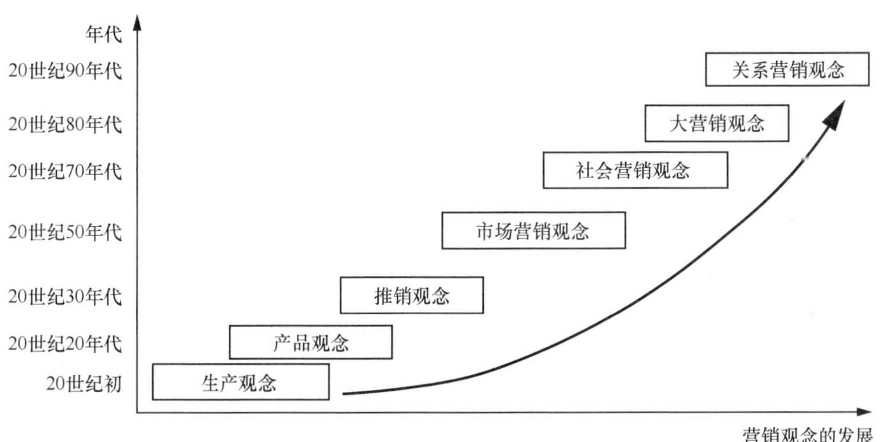

图 1-2　营销观念的发展

关系营销观念是于 20 世纪 90 年代随着大营销观念的发展而产生的，并且在以上各个阶段营销思想的基础上对营销过程和营销方式进行了整合。《数据库营销》一书对关系营销的定义是：以系统论为基本思想，将企业置于社会经济大环境中来考察企业的市场营销活动。该书认为企业营销是一个与消费者、竞争者、供应商、分销商、政府机构和社会组织发生互动作用的过程，正确处理与这些个人和组织的关系是企业营销的核心，是企业成功的关键。关系营销坚持企业与客户之间的长期关系是关系营销的核心的思想，并首次强调了客户关系在企业战略和营销中的地位与作用，而不是单从交易利润的层次上考虑。

客户关系管理（CRM）作为新的管理思想，延续了关系营销的核心思想，但绝不限于此。CRM 更强调对现有客户关系的保持与提升，从而达到长期的客户满意，甚至客户忠诚。CRM 不但考虑如何制定营销策略，而且考虑如何让营销策略通过卓有成效的营销和服务方式作用于客户。在操作层面上，CRM 真正强调和实现了信息技术与营销、销售与服务活动的集成。数据仓库技术、数据挖掘技术、OLAP（Online Analytical Processing，联机分析处理）技术等成熟的信息技术在 CRM 系统中起到了支撑作用。CRM 在它们的集成作用下，基本摈弃了市场营销领域靠经验决策的做法，极大地提高了决策的科学性和准确性。

Webster（1992）这样总结营销发展趋势：存在从交易导向向关系导向转变的趋势。无论从学术还是理论角度，将短期利润最大化和强调市场交易作为营销的重点是相对狭隘和不合时宜的，这与与日俱增强调长期客户关系的事实不相符。客户智能是追求客户关系长效性的理论和应用，它提供了处理和优化客户关系的思想和方法。

1.2.2.3 竞争策略的重新定位

1. 竞争范围影响着竞争策略

经济的全球化使企业之间的界限越来越模糊。现代企业所面临的市场竞争无论在广度还是深度上都在进一步增大，竞争者已不仅仅包括行业内部已有的或潜在的竞争对手。在利益机制驱动下，许多提供替代产品或服务的竞争者、供应商和客户也加入竞争者的链条。竞争的观念逐渐由以利润为导向发展到以客户为导向、以保持持续竞争力为导向。低成本、好产品不足以保证企业立于不败之地。有效地避免客户流失，强化企业与客户的关系已成为衡量竞争力的标准。维持良好的客户关系，对保留客户、提升客户对品牌的忠诚度起着关键作用。

2. 竞争方式影响着竞争策略

现代的市场竞争不再是单一企业之间的竞争，而是以企业为核心的供应链之间的竞争，满足客户需求是供应链的整体目标。围绕这一目标，核心企业通过对信息流、物流、资金流的控制，将供应商、制造商、分销商、零售商直到最终客户连成一个整体的功能网链。在这一链条上，最终客户的需求和期望发挥着导向作用，能否满足客户需求和期望是决定供应链竞争能力强弱的核心要素。供应链上的每一个企业立足于充分利用外部资源，实现企业内外资源优化。

客户正决定着企业的一切：经营模式、营销模式、竞争策略。客户的一举一动都应该引起企业的特别关注，否则企业有可能会失去稍纵即逝的发展机遇而无论企业的产品好到什么程度。客户就是市场，是企业竞争的唯一导向。如何才能在强者如云的竞争环境中捕捉到客户的有效需求、维持长期的合作关系呢？企业迫切需要一个崭新的经营指导思想和一个可操作的指导方法来帮助提升处理客户关系的能力。客户智能使用知识发现技术智能化地发现不易被察觉的客户知识，并将之应用于面向客户的决策问题上，达到出奇制胜的竞争效果。

1.2.3　客户智能提出的企业管理背景

1.2.3.1　数字化转型的趋势

信息技术创造企业竞争优势。信息技术可以改善产品质量、业务流程、服务质量、研究开发能力，促进企业管理变革，获得竞争优势；信息技术促进组织学习，实现竞争—合作，是企业建立战略联盟的催化剂。

信息技术将经历五次浪潮，见图 1-3。目前信息技术处于第四次浪潮的中后期，而第五次浪潮将蓬勃而来。通过企业局域网、广域网的构建和业务处理信息系统的建设，企业内部人员得以通过网络和信息系统实时交流，一个“实时的企业”（Real-time Enterprise）在第三次浪潮中形成了，这为以电子商务和网上交易为主要特征的第四次浪潮打下了一个良好的基础。信息技术的第四次浪潮让越来越多的人（客户）、企业加入互联网和电子商务的应用。企业在第四次浪潮中不断完善内部应用的同时，做好与外部应用的集成，为更快、更好地进入互联网、电子商务领域打下坚实的基础。“互联网 +”、电子商务应用广泛普及的现实生活也证实了这一点。我国在这些领域已经走在世界的前列。

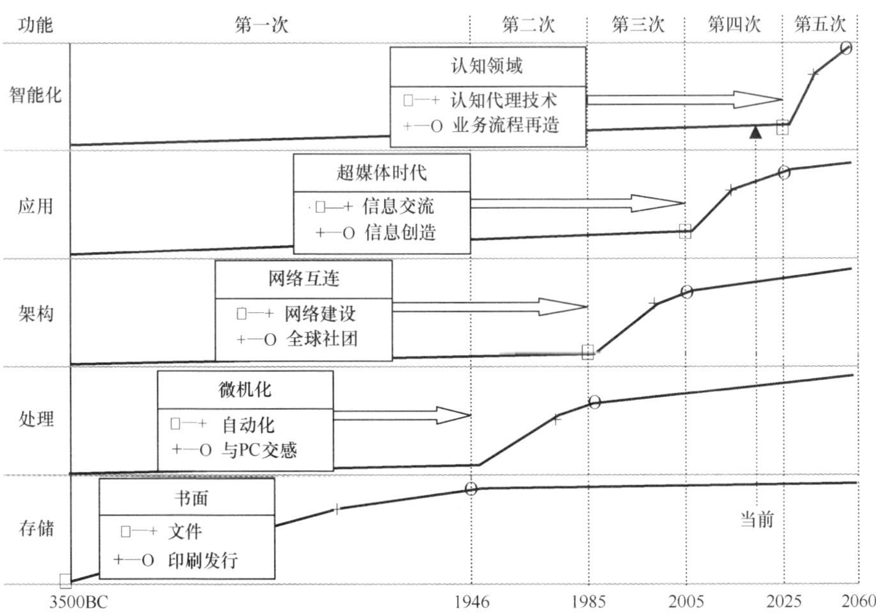

图 1-3　信息技术的五次浪潮

"智能化"是信息技术第五次浪潮的核心。"智能化"不仅仅表现在设备的智能化、系统的智能化。把大数据、人工智能技术应用在商业决策、客户营销和服务等业务流程领域，更加体现"智能化"的价值。

如何挖掘"智能化"对企业的商业决策、客户营销和服务等业务领域的价值？除了依托前四次信息技术浪潮积累的建设成果之外，还要加大对现有信息资源的有效开发与利用，使原有的业务系统具有一定程度的"智能化"。商业智能（Business Intelligence,BI）是企业数字化转型达到一定水平的必然要求。商业智能是帮助企业提升决策能力和运营能力的概念、方法、过程以及软件的集合。其主要目标是将企业所掌握的信息转换成竞争优势，提升企业决策能力，提高决策效率、决策准确性。商业智能是受到企业界和软件开发界广泛关注的一个研究方向，并且在很多领域已经形成其特有体系。这些领域包括企业资源计划（ERP）、企业绩效管理（Enterprise Performance Management, EPM），人力资源管理（Human Resource Management, HRM）、供应链管理（Supply Chain Management, SCM）、电子商务（Electronic Commerce, EC）等。客户智能体系中的实现部分借鉴了商业智能中成熟的技术，构造了面向客户的智能决策系统——客户智能系统。

吉姆·伯科维茨（Jim Berkowitz）认为企业数字化转型的成功必须具备两个坚实的基础：一个是合理的组织（Organization）结构，另一个是合理的信息（Information）结构。企业数字化转型是一项系统工程，既要适应和利用信息技术浪潮这个大环境，又必须保持与企业的企业战略、企业组织、IT（Information Technology，信息技术）战略、IT 组织的战略一致性（Strategy Consistency）（见图 1-4）。企业数字化转型还会受到企业外部社会经济环境、技术环境和内部组织战略等因素的制约。早期的业务系统是为迎合以产品为中心的经营战略而建立的。随着竞争环境完成由以产品为中心到以客户为中心的转变，企业数字化转型的战略指导思想、实施方法必须做出改变以适应这种转变。企业数字化转型以合理的信息结构为基础，支持以客户为中心的组织结构和企业文化，满足企业对客户营销和服务数字化转型战略的要求。

无论是 CRM，还是客户营销和服务数字化转型（笔者倾向于后者），在一定意义上都是适应这种转变而诞生的应用与理念。客户智能体系的研究既包括与客户有关的理论基础的研究，也包括客户智能系统的研究和实现，对 CRM 或者客户营销和服务数字化转型的研究和应用具有指导意义。探讨具有普遍意义的支撑 CRM 或者客户营销和服务数字化转型的理论和应用是客户智能研究的出发点之一。

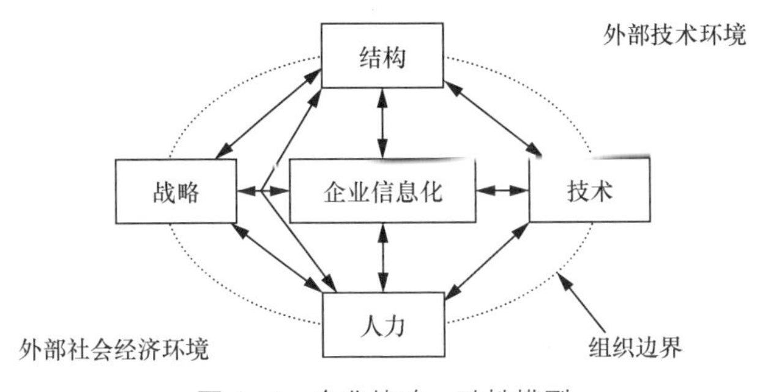

图 1-4　企业战略一致性模型

客户发展战略遵循战略一致性模型的思想，是客户智能系统实现的指导战略。而客户智能系统是根据企业数字化转型的发展与要求，在客户智能理论基础上构建的客户智能实现框架，它为面向客户的应用系统提供了实现平台，这其中包括基于客户智能的 CRM 系统。

1.2.3.2　客户资本

美国经济学家加尔布雷斯（J.K.Galbraith）第一个提出知识资本的概念，他认为知识资本是一种知识性的活动，是动态资本，而不是固定的资本形式。《财富》杂志的编辑斯图尔特（Stewart）在《知识资本，如何成为最有价值的资产》（1991）中进一步论证了知识资本是企业、组织和一个国家最具有价值的资本，将长期以来被大家忽视的知识资本的重要性揭示出来。正如美国著名管理学家彼得•德鲁克所说："知识已成为真正的资本和首要的财富。"

Sullivan 和 Westberg 认为知识资本的构成包括以下内容：①人力资本；②智力资本；③结构资本；④客户资本；⑤过程资本。客户资本是企业获得市场的基础，是企业市场价值的最终实现。客户资本是由企业关于新、老及潜在客户的历史性统计数据构成的价值，另外还包括企业与内外部客户的关系价值，如品牌、企业信誉、企业形象、客户忠诚、市场营销渠道、市场价值等。毋庸置疑，客户数据与客户忠诚均是客户资本的组成部分，而客户智能系统实现了对客户数据的有效利用，通过创新、使用客户知识这一环节实现客户忠诚，是对企业客户资本的再利用，并使客户资本最大化。

1.2.3.3 基于知识的竞争优势

20 世纪 80 年代以来，研究学者将探索企业竞争优势的着眼点转移到了企业层面上，并深入企业内部寻找竞争优势的源泉。对这一专题的研究经历了基于资源的竞争优势（Resource-based）、基于能力的竞争优势（Competency-based）及基于知识的竞争优势（Knowledge-based）三个研究阶段。

一般来说，衡量企业竞争优势的基本尺度包括四个方面：创新能力、难以模仿、可持续性及学习能力。企业内部各资源的效用发挥程度（或创新能力）的差别，一定程度上是由企业的现有知识存量与知识结构决定的。而企业知识的默会性、因果关系的模糊性、知识的过程性及完整性都是其他企业难以模仿的。此外，知识具有路径依赖性，企业的大多数知识与其历史发展相关，很难应用到其他企业。因而基于企业知识的竞争优势才是最核心的战略因素，才具有可持续性。

格兰特（Grant）和斯宾德（Spender）不但支持知识资源创造竞争优势的观点，而且认为知识资源会给企业带来可持续竞争优势（Sustainable Competitive Advantage）。技术密集型企业尤其是这样。

一些规模较小的企业由于没有大企业具有的优质企业资源，基于资源的竞争就会失去优势。戴耶（Dyer）和辛格（Singh）以及莱思（Lane）和卢巴特金（Lubatkin）认为这类企业一旦拥有了一些难以模仿的能力（Difficult-to-imitate Capabilities），仍然可以获得竞争优势。这种能力是在长期的知识学习的基础上形成的。海伦娜·伊利 - 连科（Helena Yli-Renko）等同样支持这种观点，他们在客户—企业之间的关系质量调查中发现，从客户那里获得越多的客户知识，向客户提供的产品或服务越具有特色（Distinctive）。即使企业规模小，同样会获得较大的竞争优势。

企业知识分内部知识和外部知识，外部知识又可称为市场（Market-based）知识。企业只有结合使用内部知识和外部知识，才有可能获得竞争优势（莱曼，1997）。拉金德拉·K. 斯利瓦斯塔瓦（Rajendra K. Srivastava）等认为，当前竞争环境下，获得竞争优势的原因和实质是不断创造和维持客户价值，见图 1-5。实现的方法是通过实施以客户为中心的商业流程，比如实施真正意义上的客户营销和服务数字化转型或者 CRM。

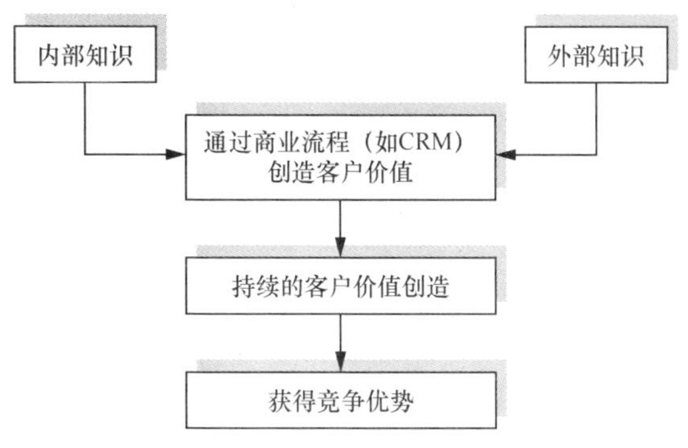

图 1-5　一个基于知识的竞争优势模型

本书的研究结论认为，客户智能的本质是创新、利用客户知识创造客户价值。客户智能支持基于知识的竞争优势，它强调利用企业内部知识创造外部知识——客户知识。实现客户价值是客户智能进行客户分析、知识发现的基准和目标。

1.3　客户智能研究现状

随着计算机技术的发展，尤其大数据、人工智能等技术在知识工程领域的广泛应用，计算机系统应用正从数值处理、数据处理阶段进入知识处理阶段。知识处理、智能化是计算机系统发展的必然趋势，以知识为处理对象已成为人们研究的一个热门话题。一个系统的智能化体现在它对知识的获取、表达、处理和利用的功能上。企业面对瞬息万变的客户需求和风险，以正确的思路和方法指导科学的计算机系统的设计和应用，以促进面向客户的决策智能化，是时代赋予“客户智能”的伟大使命。本章以此为标准对客户智能研究现状进行综述和评价。

目前国内外提及客户智能这一名词的文献并不多，尚没有发现有人系统地将客户智能作为研究主题。本书将目前对客户智能的研究大致分为三类，下面较为详细地介绍每一类的研究成果，并分析其不足之处。

1.3.1 围绕客户智能的作用、内容和实质的研究

围绕客户智能的作用内容和实质的研究多是源自咨询机构，研究的客户智能充满浓重的商业氛围。在研究过程中，大多数人分析了客户智能与 CRM 的关系，比如 Business Objects 公司的保罗·克拉克（Paul Clark）认为：客户智能是 CRM 的智慧所在（the Brains Behind CRM）。而杰森·彭博（Jason Bloomberg）从“前台电子商务”（Front office E-business）在企业价值链中的地位谈起，指出客户智能在发展企业长久的客户关系中所起的关键作用。客户智能的作用不仅能使商家对有关客户的静态信息进行分析，而且能对诸如销售历史等数据进行动态分析。罗伯特·K. 韦勒（Robert.K.Weiler）将客户智能定义为：建立明确的目标来跟踪客户活动。他强调该活动的第一步是设置一些价值指标作为分析的依据，如客户服务成本。

马克·艾伦·史密斯（Mark Allen Smith）将客户智能与客户分析等同。可贵的是，他指出了当前实现客户智能的几个具有共识性的困难。神经系统创新技术白皮书中同样提到了客户智能，该公司实现了利用数据仓库存储客户数据的功能，并在其基础上实现客户分析。在谈到客户智能的同时，还提到了数据挖掘在实际应用中的不足。该文献还使用了客户智能系统的概念，认为客户智能系统应该具备以下要素：

（1）大量可获取的数据和数据存储；

（2）高效的数据抽取导航；

（3）数据总结和详细报表；

（4）从历史交易中寻找关系和异常的能力；

（5）对未来活动建立预测模型的能力。

韦思·W. 埃切森（Wayne W. Echerson）对客户智能的理解是：客户智能是用来收集、分析和利用客户数据的工具和战略。客户智能使企业更好地理解它们的客户（如客户生命周期价值、人口统计信息、利润率、偏好、趋向等），因此能更有效地获取、保留、服务、提升客户，来满足商业战略目标的需要。他还指出，在实质上，客户智能集成了决策支持系统（Decision Support System,DSS）工具、数据库营销和 CRM 理论。

1.3.2　围绕客户智能的实现的研究

围绕客户智能的实现的研究主要集中在商业智能工具是如何被用来实现客户智能的。通常，商业智能与CRM是两个相互孤立的应用。大卫·威尔斯（David Wells）谈到两种应用应该集成起来，即使用商业智能工具辅助CRM达到提高客户满意度的目的，由此产生了客户智能。但他将客户智能视为可孤立于、超越CRM的事物。

在相关文献和国外公司的解决方案中，更多地提及商业智能与CRM的关系及如何实现的问题。IBM（International Business Machines Corporation，国际商业机器公司）商业智能解决方案中将CRM实现作为商业智能的一种应用。Kbase定义了使用商业智能工具解决与客户有关的问题的步骤：①定义商业目标；②可行性评估；③标识数据源；④设计执行计划；⑤使用Kbase公司技术生成方案；⑥解决以上定义的商业问题；⑦将发现的商业智能投入使用；⑧训练员工和使用者；⑨支持。

吉姆·伯克维茨（Jim Berkowitz）提出"商业智能是CRM的基础"的观点。另一个难能可贵的地方是该研究对商业智能的组件进行了分析，将OLAP、数据仓库、数据挖掘技术作为商业智能的必备组件。但是，该研究坚持目前市场上流行的CRM分类方法，并且没有很好地介绍商业智能的实现问题。M.斯福纳（M. Sforna）研究了数据挖掘技术在电力企业的客户数据仓库中的使用，文章称这种应用为异常客户智能发现（Anomalous Customer Intelligent Discover, ACID）。上海的某科技公司致力于数据挖掘技术在实现客户智能中的应用，该公司开发出了客户智能分析系统（Customer Intelligence Analysis System, CIAS）。

1.3.3　其他与客户智能关联的研究

其他与客户智能关联的研究围绕与客户智能有交叉的领域展开。虽然在研究成果中没有提及客户智能的概念，但是对客户智能的研究有很大益处。分析型CRM解决方案均可归于这一范畴。较著名的有CA、Oracle、SAS、Sybase、Microsoft的分析型CRM解决方案。Sybase的解决方案谈到了"以客户为中心的智能”在 CRM 中的关键地位，对帮助理解 CRM 实质有参考价值。该方案利用了其强大的数据仓库优势，并且突出了商业智能在构建 CRM 的作用与机制。而 SAS 则从商业智能给 CRM 带来的“E 智能”的视角来提出解决的方案。该方案中的商业智能工具包括了数据仓库、OLAP、数据挖掘及报表工具。

艾玛·夏布洛（Emma Chablo）的研究成果提及客户知识：客户知识是 CRM 重要的组成部分，而营销数据智能是向 CRM 提供真正客户知识的部分。他将营销数据智能定义为：利用数据驱动营销手段和技术来增进对客户、产品和交易数据的理解和认识，以此帮助 CRM 制定战略决策。在该文献中，艾玛·夏布洛总结了 CRM 实施的阻力，包括：①操作上的难度；②贫乏的营销实践；③不完全，没有完整的信息系统；④获得和理解客户需求的能力；⑤客户信息的不完全；⑥客户的无效分类。

META Group 的执行副董事亚伦·佐恩斯（Aaron Zornes）对客户智能的理解是：客户智能是“数据市场的通行证”。他尤其谈到统一的客户信息在 CRM 中的地位：“实时的、全面的、唯一的客户视图是 CRM 的全部。”

1.4 客户智能的定义

以往关于客户智能的研究总的来讲是围绕客户智能的实现而展开的，虽然具有一定的可操作性，但对一个企业来讲，从这些研究当中很难发现客户智能的内在机制，更难从战略意义上把握这一新生事物。由于研究的角度因人而异，很难从中总结出一个令人信服的定义。这其中存在一个共性：几乎没有人从知识（客户知识）在制定与客户有关的决策中的作用这一视角来研究客户智能。而只有将对客户知识的研究作为出发点，才能够发现客户智能的实质，而不仅仅滞留于“炒作”概念。

基于客户知识的客户智能研究是从企业战略层面展开的，具体来讲在以下几个方面争取有所突破。

（1）当前对客户智能的研究普遍缺少战略指导。以客户为中心的经营模式需要以新的战略思想为指导，而它不同于目标市场战略、营销组合战略、市场竞争战略等传统意义上与客户有关的企业战略。本书称这种新的战略思想为客户发展战略，它是客户智能的指导思想，指导客户智能在企业的正确发展方向。

（2）客户智能是一系列提高客户关系质量的方法、技术和软件的总和。它既需要以成熟的客户理论为基础，又集成了生成客户知识、共享客户知识、使用客户知识的技术、方法和过程。本书研究的客户智能体系综合了以上内容，并对体系的主要构成逐一进行探讨。

（3）从已有客户智能的研究成果来看，研究人员大多是来自营销领域的专家。受专业知识的限制，他们很少能从客户知识如何有效支持客户决策这一角度研究客户智能。为了解决这一难题，本书从两方面展开论述。一方面是对客户知识进行研究。客户智能的使能者（Enabler）是客户知识，必须对客户知识的内容和实现形式进行研究才能触及客户智能的本质。而整个过程又构成了客户知识管理的内容。本书结合当前知识管理研究的热点，对客户知识管理进行研究。另一方面，需要涉及知识工程领域的知识，而不仅仅是社会学领域的知识。有些专家在谈到客户智能时谈到了知识发现技术，但如何通过知识发现技术发现的客户知识，以及客户知识是如何通过企业的协同工作实现客户智能的，在现有研究成果中很难找到完全令人满意的答案。

正是基于以上三点的突破，本书采取了图1-6所示的技术路线对客户智能进行研究。通常，营销领域专家将意见集中于营销策略、方法的研究，是从战略角度来研究营销问题；计算机领域专家则更多地对新兴信息技术感兴趣。其实客户智能涉及的学科领域不仅这些，它还需要许多其他学科的知识做支持。

本书认为，客户智能是以市场营销知识为需求，以计算机技术为操作和实现平台，以大数据、人工智能、机器学习、数理统计等学科为逻辑处理平台，以经济与管理学科为理论指导平台的具有综合性、学科交叉性、可操作性的理论与应用。从学科来讲，它涉及数据统计、市场营销、知识工程、人工智能等学科领域，可以称之为横向联合；从知识领域来讲，它涉及知识、商业智能、CRM、知识管理等研究领域，可以称之为纵向贯通。

具体来讲，该技术路线是出于以下方面考虑的。

（1）CRM是本书研究客户智能的出发点之一。其借鉴了CRM中的两点内容。一是 CRM 中的客户理念。CRM 首先是一套科学的管理理念，它支持对客户一切消费行为、消费心理进行理论分析和指导，但目前缺乏一套科学的、系统的与客户有关的理论体系。本书中的客户智能理论基础研究对该点不足进行了弥补。客户智能的本质是创新、利用客户知识实现客户价值，它和客户智能理论基础、客户发展战略一起构成本书在客户理念上的突破。二是 CRM 系统建模，是客户智能系统研究和实现的重要参考。

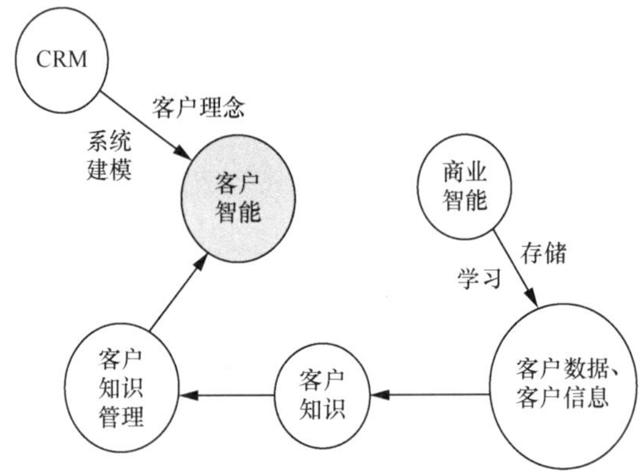

图 1-6　客户智能是对客户知识有效管理的结果

（2）本书将研究边界定在基于客户知识的客户智能，即狭义的客户智能上。客户知识是客户智能的基础。本书从知识工程学视角研究客户知识，实现了技术路线上的创新。

（3）研究认为，客户智能是对客户知识有效管理的结果。在某种意义（狭义）上，客户智能等同于客户知识管理。

（4）商业智能技术是本书构建客户智能系统时主要参照的技术，它辅助实现了客户数据、客户信息的存储和通过学习机制（客户知识发现）创新客户知识。

本书对客户智能的定义分为广义和狭义两种。

① 广义的客户智能代表了企业为发展与客户之间的长期合作关系、提高企业以客户为中心的运营性能而采用的一系列理论、方法、技术、能力和软件的总和。

② 狭义的客户智能是指创新和使用客户知识、帮助企业提升优化客户关系的决策能力和整体运营能力的理论、方法、过程、能力以及软件的集合。

广义的客户智能支持企业对客户的一切有意义、有目的的响应。比如对客户数据的实时查询、反馈，对客户数据的统计分析，客户数据的OLAP，以及客户知识发现，等等。本书的研究关注狭义的客户智能。

1.5　客户智能的内容

近年来国外有些专家提及过客户智能这一概念，但至今没有人能系统地对基于客户知识的客户智能进行探讨。本书研究客户智能的思路和方法与国外的相关研究区别很大，表现在：①国外提及客户智能这一概念的学者全部是市场营销领域的专家或IT应用商，他们把客户智能的研究重点和思路放在客户智能对企业的贡献上，很少有人从知识工程的角度探讨客户智能的机理和实现；②本书基于客户知识的客户智能的研究思路决定了采用定性和定量相结合的研究方法，特别重视探讨人工智能、知识工程等技术对客户智能理论和实践的支持，而不局限于定性论述。

大多数人谈CRM，往往是在谈CRM系统。本书对客户智能的定位不再局限于客户智能系统层面，而是包括客户智能系统和客户智能理论基础、客户发展战略等完整的理论体系。客户智能首先是一种新的管理理念，它需要一个以客户发展战略为指导的企业环境，其次才谈到客户智能体系。客户智能体系的研究内容大致包括三大部分：

（1）客户智能体系框架；

（2）客户智能理论基础（客户智能中的管理思想）；

（3）客户智能系统（Customer Intelligence System, CIS）。

客户智能体系框架用来阐述客户智能体系的组成要素。客户智能系统（CIS）是整个体系的操作平台，客户智能生命周期的四个阶段（获取、分析、计划、交互）在CIS的支持下获得了实现。相对于客户智能系统，客户智能理论基础在客户智能体系中扮演着“幕后导演”的角色。一方面客户发展战略是客户智能的指导战略，它是企业战略中具有决定意义的战略组成部分。另一方面客户智能生命周期的所有阶段都是在客户智能理论基础上的分析或实现。

本书接下来的章节分别就以上研究内容做详细论述。

1.6 本章小结

本章定义了客户智能和客户智能体系的研究内容。在定义客户智能之前，本章对提出客户智能的意义、客户智能研究现状进行了阐述。

企业如何实现企业战略、企业文化、组织结构等的变革，以适应、满足客户不断变化的需求和期望，是企业发展中一个永恒的课题。只不过在当今的时代背景、市场背景和企业管理背景下，这种需要显得更加迫切和必要。反映在运营层面，企业迫切需要解决提升核心竞争力，更快、更好地预测、满足客户多变的需求和期望，从而提高客户占有率的问题。

对一些行业，需要解决的问题可能不仅这些。比如银行和保险业，它们面临的不仅是如何积极应对加入 WTO 后，外资同行对国内市场的渗透，而且，还要有效地控制现有客户的流失风险。首先是要有能力识别客户流失风险和预警，其次才能谈到风险的防范。20 世纪末，东南亚的金融危机使人们看到了信贷资产风险管理的不足和必要性，许多国家由此加大了中央银行金融监管的力度。采用信息技术对商业银行的信贷业务实施全面的、科学的管理是商业银行解决这一问题的必由之路。

对处于信息时代和激烈的竞争环境下的企业，没有谁会否认客户智能会成为企业下一步研究和应用的热点。尽管在企业中或许它不被称为“客户智能”，而被冠以“客户分析”“分析型 CRM”“客户洞察”（Customer Insight）等称号。参照本书对客户智能的定义，“客户分析”和“分析型 CRM”是广义的客户智能研究范畴，与本书研究的狭义的（基于客户知识的）客户智能存在差别。因为基于客户知识的客户智能强调从客户数据、客户信息到客户知识的实现，而不仅仅是对客户数据、客户信息的统计分析。笔者在近 20 年辅导企业客户营销和服务数字化转型实践中发现，从现有客户数字资产中挖掘有助于客户决策的客户知识来指导客户管理、营销和服务，从而提升差异化竞争力是目前企业缺乏和迫切需要做的。

通过本书对客户智能的定义，也可以得出以下结论：客户知识是影响客户智能的关键要素。这里的客户“知识”超越了社会学研究范畴的“知识”，需要兼顾工程学对“知识”的研究成果。客户智能的研究应该沿着客户知识、客户知识管理、客户智能体系的研究思路逐步深入。

第 2 章

客户智能体系框架

企业经营者想通过与每一个客户交流从而建立亲密的客户关系是不现实的。原因之一，通过客户细化会发现有些客户关系并不值得企业去持续地投入和维系。请注意，很多企业并不一定知道如何去识别这些低价值客户。原因之二，企业经营者无法从繁杂无序的客户数据中挖掘到有价值的信息，这种现象也常常出现在有经验的决策人员身上。另外，市场竞争促使企业尽可能通过建立起与客户之间一对一的关系从而有可能获得长期的利益，而建立这种长期的“关系”仅在企业能够有效地挖掘出客户数据中潜在的、有价值的辅助决策信息后才能成为可能。

客户智能是企业面向外部竞争环境中的客户，提升以客户为中心的战略决策和运营能力的理论、技术和系统的集合。将“客户智能”引入客户关系的优化和管理的目的之一是让企业在处理其与客户之间的关系上保持主动地位，使“以客户为中心”的经营理念更具有可操作性、针对性。目前企业所缺乏的就是利用科学的方法和技术分析客户信息和数据、获得客户知识、产生有效的客户营销和服务决策。客户智能涉及客户知识从产生到分发再到使用的整个过程。客户智能实现的结果即有效的、与客户有关的决策和行动。客户智能是一种能力的象征。

为实现客户智能，需要了解客户智能体系框架及组成内容，尤其需要了解从客户知识转变为客户智能的内在联系。

2.1 客户智能的体系框架

参考第 1 章客户智能定义和客户智能内容的论述，本书结合图 2-1 从五个层面阐述客户智能体系框架。

1. 理论基础层面

客户智能理论基础是所有与客户有关的理论，它是企业对客户采取决策的指导依据。它既包括人们分析和对待客户的理论和方法，也包括分别从客户和企业角度进行的客户价值分析。通过对消费行为分析、满意度分析、利润率分析、客户忠诚度分析、渠道有效性分析、活动绩效分析等诸如此类指标的测评与衡量，达到客户决策科学化、合理化的目的。

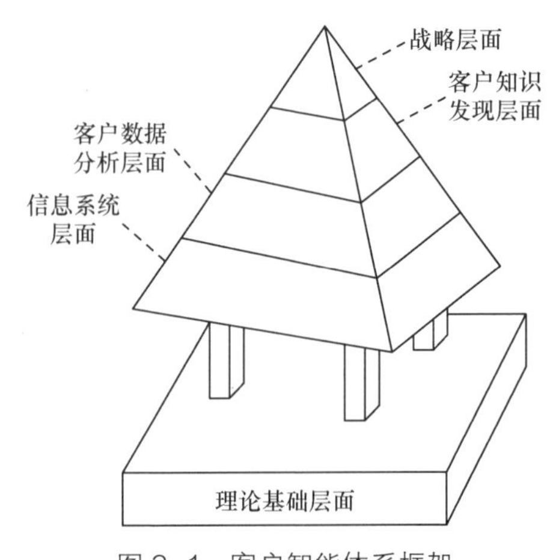

图 2-1 客户智能体系框架

2. 信息系统层面

信息系统层面是客户智能系统（CIS）的物理基础。客户智能的信息系统层面表现为具有强大决策分析功能的、技术架构可扩展的和面向特定应用领域的信息系统平台，如 CRM、ERP、销售自动化、商业活动管理。与事务型管理信息系统（Management Information System, MIS）不同，客户智能系统能提供分析、趋势预测等客户决策分析功能。

3. 客户数据分析层面

客户数据分析层面是一系列算法、工具或模型的集合。CIS 首先获取与主题有关的高质量客户数据或信息，然后使用具有分析功能的算法、工具或模型，帮助人们分析信息、得出结论、形成假设、验证假设。

4. 客户知识发现层面

客户知识发现层面与客户数据分析层面一样，是一系列算法、工具或模型的集合。客户知识发现层面将客户数据转变成客户信息，而后通过知识发现技术，将客户信息转变成具有预测功能、指导客户营销和服务的客户知识，或者直接将客户信息转变成客户知识。

5. 战略层面

战略层面指导将客户信息或客户知识应用在提升客户决策能力和客户营销、服务运营能力上，以及通过企业建模等手段对企业进行分析、设计和改造。客户智能的战略层面是利用客户数字资产大数据，以及应用经验和假设来提升客户决策能力的一组概念、方法和过程的集合。它通过对客户数据的获取、管理和分析，为企业组织内涉及客户决策的各种人员提供提升客户体验的客户知识，以提升企业战略决策和战术决策能力。

因此，战略层面包括两个方面的内容：一是与客户有关的战略决策［见图 2-2（a）］，是客户发展战略的指导思想。战略决策用来解决面向客户“做什么”等方向性的问题。二是客户智能系统创新的客户知识在指导客户营销和服务中产生的能力——客户智能，它反映了战术决策的能力［见图 2-2（b）］。战术决策解决的是面向客户“怎么做”的问题，具有时效性。

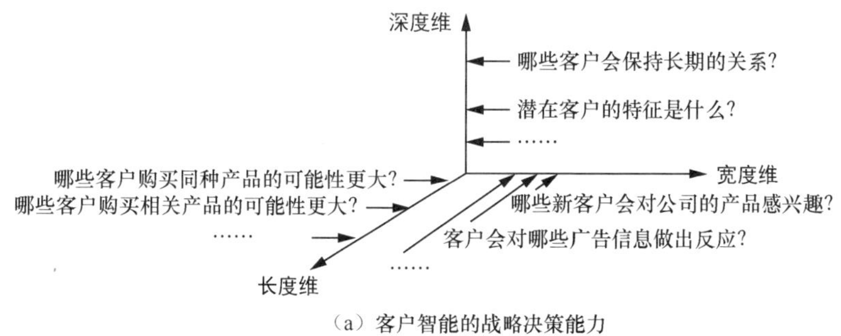

（a）客户智能的战略决策能力

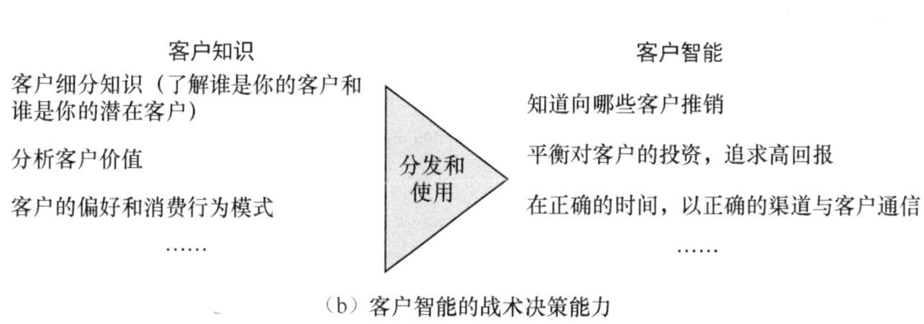

（b）客户智能的战术决策能力

图 2-2　客户智能的战略导向和战术思想

客户智能系统是实现客户智能的系统平台。它包括客户智能体系中的信息系统层面、客户数据分析层面、客户知识发现层面和战略层面的战术决策部分，是基于客户智能理论基础的可操作的系统框架。因此，客户智能体系也可以简单地用客户智能理论基础、基于客户智能理论基础的客户智能系统、战略决策三个逻辑层面表示，见图 2-3。本书第 4 章将对客户智能系统的系统框架和内容展开阐述。

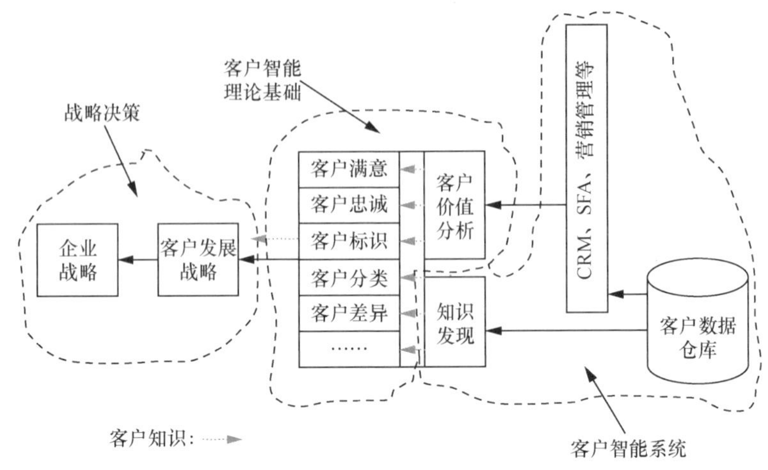

图 2-3　展开的客户智能体系

总之，实施客户智能的目标是将企业所掌握的客户信息转换成基于客户知识的竞争优势，提升客户决策能力，提高决策效率、决策准确性。为完成这一目标，客户智能体系必须具有实现数据分析到知识发现的算法、模型和过程。决策主题具有广泛性，决策主题的广泛性意味着客户智能理论基础所研究内容的广泛性。这个特点是本书进行客户智能体系研究时特别强调的。

2.2　客户智能体系框架内容

图 1-6 告诉我们，客户智能是对客户知识有效管理的结果。客户智能体系框架揭示从客户知识转变为客户智能的内在原理。客户智能体系框架包括以下内容：

（1）客户知识；

（2）客户知识管理；

（3）CRM；

（4）商业智能。

2.2.1　客户知识

研究结果认为，客户智能与客户知识密切相关。顾名思义，客户知识是有关客户的知识。从知识形态来划分，研究人员习惯从两种角度对知识进行研究，一种是社会学角度，另一种是工程学角度。本书中，客户知识中的“知识”超出了社会学角度的范畴。

2.2.1.1　从社会学视角看知识

从不同的角度，对知识可进行不同的分类。OECD 报告中提出了知识的四种形式：

（1）Know-What（关于事实的知识）；

（2）Know-Why（关于自然界、人的思维和社会运动规则与规律的科学知识）；

（3）Know-How（随着时间逐渐在企业中积累起来的实际工作技能）；

（4）Know-Who（关于谁知道什么和怎么做的信息）。

《21 世纪社会的新趋势——知识经济》一书进一步将 Know-When、Know-Where 类知识纳入，从而形成六类知识。哲学家罗素把人类知识分为三类：直接的经验、间接的经验、内省的经验。直接的经验是指个人通过实践活动直接得到的知识；间接的经验是指从他人或前人那里间接体验所得；内省的经验则是指主观自学或“悟”出来的经验。吉尔伯特·赖尔（G.Ryle）于 1949 年出版的《心的概念》一书中提出了两类知识的分类：知道是何（Knowing What）和知道如何（Knowing How）。

波兰尼将人类知识分为两类：明晰的知识（Articulated Knowledge）和默会的知识（Tacit Knowledge）。国内外许多学者在研究中坚持了与波兰尼一致的观点，只不过有些叫法不同而已。如将明晰的知识称为显性知识（Explicit Knowledge）、可言传性知识等。显性知识是指能够用严格的数据、科学公式、公理、文字等符号表达出来，易于存储、交流和共享的知识。显性知识也被称为编码型知识（Codified Knowledge）。默会的知识（又称隐性知识）是一种相对于显性知识而言的，经常使用却又不能通过语言文字清晰表达或直接传递的知识。隐性知识是高度个性化的、难以格式化的知识，它根植于个人的经验，通过直接的、面对面的接触来交换和共享。隐性知识不断转化为显性知识，称为隐性知识的显性化过程。《在经济学与哲学之间》一书将知识划分为可交流的知识与不可交流的知识两类。这和显性知识与隐性知识有对应的关系，隐性知识不可或难以交流。普遍意义上的客户知识既包括显性的客户知识，也包括隐性的客户知识。通过客户知识发现的客户知识是显性知识的范畴，客户智能是狭义的客户知识管理的界定正是从这个角度上讲的。

2.2.1.2 从工程学视角看知识

工程学界更多的是从知识工程出发，将知识具体为事实、过程、规则和启发式信息等。从知识的范围来讲，社会学界对知识的认识是从广义的角度进行的。工程学研究的知识是社会学研究的知识的一部分，这一部分基本上可认为是与认识论的知识相重叠的，既包括人对事物的认识和经验，又包括人们改造世界的方法。本体论意义上的知识是客观事物间的普遍联系和规律，是不以人的意志为转移的客观存在。与本体论上的知识重叠后会升华为普遍意义上的知识。而经过知识发现过程的客户知识是本体论上的知识范畴，然后经过人的认识过程，升华为普遍意义上的客户知识。

计算机作为人类历史上出现的划时代的信息处理工具，正在改变人类的面貌。计算机的应用已经深入基于知识处理的人类智能活动领域。特别是 20 世纪 60 年代中期到 70 年代，相继研究、开发成功了像 DENDRAL 和 MYCIN 这样一些有代表性的“专家系统”，计算机作为知识处理工具的作用日益突出。费根鲍姆（E. Feigenbaum）在 1977 年首次提出“知识工程”（Knowledge Engineering）的概念，从此逐渐形成了一个学科交叉的崭新研究领域，并在 20 世纪 80 年代获得了很大发展。

人类智慧的源泉是知识。一切人工智能信息处理系统将建立在知识库和知识处理的基础之上。知识工程的研究目标就是探索关于知识的表示、获取（包括学习）、保存（记忆）、交换（变换）、运用（包括检索、推理及其他各种形式的加工）的理论、方法及实现技术。知识工程的研究将从心理学和思维（或认知）科学获得启发、借鉴。同时，其又和数据库理论 / 技术、人工智能理论 / 技术、语言学、逻辑学等学科密切相关。智能信息处理系统的实现又依赖于软件工程方法、工具、硬件环境和智能信息处理算法等要素的支持。

工程学角度对知识的一种流行的划分方法表述如下。

（1）按知识的使用范围：分为共性知识和个性知识两类。共性知识指求解问题所需要的一般知识和方法，它具有一般性，通常包含一些普遍适用的定义、定理及原理等。个性知识指问题求解过程所需要的特殊方法和原则。

（2）按知识的状态：分为结构性知识（静态知识）和行为性知识（动态知识）。结构性知识是描述问题领域内各个部分和事实、关系等的知识，它包含事物的概念、分类和属性等。行为性知识是用来操作和使用已有的结构性知识的知识。

（3）按知识的层次：分为领域知识和元知识。领域知识是指问题求解过程所涉及的各个单一学科范畴的知识。元知识是关于如何有效地使用和协调管理领域知识的知识，是关于知识的知识。在复杂问题求解过程中，元知识起到集成、协调、控制和使用领域知识的重要作用。

（4）按知识的描述形式：分为可用数学模型描述的解析型知识、无法用数学模型描述的符号型知识、实例样本型知识三大类。解析型知识表达了事物间的数量关系，可以用数学方法处理；而符号型知识不具有揭示关系的特征，更着重定性地描述事物间的逻辑关系，因而只能用符号推理的方法处理。符号型知识是专家系统知识库的主体，多以规则、框架、方法、语义网络等形式表达。实例样本型知识是人们求解某类问题过程中所获得的成功经验的规范化描述，它便于求解同类问题时进行相似性类比推理。

三类知识表达形式中任何单一表达形式无法反映决策问题的全部。要实现决策的智能化，就需要丰富的知识和合适的知识表示方式。在实际问题中，解析型知识、符号型知识、实例样本型知识三类异构知识往往同时存在，需要进行知识集成。有学者用面向对象技术、专家系统、神经网络构建了这样的系统平台——基于知识管理的智能系统。本书第 5 章利用 BP 神经网络的自学习特性对金融机构的客户进行客户分类，学习后的客户分类模式具备解析型知识的特性，通过类比推理可应用到其他客户分类。

2.2.1.3 知识与数据、信息

数据是事物属性及其相互关系等的抽象表示，是描述客观事物的一组文字、数字或符号，它是客观事物的性质、属性及相互关系的反映和记录。

与数据不同，信息是有联系的数据集，是有目的、有意义、有用途的数

据。信息的本体论将信息定义为事物具有的、包括内部结构和外部联系的固有的状态与方式。控制论的创始人维纳认为“信息是独立于读者之外的有一定意义的事实”。《辞海》对信息的定义为“信息是指客观存在的消息、情况、情报等”。认识论的信息是认识主体所感知或所表述的事物固有的状态与方式。信息论创始人申农指出“信息是能够用来消除不确定性的东西”。意大利学者隆戈（Longo）提出“信息就是差异”。

数据和信息必须经过学习过程和价值确认才能成为知识；技术是产品与服务的具体组成部分，仅属于有形知识的一部分，而知识还包括产品和服务的抽象部分，是技术创新与产品创新的动力之一。

信息与知识是相关的，但知识的概念比信息宽泛得多。当相关的信息交互作用在一起，就形成了知识。OECD 在 *The Knowledge-based Economy*（1997）中指出：“一般来说，信息是知识的 Know-What 和 Know-Why 的范畴。”而达文波特（Davenport）和普鲁萨克（Prusak）则从增值过程将知识与信息区分开来，认为知识是增值后的信息，是“可以辅助我们做出决策或采取行动的有价值的信息形态”。维娜·艾莉（Verna Allee）认为信息是知识的子集或集合，任何给定的一段信息可能是知识的许多部分构成的子集。托夫勒则认为知识是被进一步融入一般性表述的信息。1998 年，国家科技教育领导小组（已在 2018 年 8 月调整为国家科技领导小组）在《关于知识经济与国家知识基础设施的研究报告》中指出：知识是经过人的思维整理过的信息、数据、形象、意象、价值标准以及社会的其他符号化产物。总之，知识是信息的较高层次，知识是以信息为基础的。

信息一般是静态的、独立于个人之外的概念。当信息被分析、与其他信息联系以及同已知信息相比较时，就产生了知识。知识是相对动态的、依赖于个人的。知识是信息积累和发展的结果，又是对信息进行识别、分析和加工处理的条件。研究认为，知识既是一个产品也是一个过程。在这个过程中，信息是输入，输出的是知识；知识则被用来辅助决策。如果把数据作为根源纳入这一过程，完整的过程描述如图 2-4 所示。

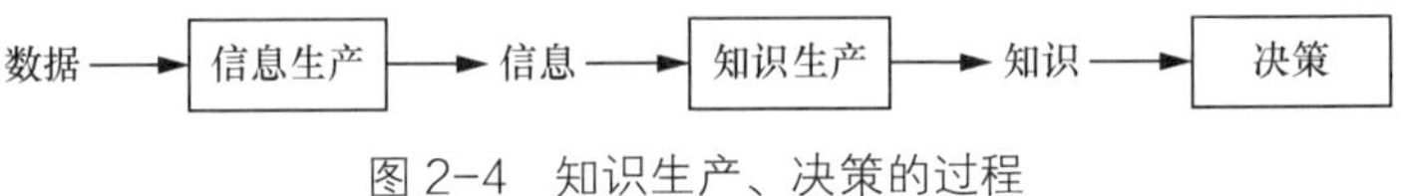

图 2-4 知识生产、决策的过程

维娜·艾莉同样阐述了数据、信息、知识之间的层次关系。他指出：数据通过和其他数据联系和组织起来变成信息；当信息被分析、与其他的信息相联系以及同已知信息相比较时，变成了知识。他提出的知识原型还包括含义、原理和智能三个位于知识之上的层次。智能是人类使用知识的能力，它包括人的价值、目的和世界观。

G. 纳拉拉扬（G.Nararajan）是这样描述三者之间关系的：数据是抽象的内容，单独地看数据根本没有任何意义；信息是经过搜集和处理的数据；知识是经过人的解读和人的经验充实后的信息，是被证明有效的信息。对于信息和知识的差别，他认为有两条判别规则："信息"是独立于特定个人的，而"知识"则是十分依赖于个人的；"知识"是十分依赖于其所处环境的概念。

查尔斯·T. 洛尔克（Charles T. Lohrke）从产品满足客户需求的角度来解释它们之间的区别：数据是测试出来的原始记录，这些记录经解释，才成为信息。将数据和信息通过产品传递给客户，对企业来讲，成本高且在客户身上发挥的作用不大；而通过"分析工厂"将独立的数据和信息升华为知识和智能，并附加于产品上才能直接有效地影响客户的决策。

为了形象地描述数据、信息与知识的区别与联系，本书给出了以下用例。

"39"是由两个符号组成的数字，单独去讲数字"39"是没有任何意义的。当这个数字出现在医疗行业并与名词"摄氏度"组合在一起，就表示一个病人的体温，此处"39"就升级为信息。而当医生知道病人的体温是 39 摄氏度后，结合包括"人的正常体温范围是 36 ～ 37 摄氏度"在内的专业知识，会得出"病人发高烧"的判断，这一阶段医生最后形成的判断就属于知识的范畴。知识的使用就是医生基于这一判断对病人采取的治疗措施。

2.2.1.4　知识和智能

知识是人们通过实践认识到的客观事物具有的一定规律性。知识本身是一堆静止的、没有生命的东西，本身不会再生知识。如果不去使用，它自己并不会产生任何经济效益或社会效益；而智能是获得知识并使用知识求解问题的能力。知识之所以重要，不在于知识本身，而在于它可被使用以求解问题。

智能是人类和一些动物所具有的智力和行为能力。海姆认为智能包括在某一情况下抓住问题本质并对它们做出适当反应的过程；韦克斯勒认为智能是适当地行动、理智地思考、有效地适应环境的总体能力。

智能活动包括必不可少的两个方面：

（1）拥有知识；

（2）使用知识求解问题。

不拥有知识就无法使用知识求解问题，因而不会产生智能活动；仅拥有知识而不用以求解问题同样不会产生智能活动。在智能工程中，拥有知识的过程也就是知识的加工处理过程，使用知识求解问题则属于知识的使用过程。查尔斯·T. 洛尔克认为，数据和信息经“分析工厂”加工后变成知识和智能。知识和智能实现的途径是不同的：如果产品能有效地解决客户一定的问题（对客户有用），产品具有了知识；相反，利用知识和客户的需求，预测客户需求，并指导新产品的设计与开发，则产品具有了智能。

2.2.1.5 知识与学习

学习是一种综合的心理活动，它和注意、感觉、知觉、记忆、思维、意志等行为紧密联系在一起。

学习主要有以下特征。

（1）获得新的知识。获得新的知识即建立新的概念及新的联系，并改进解决问题的方法或提升解决问题的能力。

（2）从感性认识发展到理性认识。这是一个知识的深化过程，从个别的、表面的认知归纳出系统的、规律性的知识。

（3）通过反复实践，逐步修正偏差，使自己的行为适应新的情况或达到某种目的。这是一个训练过程，通过反复实践积累经验以获得某种技巧或技能的过程。

尽管学习是人们习以为常的一种行为，但是很难给学习下一个标准的定义。从不同的角度可以有不同的理解，由此形成了不同的关于学习的观点。其中主要的观点列举如下。

（1）学习是一个系统改进其自身性能的任何过程（H. 西蒙）。

（2）学习是获取显性知识的过程。

这是不少“专家系统”研究者关于学习的狭义观点。

（3）学习是技巧的获取。

这是心理学家关于如何通过学习获得熟练技巧的一种观点，也是一种狭义观点。

（4）学习就是理论、假说的形成过程，是归纳推理。

这一观点实际上是把学习看作从感性到理性的认识过程、从表层知识到深层知识的转化过程。

本书选取学习的广义定义，认为学习是从客观世界或周围环境获取知识，并运用这些知识改进、提高其自身素质和技能的有反馈的过程。它不局限于知识的获取、组织和加强，而包含更进一步的含义，即包括各类知识的生成过程——知识发现。知识发现是学习的高级阶段。

H. 西蒙认为，一个系统主动改进其性能的过程就是学习，图 2-5 所示是按照这一观点得出的一个简化的学习模型。这一模型由四个部分组成，其中的学习模块从“环境”接收信息，经初步加工后，形成知识并加入知识库。性能评估模块则对新获得的知识进行进一步的处理，去除干扰，解决矛盾，维护知识的完整性，并产生对学习模块有用的反馈信息。通过反馈作用，能逐步缩小学习过程中存在的偏差，提高学习的品质。

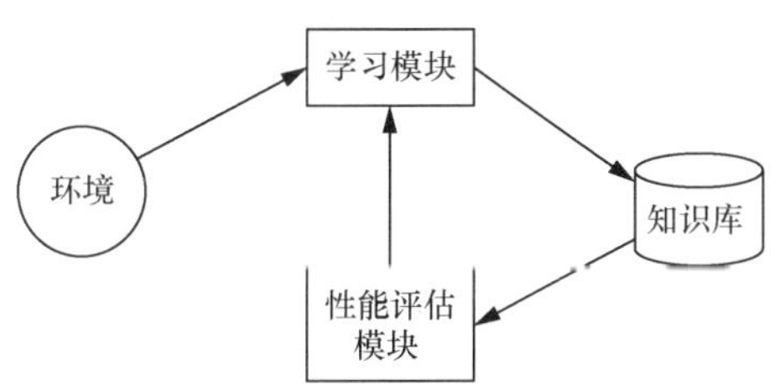

图 2-5 简化的学习模型

图 2-5 所示的学习模型表明，学习是从客观世界或周围环境获取知识，并运用这些知识改进、提高其自身素质和技能的有反馈的过程。这体现了人解决现实问题的方法具有一定的智能性。

一个企业同样具有学习能力，而且必须培养和强调企业的学习能力。在第 1 章基于知识的竞争优势论述中，学习能力被列为测评企业竞争优势的要素之一。企业学习能力影响了基于知识的竞争优势的可持续性。彼得 · 圣吉在《第五项修炼——学习型组织的艺术与实务》一书中写到，现实企业“短命”

的原因是企业在学习能力上有缺陷，即有“学习障碍”。这种缺陷使企业知识不能及时更新以适应环境的迅速变化，从而严重损害了企业的生存与发展。

最早提出组织学习概念的是美国哈佛大学的克里斯·阿吉里斯（Chris Argyris）（1977）。他与舍恩（Schon）对组织学习的定义是“错误的检测和修正”。道奇森（Dodgson）认为，组织学习基于一定的文化环境，是企业围绕其特定的业务活动来建立、组织和补充知识和改善日常程序的途径。组织学习发生在组织通过信息处理以改善和提高组织的潜在行为的过程中。组织学习是一种活动，而学习型组织是一种组织管理模式。学习型组织是一个能熟练地创造、获取和传递知识的组织，同时也善于修正自身的行为，以适应新的知识和见解。埃德温·C. 内维斯（Edwin C.Nevis）等明确地将组织学习过程分为三个步骤：

（1）知识获得——技能、观察力、关系的发展和创造；

（2）知识共享——学习内容的扩散；

（3）知识利用——学习将知识概括到新的形势中，产生效益。

学习型组织正是自觉地运用知识的获得、共享和利用三个步骤的组织。

从知识工程观点出发的学习模型与管理学家谈到的组织学习过程存在很大的差别，主要原因是因为涉及两个截然不同的学术领域，所以谈组织学习的研究人员很少会谈知识工程领域的学习过程。利用专家系统、信息技术实现知识的发现和生成，包括从源数据中生成知识以及进行知识的再生成，均是企业员工在协同工作下的智慧展现，同样应是组织学习的一部分。本书在组织学习模型的基础上，进行了以下拓展，见图 2-6（阴影部分为拓展部分）。

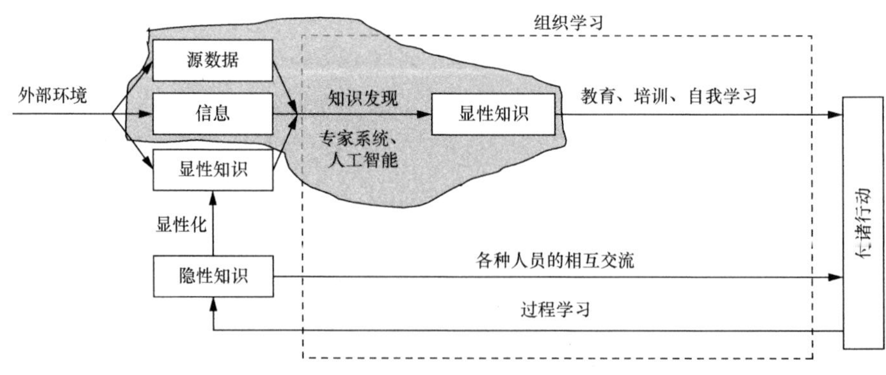

图 2-6　企业的组织学习

知识获取和知识生成是通过学习获得知识的两条重要途径，但两者的侧重点是不一样的。知识获取注重从组织外获取其他组织现有的、与决策有关的知识，它强调了对已有知识的获取和改造；知识生成是组织利用内部的资源，通过一定的生成方法，利用已有的资源生成目前没有的、有价值的知识。它强调了对未知的、潜在的知识的获取。利用知识发现技术发掘未知的客户知识是知识生成的过程。

2.2.1.6　客户知识是首要的知识类型

知识管理是当前研究和关注的热点之一。知识在企业管理和战略制定中的重要作用越来越被人认识。许多人在制定企业战略时，把知识作为战略中的一个关键维度。有学者将知识用以制定战略称为知识战略。对知识战略最直观的理解是在制定相关领域的战略，如营销战略、企业发展战略时，加入新的维度——知识。

客户知识是发展企业知识战略中应首要考虑的知识类型。

戴维·J. 斯凯姆（David J. Skyrme）和黛布拉·M. 阿米顿（Debra M. Amidon）根据企业行为对象划分，把企业知识分为七大类。表2-1描述了这七类企业知识及其关键活动。他们认为，在一个企业拥有的所有知识类型当中，客户知识是第一位。利用客户知识来处理客户关系，往往会达到超出客户预期的效果。

表2-1　企业知识类型

类型	关键活动	举例
客户知识	• 挖掘客户关系中深层次的知识 • 理解客户需求 • 明确客户不满意领域 • 标识新的商机	将市场的变化通过客户知识库将最终客户与企业研发部门联系在一起
合作关系知识	在供应商、雇员和其他合作伙伴之间，通过知识流促进新的战略制定	东芝公司收集了200个有关供应商的定性和定量的因素。它拥有与供应商之间完善的网络通信，使知识能实时共享和使用
商业环境知识	系统的环境变化甄别，包括经济、技术、社会环境的趋势	史克必成公司通过建立一个虚拟书店，将市场变化、潜在的和有价值的外在信息发布给领域专家

续表

类型	关键活动	举例
组织记忆知识	• 知识共享 • 经验数据库 • 专家目录 • 在线文档、在线论坛 • 局域网应用	咨询机构普华永道拥有全公司共享的知识库。其还拥有知识中心，负责对客户的分析和导航
业务过程知识	将知识内嵌（Embed）到业务流程、管理和决策中	信诺公司在他们的保险业务流程中嵌入了有利的保险业务流程知识
产品和服务中的知识	对产品和服务赋予知识的灵性，并利用产品和服务中的知识。比如智能引导、知识导向的服务	全宝汤公司的"智能美食"工具自动每周向高血压和胆固醇患者准备自配的营养套餐
人的知识	• 知识共享 • 创新工厂 • 专家学习网络 • 知识实践社区	利乐公司拥有技术学习网络，全公司的员工通过学习网络更新、发展专业技能

1. 客户知识的概念

客户知识，顾名思义，是有关客户的知识。客户知识包括客户的消费偏好、喜欢选用的接触渠道、消费行为特征等许多描述客户的知识。客户知识不但包括对客户心理的描述，而且包括对客户行为的描述。有学者认为客户知识有三个类别的含义。

（1）客户的知识（Knowledge of Customer）。

（2）关于客户的知识（Knowledge about Customer）。

（3）有关客户环境的知识与观点，以及客户的关系网。

这与本书对客户知识的定位有差别。该定义中的第一类别的客户知识在本书中属于客户数据或客户信息的范畴。客户知识在企业的有效使用可以给企业带来以下好处。

（1）客户知识让企业清楚在产品和服务上努力的方向。企业有效整合现有资源，从计划、设计、生产、营销、销售、服务等各个环节保证在满足客户需求的情况下高效运作。客户画像可实现对客户知识的管理。

（2）根据从客户知识挖掘的信息，计算客户生命周期价值，以此作为客户分类的依据。针对不同类别的客户采取不同的措施。

（3）预测客户将来一段时期的需求。

（4）预测客户流失的可能性，或者采取及时的补救措施，或者做出减少不必要的投资等决策，最大限度地保留客户和降低企业的损失。

（5）测评客户忠诚度，识别忠诚客户。

为了更好地适应当前的竞争环境，其中包括适应不断变化的客户需求和期望，企业必须不断地更新和创造新的客户知识并使用。新的客户知识意味着新的机会方向。海伦娜·伊利—伦科（Helena Yli-Renko）等的研究表明，企业从客户那里获取和生成越多的客户知识，企业就会在新产品开发、技术特色（Technological Distinctiveness）呈现、降低销售成本等方面获得越明显的竞争优势。本书第 6 章的智能获客的案例，实质就是不断挖掘获客的模型（哪一类客户具有哪些产品的销售机会）为商业银行挖掘出靠拍脑袋识别不出的、有价值的销售线索。

2. 客户知识的来源

企业对客户知识的把握存在一定的局限性。客户知识是一个具有广泛含义的概念，它可以是一句判断，也可以是一句推理，或者是一个知识工程范畴的产生式规则等。可以认为，与客户有关的具有特殊含义的数据、信息的再加工，都被称为客户知识。既然客户知识的范围如此之广，获得客户知识的方法和途径必将多样化。

G. 纳拉拉扬把知识获取、知识开发、知识创新统称为知识生产。知识工程对知识获取的定义是：把用于问题求解的知识从某些知识源中提取出来，然后经过提炼整理，最终形成知识库的过程。与知识获取不同，知识开发与知识创新是企业自身或借助知识联盟创新知识的过程，而知识获取则侧重于直接获取企业外部的知识或知识生产所需的知识原材料。归纳起来，客户知识生成可以用知识源、知识生成过程、知识存储三个阶段表示，见图 2-7。客户知识的存储有多种形式，这一点完全可以借鉴知识工程领域的研究成果。

对一条知识发现技术发现的客户知识（比如用产生式规则表示的知识），不同企业员工由于知识背景、经验不同，对该客户知识的理解会不同。这些认识未被表达出来之前属于隐性知识。经过隐性知识显性化过程，这些隐性知识才可以变成显性知识供其他人员共享。本书研究的重点在于显性化后的客户知识，不涉及隐性知识的显性化过程。对此有兴趣的读者可参考吉姆·伯克威茨在组织结构上的研究成果。

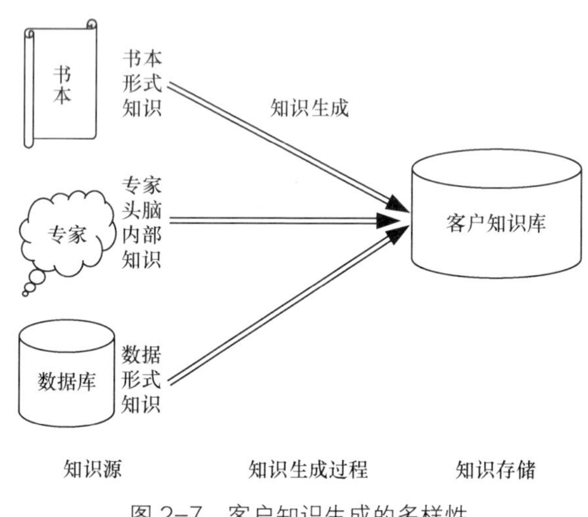

图 2-7 客户知识生成的多样性

可以将知识生产的三种形式按人—机的关系归为两种方式：一种指知识工程师靠经验“人工”地生成知识，另一种是让计算机本身从环境（包括专家、资料等）或自身的实践（解题过程）中生成知识，通常指机器学习。采用知识发现技术生产知识的方法，其实质是机器学习方法的一种。

参照知识生成的两种方式，本书按客户知识的来源对客户知识进行以下分类。

（1）对话性客户知识。通过企业与客户之间正式或非正式的对话，以及客户与企业员工、企业员工与供应商等之间的互动交流来了解客户的需求。比如：海尔通过海尔会员俱乐部收集客户的消费反馈。海尔会员俱乐部就是为海尔与客户的互动对话建立的沟通桥梁。

（2）观察性客户知识。透过观察客户使用产品或服务的状况来获得客户知识。比如，汽车等高档消费品或工业用品的制造商主要通过这个方法得到客户知识。

（3）预测性客户知识。利用市场营销的专业分析工具和方法预测客户需求与响应。

其中，预测性客户知识是客户智能研究关注的重点。预测性客户知识根据历史客户数据、大数据技术，利用商业智能算法来挖掘潜在的客户行为、销售线索，超前、超客户预期地指导客户营销和服务。

3. 客户知识指导客户决策

本书将能辅助提升客户体验、提高客户决策质量和效率的知识统称为客户知识。决策是指理智的个人或群体对未来实践的方向、目标及其方法、手段的选择和确定。客户决策指面向客户的决策，它代表企业对实施在客户身上的任何有意义的思想（如客户细分）、方法（如市场营销策划）、手段（如客户差异化服务）等的有效把握。

决策过程是一个知识的组织与应用过程。开始时，决策者与决策参与者面对决策环境，通过交流各自凭经验、直觉、预感等产生的意会性知识，形成同感，即完成知识的“知识化”过程。然后明确决策任务，该过程是将意会性知识转化为言传性知识的“外化”过程。随着决策准则的确立，完成了方案的设定与选择，称为言传性知识的“组合”过程。最后，通过“内化”过程，使决策参与者与执行者的知识深化，实现决策。客户决策过程中的“知识”指的是客户知识。所以，客户知识内涵的范畴、客户知识质量直接影响客户决策的范畴和质量。

从“知识”与“学习”的关系可以抽象出客户知识生成的过程是学习型组织（企业）与客户之间长期“学习”的过程。它们之间“学习”的质量直接决定了客户知识的质量。

客户知识从内涵上来看，既包括企业对客户消费行为建模所获得的知识，也包括企业对客户消费心理建模所获得的知识。消费行为建模描述了客户如何制定购买决策、如何使用和处理购买的产品或服务的过程，它还包括消费影响因素、产品使用习惯等信息。消费心理建模描述客户在需求、购买、使用产品或服务过程中，其心理现象产生、发展和具有的一般的规律性。图 2-8 描述了一般消费行为模型。消费行为建模是研究市场营销策略与客户反馈的一个好方法。本书在客户智能案例章节会屡次提到客户旅程定义和应用，可将其认为是这一方法的具体实践。

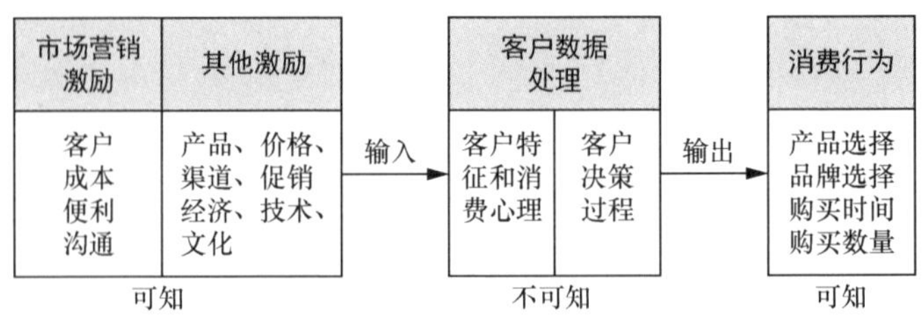

图 2-8　一般消费行为模型

消费心理制约和影响着消费行为，图 2-8 所示的一般消费行为模型同样表达了这层意思。根据马斯洛的需求层次理论，客户的消费需求在消费动机的直接引导下才可能变成事实上的消费行为。而心理学的解释是，每一项理性的行为背后都有一定的目的和动机。所以，在影响消费行为的诸多心理因素中，需求和动机占有特殊地位，与消费行为紧密联系。需求经一定的激励因素作用产生购买动机，动机在一定驱动因素作用下产生消费行为。客户知识能够准确发现和定位这些激励因素和驱动因素。企业通过将客户知识应用于客户决策过程中，产生竞争优势。

2.2.2　客户知识管理

目前大多 CRM 应用的重点放在了客户交互、客户数据的收集与分析上，其结果是缺乏支持客户决策的有效客户知识。进一步讲，仅有客户知识是不够的，还需要科学的客户知识管理。

2.2.2.1　知识管理概念

当知识成为企业的核心资源和价值创造的核心来源时，管理的焦点将从以资本为核心转移到知识要素上来。这种核心要素的转移，促使企业采用知识管理模式来适应知识经济对企业管理的要求。

知识管理（Knowledge Management, KM）概念最早于 1986 年由维格（Wiig）在联合国国际劳工组织在瑞士的一次会议中提出。维格将知识管理定义为“为最大化企业知识相关的效率及知识资产的回报，企业系统地、明晰地、审慎地建立、更新与应用知识的过程”。

知识管理的研究是沿着两条主线进行的。一条是把重点放在信息管理上，通过对信息内容和信息工具的管理来实现知识。从事这方面工作的学者大都具有信息技术与计算机专业背景。另一条主线则是把研究重点放在人的管理上，研究者大都具有社会科学与人文科学专业背景。本书在客户知识生成环节强调了技术上的实现，而其他知识管理环节则与第二条主线类似，即专注在如何把获取到的客户知识应用到客户营销和服务等客户决策工作上。总之，知识管理兼有技术与人文两种属性，并且两种属性是交互作用的。单一按某一条主线研究知识管理，虽然可以取得成果，但缺少总体上的把握。迈克尔·哈默（Hammer M）等称这种兼顾技术和人文的研究方法为“知识系统工程”。

佩特拉什（Petrash）将知识管理定义为：将最恰当的知识在最恰当的时间传递给最恰当的人，使他们能够做出最好的决策的过程。麦金塔（Macintosh）认为知识管理包括辨识与分析企业现有的或者缺失的知识，为实现企业目标而进行的知识资产开发活动等过程。奥德尔（O’Dell）和贝克曼（Beckman）从知识创造价值的角度定义知识管理：奥德尔认为知识管理通过系统化的方法去发现、理解及使用知识以创造价值；贝克曼更是强调以客户价值为最终目标——知识管理是以提高企业绩效、促进创新与强化客户价值为目的，对企业的经验、知识、技能加以形式化与存取，以创造能力的活动。

微观意义上的知识管理就是对企业内部的知识进行组织和管理。但知识管理远非局限于资料的利用、信息的储存和控制，它还要求努力认知深藏于企业成员大脑里的知识及其内涵，并尽量将其转化为能够被企业决策者获取和运用的组织财富。尽管知识管理强调了人的因素，但这并不意味着技术因素就可以被忽视。恰恰相反，企业应当充分利用信息技术，开发与企业知识管理战略契合的信息系统，有效地支持企业的知识管理的各个过程。结合知识分类为显性知识和隐性知识这一观点，微观意义上的知识管理可被认为包括两个方面的内容。

一是对显性知识的管理。显性知识是信息深加工的产物，所以这一部分知识可以看作信息管理的深化与发展。该部分可被认为与 G. 纳拉拉场的“信息 - 知识转换模型”解决方案相对应。基于客户知识的客户智能专注于这部分的知识管理。

二是对隐性知识的开发与管理。由于隐性知识不是编码化的，而是作为认知的过程存在于人脑中，因而可以看作对“人”的管理。对于同一条显性化的客户知识，不同的人由于知识背景、经验不同，会有不同的理解，即隐性知识。如何有效发挥隐性知识的作用，其实质是如何有效地对“人”进行管理。综合来讲，企业的知识管理是要挖掘企业所拥有的显性知识以及能够获取的隐性知识，并尽可能把它们编码化。同时把所有编码型知识有效地进行组织管理，促进整个企业的知识被广泛地共享和应用，以提升企业的竞争力。

2.2.2.2 客户知识管理的概念

本书强调了知识发现技术在发掘客户知识中的作用。而利用知识发现技术从客户数据仓库中挖掘的客户知识类型是有限的，不可能包括所有类型的客户知识。G. 纳拉拉扬研究认为，一个知识型公司一般存在两条技术途径来实现知识管理解决方案：一个是“信息 - 知识转换模型”，即利用现有的信息，从中发现有价值的知识，本书知识管理的实现就属于这种类型；另一个是“独立的知识模型”，它强调利用网络技术实现知识的共享，比如通过工作流技术、网上会议、BBS（Bulletin Board System，电子布告栏）等。两种实现途径的侧重点各异，第一种途径侧重于知识的生成，第二种途径强调知识的共享、使用。

贝克曼强调知识管理应该以实现客户价值为最终目标。本书把贝克曼研究知识管理的角度引入基于客户知识的客户智能研究，这样定义客户知识管理：客户知识管理是以创造、提升客户价值为目的，协调组织客户知识产生、共享、表示与存取的整个过程，以及产生客户智能的活动。所以，客户知识管理不但包括客户知识的生成，而且涉及客户知识共享、使用、产生客户智能的整个流程。

G. 纳拉拉扬认为，知识获取、知识开发、知识创新可统称为知识生产。因此，准确地讲，通过知识发现技术生成客户知识属于知识创新的范畴。客户智能是客户知识生产、分发和使用所产生的能力，整个过程几乎涉及知识管理的所有核心过程，见图 2-9。并且，客户智能与知识管理的概念、过程具有一一对应的特性。所以，客户智能等同于狭义的客户知识管理。对这一判断的进一步解释包括：

（1）客户智能和客户知识管理两者作用的对象均是客户知识；

（2）两者具有相似的过程；

（3）前者强调了信息技术在知识生产中的作用，涉及的客户知识是显性的，因此属于狭义的客户知识范畴。

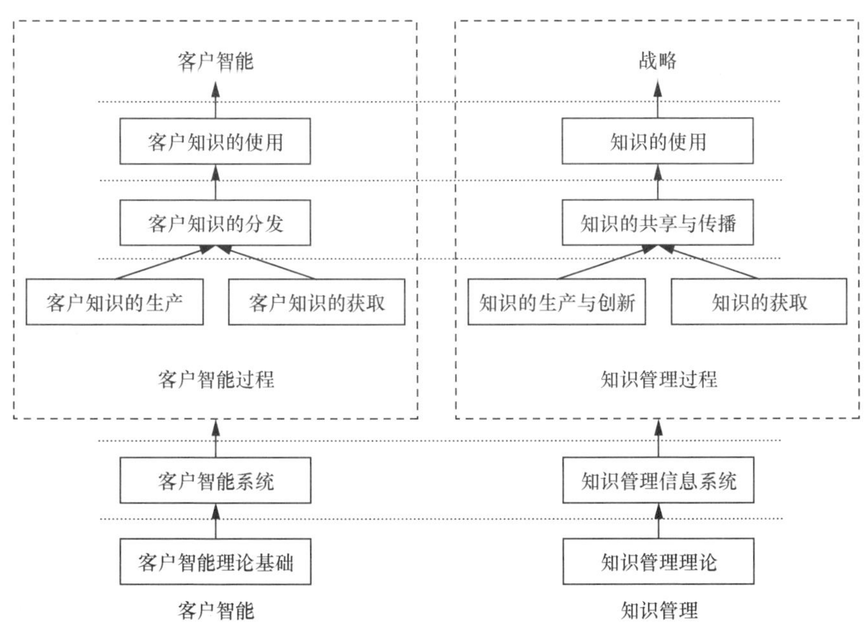

图 2-9 客户智能与知识管理的对应

2.2.2.3 客户知识管理过程

关于知识管理过程，许多学者提出了各自的模型。范·德·斯派克（Van der Spek）将知识管理分为四个过程：开发新知识、现有知识及新知识的保护、知识的扩散、将知识应用到产品与服务。狄贝拉（Dibella）认为知识管理过程是一系列组织学习阶段的循环：知识的获取、知识的吸收、知识的利用。马夸特（Marquardt）将知识管理过程分为四个步骤：获取、创造、传播与利用、存储等。维格认为知识管理过程包括四个：知识的创新与获取、知识的编辑与传播、知识的吸收、知识的应用与价值实现。达文波特认为知识管理显著的特征有两个：知识的创造和知识的利用。

普罗斯特（Prost）在 *Creating the Knowledge-based Business* 一文中将企业知识管理的核心过程分为 6 个：知识的辨识、知识的获取、知识的开发与创新、知识的共享与传播、知识的使用、知识的保存。客户知识是企业知识类型中的一种，其关键活动在于挖掘客户关系中深层次的知识，理解客户需求，进一步提高客户忠诚度和满意度。结合客户知识这一特性，本书是这样理解知识管理的核心过程以及各组成部分之间的关系的：

（1）知识的获取是建立在知识的辨识基础上的；

（2）知识的使用（或者知识的商业需求）是知识生产的源头；

（3）知识的共享是与知识的传播密切相关的过程。

总之，企业知识管理过程应包括从知识获取到知识应用的全过程。不同企业根据其知识管理的不同战略定位，会采用不同知识管理过程且各个步骤的侧重会不同。如 Ernst&Yong 公司侧重 IT 战略，对知识的收集、组织、编辑与传播比较看重；而麦肯锡（Mckinsey）公司则侧重于人与人的交互过程，集中于知识的共享、吸收、创新等。知识管理过程包含的步骤和活动并不一定是串行的，它们常常是并行的、重复的或循环的过程。

客户知识管理过程可以参照知识管理过程，大致分为以下 5 个方面。

（1）客户知识获取。客户知识获取主要是在现有客户知识的辨识基础上，获取企业外部的客户知识。除了采用信息系统外，企业还可以借助外力，组建知识联盟来获取外部的客户知识。这样可以减少知识获取成本，并提高知识获取的速度。譬如生产厂商与零售商通过局域网、互联网共享客户知识，对客户知识的变化做出各自快速的反应。企业与信息调查、信息咨询等信息服务企业建立伙伴关系和业务代理关系，也有助于企业快速获取所需的客户知识。

（2）客户知识的开发与创新。客户知识的开发与创新侧重于产生新的客户知识。需求出发点是企业需要快速、准确地做出客户决策，其结果是将开发与创新出来的客户知识应用于客户决策，从而产生客户智能。它综合考虑了企业面向客户的决策，以及如何开发、创新和采用先进的客户知识开发技术手段。

与客户知识获取不同，客户知识生产是企业自身或借助知识联盟来创新客户知识的过程，而客户知识获取则侧重于直接获取企业外部的客户知识或客户知识生产所需的原材料（客户数据、客户信息）。有学者从企业知识类型的角度将知识生产或创新分为生产技术知识的创新、管理知识的创新和市场知识的创新。不仅客户知识，戴维 · J. 斯凯姆和黛布拉 · M. 阿米顿提到的其他企业知识类型（见表 2-1）都会存在相似的知识生产与创新过程。

（3）客户知识的共享与传播。客户知识的共享与传播受企业文化、组织结构、人和信息技术等多方面的影响。吉姆 · 伯克威茨提到合理的组织结构是以客户为中心的商业哲理、文化和战略，企业由此变成一个统一的组织，来预测客户需求，管理客户价值，简化企业运作流程。而本书研究的客户智能系统可被称为一个合理的信息结构。

（4）客户知识的使用。将客户知识应用于面向客户的决策问题就是客户知识的使用。客户智能是客户知识使用后体现的效果和能力，它强调信息技术在客户知识从产生到使用的整个过程的应用，而这个过程突出的特点是具有一定的智能性。客户智能要求企业快速消化吸收、利用企业内外部的客户知识，从而以最快的速度产生科学的、面向客户的决策建议。

（5）客户知识的保存。客户知识的保存是将企业的客户知识以适当的形式保存在信息系统中。企业知识保存形式主要有企业知识地图、规则库、案例库、工作流库、模型库、知识库、文档数据库等。企业知识保存形式同样适用于客户知识的保存，不过需要增加"客户旅程"模型这一客户知识保存形式。本书客户智能案例章节会对"客户旅程"有相关阐述。

本书第 5 章客户智能案例生成的客户分类知识保存在模型库；第 6 章客户智能案例生成的智能获客模型则保存在模型库或者规则库；第 7、9 章客户智能案例中则采用客户旅程来固化和保存客户知识。

2.2.2.4　客户知识管理需关注的问题

客户知识管理需关注的一个问题是客户知识的组织、净化、分发和使用。通过客户知识发现生成的客户知识与从外部获取的客户知识被集成到客户知识库，经过知识组织、集成和分发，到达决策支持部门。要使客户知识管理发挥最大效益，客户智能体系必须对客户知识的元素（Elements）和度量值（Measures）进行定义，才有利于客户知识在分布式应用系统中有效地共享和使用，才能使客户知识通过互联网和局域网有效地到达决策者。

客户知识管理要解决的另一个问题是来自不同渠道客户知识的集成问题。

首先要考虑外部获取的客户知识如何集成到通过知识发现生成的客户知识中，供企业使用。拉尔森（Larson）对供应商与企业之间如何共享客户知识和机制进行了研究。

其次要考虑企业组织内部客户知识共享的问题，这涉及部门之间行为的协调。由图 2-10 可知，客户知识主要有两个来源：通过客户生成系统生成的客户知识、从外部获取的客户知识。获取的客户知识通常从企业供应链中的其他合作伙伴那里获取，如供应商、零售商等。因此，客户知识的集成除了实现两种来源的客户知识的集成外，还要考虑企业如何与供应链中的其他伙伴实现客户知识共享。冯 · 希佩尔（Von Hippel）对供应商—零售商之间的知识共享进行了研究，并描述了宝洁公司与沃尔玛之间客户知识共享的例子。宝洁公司和沃尔玛使用统一数据高速（Common Data Highway）、联合记分卡（Joint Scorecards）和客户目录核对（Customer Table Checking）的方式使两个企业的客户知识不但在组织之间实现共享，而且能共享给他们共同的合作伙伴。

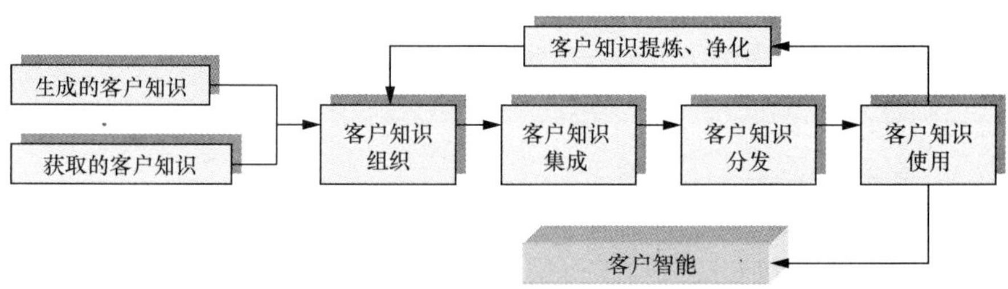

图 2-10　客户知识的组织、净化、分发和使用

2.2.3　CRM

CRM 成为研究、讨论与应用的热点已经有近 20 年。有关 CRM 的理论则起源更早。早在 20 世纪 60 年代，管理泰斗彼得 · 德鲁克（Peter Drucker）和西奥多 · 莱维特（Theodore Levitt）已经在宣传 CRM 的精神了，他们指出：

企业真正要做的事是为产品找到客户，保留客户，实现客户利益最大化。这是关于 CRM 理论基础的最早记载。20 世纪 90 年代，迈克尔·哈默和詹姆斯·尚比（James Champy）在经典之作 *Reengineering the Corporation* 中提到以客户为中心的商业模式。唐·派珀斯（Don Peppers）和玛莎·罗杰斯（Martha Rogers）提出的"一对一营销"（One-to-one Marketing）思想触及客户关系的精髓。帕特里夏·塞伯德（Patricia Seybold）在她的著作中将电子商务与 CRM 结合在一起，讨论了面向客户、提高客户保留度的重要性。

CRM 是一个不断发展、进化的哲理，而不是固化的软件实现。在影响 CRM 思想发展的诸多因素当中，信息技术占据了显著的地位。新兴信息技术的出现与不断成熟加深了人们对 CRM 核心思想的理解，也促使 CRM 理论体系向着易于理解、易于完善、易于实现的方向进化。可以说，由信息技术发展引导的 CRM 应用变革赶超了 CRM 相关的理论研究。从这一点上，本书从多年客户营销和服务数字化转型经验中提炼与 CRM 相关的理论，具有深刻的意义。

2.2.3.1　CRM 概念

当前，CRM 研究人员和开发人员从不同角度、不同层次对 CRM 进行了研究与探讨。CRM 尚无一个公认的定义，不同的学者、研究机构从自己擅长或者专注的角度给出了相应的定义。

纵观对 CRM 定义的争论，大致可以分为三类。

第一种观点是把 CRM 理解为一种企业与客户交互的整合技术系统。

比如 SmartFocus 将 CRM 定义为一种全面解决方案，它集成了人、流程和技术，并且利用了互联网的巨大影响，整合了所有与客户接触的部门业务，即市场、销售、客户服务和业务领域支持。

Magic 软件公司将 CRM 定位于一种前端办公室应用系统，它不仅使贯穿销售、市场和客户服务部门的，以客户为中心的流程得以改进和自动化，而且通过提高客户满意度来获得客户对企业的忠诚。

IBM 对 CRM 的定义则包括两个层面的内容：①企业实施 CRM 的目的是通过一系列的技术手段了解客户目前的需求和潜在的客户需求；②整合各方面的信息，使得企业对某一个客户信息的了解达到完整性和一致性。这种观点往往强调 CTI（Computer Telephony Integration，计算机电话集成）和呼叫中心（Call Center）对 CRM 的支撑作用。

微软公司的 CRM 起源于操作型 CRM（OCRM）。2019 年后公司把在人工智能领域的全球领先优势拓展到 CRM，强调人工智能驱动（AI-Driven）、数据驱动（Data Driven）的 CRM 理念，分别在客户洞察（Customer Insight）、营销洞察（Marketing Insight）、销售洞察（Sales Insight）、服务洞察（Service Insight）等 CRM 领域有所创新。

第二种观点是把 CRM 看成一种营销策略。唐·派珀斯和玛莎·罗杰斯将 CRM 与“一对一营销”等同起来的看法就属于这个范畴。有学者认为 CRM 就是一种全新的营销理论，并认为一对一营销和数据库营销都可以被纳入 CRM 营销的范畴。

第三种观点把 CRM 定义为一种商业策略。安东（Anton）将 CRM 定义为管理客户（所有存在利益关系的外部客户）关系的一个整合的过程（见图 2-11）：CRM 是对客户价值的“持续改进或业务重组”，这种改进或重组是通过发现更好的产品和服务实现的，它可以促进企业竞争地位的变化。李迪克（Dick Lee）认为 CRM 是一种以客户为中心的商业策略，它会促使企业许多重要原则发生变化。著名的 CRM 讨论网站 CRM Guru Blog 对 CRM 的定义是：CRM 是一个商业战略，它选择和管理客户，以使长期的价值最优。CRM 使用以客户为中心的商业哲理和文化来支持有效的营销、销售和服务过程。

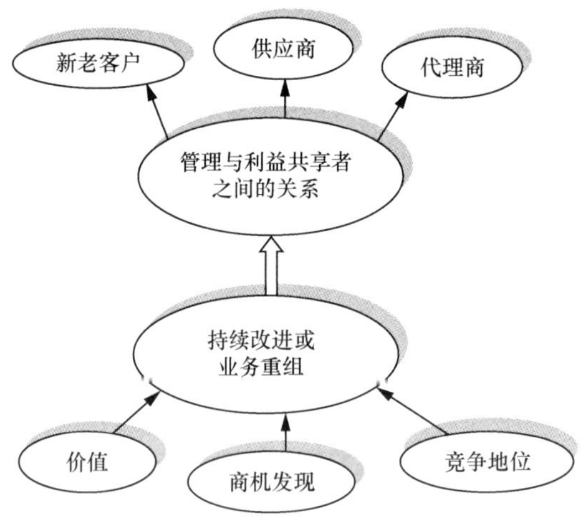

图 2-11　CRM 是一系列关系管理的过程

2.2.3.2　CRM 理论基础

除了持以上第三种观点的研究人员之外，很少人会认为 CRM 存在相关的理论基础。并且，持该种观点的不同人员所认知的 CRM 理论基础也是有差异的。有人从 CRM 应该关注的焦点进行研究，认为 CRM 理论基础的重点在于客户保留和关系发展。

根据库特纳（Kutner）和克里普斯（Cripps）的观点，CRM 存在以下理论基础：

（1）客户应被企业视为重要的资产；

（2）客户具有不同的利润贡献率，并非所有的客户对企业都有价值；

（3）客户在需求、偏好、消费行为和对价格的敏感性（Sensitivity）等特征上存在差异；

（4）企业要在理解客户特征和客户利润率的情况下，调整措施以实现客户（Portfolio）价值的最大化。

也有学者认为 CRM 的理论基础包括三方面的内容：关系营销、业务流程重组、信息技术发展对营销活动的影响。

与 CRM 相关的管理思想也被扩充到 CRM 的理论基础中，比如 CRM 新营销渠道（如“互联网 +”、智能客服机器人、社交媒体）与传统营销渠道的集成管理研究。有相当多的文献在对企业如何利用“互联网 +”这一崭新的营销渠道来改进企业 CRM 的应用水平和营销活动的效果方面进行了激烈的探讨。但至今尚没有发现成熟的 CRM 理论基础体系研究成果。

2.2.3.3　CRM 系统和应用

最初的 CRM 应用在 20 世纪 90 年代初投入使用，它们是独立的解决方案，如销售过程自动化（Sales Force Automation, SFA）和客户服务与支持（Customer Service and Support, CSS）。这些面向特定业务的解决方案增强了特定业务功能（比如销售、服务等），但未能为企业提供其与客户之间关系的完整视图。20 世纪 90 年代中期，具有交义功能的 CRM 解决方案整合了独立的 CRM 应用，但这种方案仍然缺乏客户数据的统一视角。20 世纪 90 年代后期的互联网应用的迅速发展与相关决策支持技术的逐渐成熟激励了 CRM 的进一步发展，这些影响因素包括电子商务、数据仓库技术、数据挖掘技术、大数据、人工智能等。自 2000 年以来，CRM 应用一直以高于 50% 的速率递增。

图 2-12 所示是一个比较有代表性的 CRM 解决方案，CRM 应用通常由以下三部分组成。

（1）客户服务与支持（CSS）：是实现客户保留的关键功能。CRM 的客户服务已超出传统呼叫中心的范围。呼叫中心必须与智能客服机器人、社交媒体、E-mail、电商以及其他任何客户喜欢使用的接触方式相互整合。随着互联网的快速发展，客户对基于互联网的自主服务的要求越来越高。

（2）销售过程自动化（SFA）：包括账户管理、合同管理、销售预测、销售管理、盈利 / 损失分析等。目的是通过销售活动与客户的互动行为，将潜在客户发展为真正客户并提高其忠诚度。

（3）营销自动化（Marketing Automation, MA）：包括商机产生、商机获取管理、商业活动管理以及营销活动管理。具体过程会涉及首次客户接触、针对目标客户的营销活动、一对一营销等。

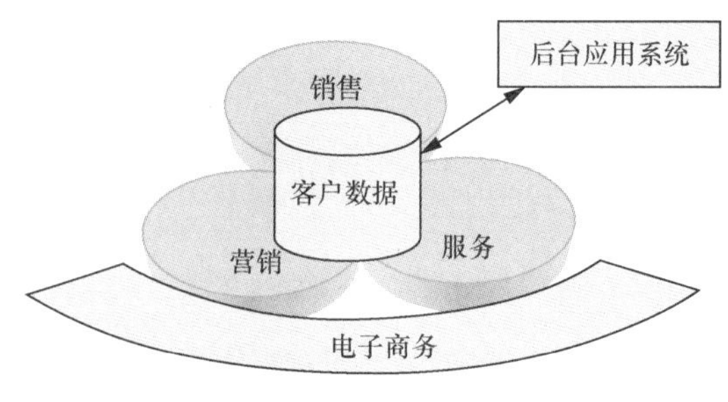

图 2-12　CRM 应用组成

研究认为，CRM 系统是以 CRM 思想为核心，CRM 软件应用与其他相关应用的集合体。其中，CRM 思想是基础，CRM 软件是以 CRM 思想为指导的具体实现工具。CRM 出现的时代决定了 CRM 系统不可能是一个孤立的系统，而是与企业许多应用系统有着集成关系的系统。其目的在于，以 CRM 应用为导向建造一个以客户为中心的、内外互动的、资源共享的、高效的企业。这些应用系统包括 ERP、SCM、HRM、财务系统、电子商务等。

信息技术对 CRM 的支持是多方面的，其中包括信息技术对 CRM 系统架构的影响、CRM 与互联网技术的结合、智能客服机器人和社交媒体应用于 CRM 场景的研制与使用、数据仓库技术在 CRM 中的使用、OLAP 技术与数据挖掘技术在 CRM 中的应用等。这个层面的许多研究已卓有成效，并且已直接投入使用。这主要得益于相关信息技术的成熟，以及人们对信息技术的掌握能力的提升和积极性的提高。

2.2.3.4 CRM 的商业价值

CRM 商业价值的研究很广泛。本书进行了以下总结：

（1）如何识别客户价值和客户生命周期价值；

（2）如何能使企业降低销售成本、增加销售收入；

（3）如何能帮助企业更好地满足客户需求、提高客户满意度；

（4）如何提升客户获取能力；

（5）如何提高客户忠诚度、留住老客户。

在客户营销和服务数字化转型项目中，企业通常会总结、反思实施 CRM 的商业价值体现在哪些方面。这一般会发生在项目规划阶段和项目总结阶段。

总之，CRM 是具有理论基础和技术基础的理论、方法和技术的综合体。CRM 的理论基础包括以客户关系为中心、客户忠诚、客户保留等。IT 是 CRM 的技术基础，也是 CRM 从理论走向实际操作的“黏合剂”。CRM 的特征可概括为：

（1）CRM 强调与客户保持长期的合作关系；

（2）收集和整合客户数据；

（3）使用 IT 和方法分析数据；

（4）根据客户生命周期价值（Life-time Value, LTV）实现客户分类；

（5）根据客户需求和期望进行市场细分；

（6）详细的、整合的客户画像有助于在细分市场中实现客户价值；

（7）从以产品为中心到以客户为中心的转变，必须要求企业实施以客户为中心的业务流程重组（Business Process Reengineering, BPR）。

提出和研究客户智能的目的在于对客户关系的管理和优化。客户关系管理是客户智能提出的出发点之一，其目的同样是对客户关系进行有效管理和优化。本书通过对客户智能体系的研究，试图有效弥补当前 CRM 理论研究的不足。这些不足既包括理论基础研究的不足，也包括在理论基础之上的应用体系研究的不足。

2.2.4 商业智能

商业智能（BI）是目前在企业应用和技术研发中受到广泛关注的一个研究方向。可以用两点来总结这种研究热点出现的原因：①信息技术的高速发展给企业带来了利用信息技术提升自身竞争力的巨大空间——信息技术不但使企业获取需要的信息，而且促进企业对信息的再利用，以营造企业的竞争优势；② IT 领域许多提供软件平台和工具平台的领头企业通过多年来与企业的交流，已经认识到企业对商业智能的迫切需求，纷纷开始从事商业智能的研究与开发。IBM 建立了专门从事 BI 方案设计的研究中心，Oracle、微软等公司纷纷推出了支持 BI 开发和应用的软件系统，直接进入了 BI 的开发、应用领域。

商业智能不是一个新名词。多年来，企业一直在寻找对商业智能的理解和实现方式，以增强企业的竞争力。早在 20 世纪 80 年代，当时“商业智能”的标准是能容易地获得想要的数据和信息。20 世纪 90 年代是商业智能真正起步的阶段。到目前为止，关于商业智能还没有统一的定义，不同的人只是从不同的方面表达了对商业智能的理解。早在 20 世纪 90 年代初，Garter Group 的霍华德·德雷斯纳（Howard Dresner）把 EUQR（终端查询和报表）、DSS、OLAP 称为商业智能。企业使用这些工具获得的优势也被称为商业智能。后来，出现了数据仓库、数据集市技术，以及与之相关的 ETL（Extract Transformation Load，抽取、转换、装载）、数据清洗、数据挖掘、商业建模等，人们也将这些技术统归为商业智能的领域。目前，存在将商业智能与数据仓库、基于数据仓库的分析方法、知识发现等同的认识趋势。

商业智能的目标是将企业所掌握的信息转换成竞争优势，提升企业决策能力，提高决策效率、决策准确性。商业智能代表了为提高企业运营性能而采用的一系列方法、技术和软件的总和。与商业智能密切相关的支撑技术主要包括以下两种。

2.2.4.1 数据仓库

1. 定义

20 世纪 90 年代初，美国著名信息工程科学家威廉·H. 英蒙（W.H.Inmon）提出数据仓库的概念是：“数据仓库就是面向主题的、集成的、稳定的、不同时间的数据集合，用以支持经营管理中的决策制定过程。”

数据仓库是计算机和数据库应用发展到一定阶段的必然产物。如今计算机应用系统的工作重点已经不在于简单的数据收集。随着计算机应用的不断深入，各类计算机用户已经积累了大量的生产业务数据，业务人员希望能够快速地、方便有效地从大量杂乱无章的数据中获取有意义的信息，决策者希望能够利用现有数据指导决策和挖掘竞争优势。这类业务的特点是需要大量的历史数据和汇总数据，并且能够从不同的角度来观察这些数据。与原有的业务系统不同，它们不需要对历史数据进行修改，而是使用大量的随机查询，是基于联机分析处理（OLAP）的应用。用户的这种越来越迫切的需求推动了数据仓库技术的发展。

数据集市是按照某一特定部门的决策支持需求而组织起来的、针对特定主题的应用系统。数据集市可以逐渐发展成数据仓库。数据集市的集合可以组成一个企业级数据仓库。

表2-2描述了基于关系数据库的应用与基于数据仓库的应用之间的区别。

表2-2 关系数据库系统（RDBMS）和数据仓库系统的比较

特性	RDBMS	数据仓库系统
特征	操作处理	信息处理
面向	事务	分析
用户	办事员、数据库管理员、数据库专业人员	知识工人（如经理、主管、分析员）
功能	日常操作	长期信息需求、决策支持
数据库设计	基于E-R，面向应用	星型/雪花、面向主题
数据	当前的、确保为新的	历史的、跨时间维护
汇总	原始的、高度详细	汇总的、统一的
视图	详细的、一般关系	汇总的、多维的
工作单位	短的、简单事务	复杂查询
存取	读/写	大多为读
关注	数据进入	信息输出

续表

特性	RDBMS	数据仓库系统
操作	主关键字上索引 / 散列	大量扫描
访问记录数据	数十个	数百万个
用户数	数千个	数百个
数据库规模	100MB 到 GB	100GB 到 TB
优先	高性能、高可用性	高灵活性、端点用户自治
度量	事务吞吐量	查询吞吐量、响应时间

2. 数据仓库的体系结构

在一个典型的数据仓库系统中，信息被层层转化，从源数据到 ODS（Operational Data Store，操作型数据存储），最后到达数据仓库。ODS 存储了当前和最近的数据，支持业务部门对一段时间范围内的数据操作和对事务数据进行决策支持和分析。操作型数据存储保持与底层操作数据一样的更新率。这就保证了为决策支持和分析提供一致的操作数据。另外，ODS 可以作为知识发现的数据环境。ODS 不仅可以用于操作型数据的决策支持活动，也为数据仓库中的数据采集提供中间集结、加工环节，见图 2-13。

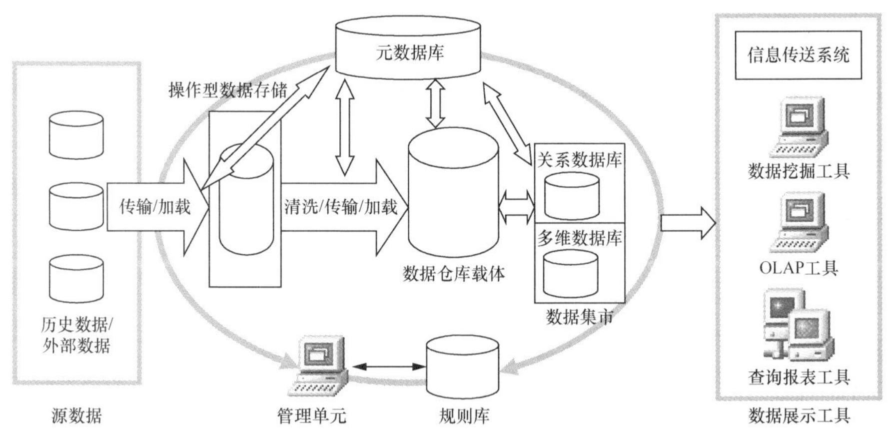

图 2-13　数据仓库系统

2.2.4.2　知识发现

据国际数据公司（IDC, International Data Corporation）分析，近年来企

业数据库的增量以 100% 的速率递增。一个全球大型跨国公司的数据量每天的增量可达 TB 级。如何从海量数据中获取有价值的统计信息，是让企业烦恼的事情。

数据仓库技术的出现被认为是解决以上问题的最理想的技术，而实际中数据仓库技术仍然具有“数据丰富，信息贫乏”的性质。虽然直接基于数据仓库的分析应用可以实现从数据到信息的转变，但这种实现跟不上复杂变化的商业环境。人们需要的往往是更全面的信息和比信息更高一层次的东西——知识。*Data Mining: Concepts and Techniques* 一书以形象的示例（见表 2-3）表述了不断变化的商业需求和采用的商业决策手段的进化关系。人们将这个包含数据挖掘的崭新过程称为知识发现（Knowledge Discovery in Database, KDD）。

表 2-3　商业数据到商业信息转变的阶段及实现技术

阶段	商业问题	实现技术	特征
数据收集（20 世纪 60 年代）	过去 5 年的总收入是多少	计算机、磁带、磁盘	回顾型的、静态的数据转移
数据获取（20 世纪 80 年代）	三月，仅英格兰区域的销售量是多少	RDBMS、SQL、ODBC	回顾型的、动态的、记录级的数据转移
数据仓库和决策支持（20 世纪 90 年代）	三月，仅英格兰区域的销售量是多少？具体到波士顿呢	OLAP、多维数据库、数据仓库	回顾型的、动态的、综合级的数据转移
数据挖掘（目前）	具体到波士顿，下个月的销售量会是多少？为什么	挖掘算法、多处理机、大数据	展望型的、主动的信息转移

KDD 一词是在 1989 年于美国底特律市召开的 KDD 专题讨论会上正式提出的。随着 KDD 在学术界和工业界的影响越来越大，KDD 组委会于 1995 年把专题讨论会更名为国际会议，并于当年在加拿大蒙特利尔市召开了第一次 KDD 国际学术会议，以后每年召开一次。

知识发现的研究始于从数据库中发现有用的模式这一概念，并先后有不同的术语，如数据挖掘 (Data Mining)、知识提取（Knowledge Extration）、信息发现（Information Discovery）、数据考古学（Data Archaeology）、数据库中的知识发现（KDD）。

一个普遍被接受的 KDD 定义为：KDD 是指从数据中获取正确、新颖、有潜在应用价值和最终可理解的模式的非平凡的过程。该定义的进一步解释如下。

模式：模式是用高级语言表示的表达一定逻辑含义的信息，比如“如果一个年龄在 35 ~ 40 岁的客户购买了啤酒，他有 80% 的可能性会同时购买尿布”，这样的模式易于被用户理解和直接使用，并且可以作为其他程序（如专家系统）的输入。

非平凡过程：KDD 是一个包括数据预处理、数据挖掘、知识评价等的多步骤过程。这一过程被称为具有非平凡性，也就是说具有某种程度的自主性，而不是简单的统计分析。虽然统计分析的结果具有使用价值，但不可称其为知识发现。

长期以来，数据挖掘和知识发现这两个术语的区分一直不清楚。有两种观点流行：一种观点认为数据挖掘与知识发现是等同的概念，只不过在不同的领域叫法不同而已，在科研领域，“知识发现”使用较多，在工程应用领域多称之为数据挖掘；另一种观点认为数据挖掘是知识发现的一个阶段，而且是核心阶段。该观点的明确树立是在 KDD-96 国际会议上，知识发现领域的知名学者法耶兹（Fayyad）、皮亚特斯基 - 夏皮罗（Piatetsky-Shapiro）和史密斯（Smyth）就这两个术语的关系进行了以下阐述。

知识发现是从数据库中发现知识的全部过程，而数据挖掘则是此全过程的一个特定的关键步骤。

关于这一点，可从知识发现的一般过程来说明。知识发现的一般过程可分为 9 个处理阶段：

（1）数据准备：理解领域知识和相关的先验知识，明确系统目标；

（2）数据选择：创建相关的目标数据集；

（3）数据预处理：比如除掉明显错误的、冗余的噪声数据等；

（4）数据缩减和投影，寻找依赖于发现目标的、表达数据的有用特征，以缩减数据规模；

（5）确定 KDD 的目标：选择与目标相对应的发现方法，如分类、综合、回归、聚类等；

（6）确定知识发现算法，即用于搜索数据中模式的方法；

（7）数据挖掘，得到以分类规则或聚类等形式来表达的感兴趣的模式；

（8）模式解释，也可采用可视化表示；

（9）知识评价。

目前，众多知识发现方法的研究主要在知识发现过程的第 6 步与第 7 步，即选用适合的数据挖掘算法从数据库中发现知识（模式、规则）。数据挖掘是目前数据库和信息决策领域的研究方向之一，引起了学术界和工业界的广泛关注。一些著名的工业研究实验室（如 IBM Almaden 和 GTE、微软研究院等）、众多学术单位（如 UC Berkeley 等）均在这个领域开展了各种各样的研究计划。

2.3 客户智能的本质

所有客户知识的创新都是基于客户智能理论基础的。客户知识的使用会使该理论基础对应的决策主题（如客户分类、客户差异、客户满意、客户忠诚）实现得更有效、更科学。但是，如何来衡量这种有效性和科学性呢？例如，客户满意和客户忠诚均是客户对企业的情感表达，较难通过二者对客户智能实现效果进行衡量。客户忠诚尤其如此，因为客户忠诚是长期客户满意的情感积累，并且达到忠诚的时间长短因人而异。所以，必须找到指导客户智能实现效果的一般性的思想方法，那就是客户价值。客户智能实现效果只有以正确的客户价值分析为基础，才能得以衡量和具有说服力。

关系营销视角或范式（Perspective or Paradigm）认为，客户在感知价值时除了关注企业的产品或服务外，还关注其与企业间的关系；客户价值不仅来源于核心产品和附属服务，而且还包括客户维系的努力。企业可以通过发展良好而持续的客户关系来创造客户价值。客户关系的本质特征之一是：能为双方带来价值是任何一个客户关系存在的前提。正是客户关系与客户价值之间的这种相关性，从根本上决定了客户智能的本质。

客户价值的研究始于 20 世纪 90 年代，目前对于客户价值的定义还没有统一。居于主导地位的共识在于，客户价值是从客户角度来研究客户的得与失。帕拉苏拉曼（Parasuraman）认为，客户价值是对所获得的质量与所付价格权衡的感知。也有观点认为，客户价值是客户从购买的产品中所获得的价值与所要付出的所有成本的“净利益”。菲利普·科特勒教授在其著作《营销管理：分析、计划、执行和控制（第八版）》中，将客户价值作为整部著作的一个核心概念。该书没有给客户价值下一个严格的定义，而是将客户价值等同于客户让渡价值，并对后者进行了详细的研究。凯勒（Keller）研究客户价值的视角与科特勒几乎相同，他认为客户价值是由以下四个核心维度构成的：属性（Attributes）、利得（Benefits）、态度（Attitudes）和企业链效应（Network Effects）。有学者认为客户价值是客户在购买和使用某一个产品的整个过程中对所获得的效用与所付出的成本的比较，概括为：

$$V = U \div C$$

式中：

U——客户得到的效用；

C——客户付出的成本；

V——客户价值。

客户对得与失的权衡又分“预期”和“已经发生”两种角度。所以，客户价值可区分为期望价值（Desired Value）和价值评价（Value Judgment）：期望价值表示客户预期出现的价值；而价值评价表示已经出现的价值，也有学者称之为实受价值（Customer Received Value）或感知价值（Customer Perceived Value）。在期望价值研究中最典型的是 Kotler（1995）的客户让渡价值理论。本书从客户和企业两个视角关注的客户价值表达的都是客户或企业对客户价值的“预期”，这符合人们对客户忠诚的理解和客户智能的特性。

客户价值早被企业在制定竞争战略中关注。客户价值分析（Customer Value Analysis, CVA）分析单一客户对企业的贡献度，是辅助制定企业竞争战略的有效工具，也是进行客户价值管理（Custorner Value Managerment, CVM）的重要依据。客户价值分析为企业优化客户关系提供了一种有益的分析方法。越来越多专家和学者认识到客户价值分析在企业战略中的重要性，也纷纷建立了客户价值分析的定量模型。斯莱特（Slatter）甚至呼吁建立基于客户价值的企业理论，认为新古典主义理论、交易成本理论、基于资源的基础理论等代表性的企业理论不再适应越来越动荡和复杂的竞争环境。

研究人员认为，客户价值概念的提出是市场营销理论的又一次飞跃，它使得市场营销理论向着更加精细化、操作化的方向发展。客户价值的理论意义在于它能揭示一般性的客户行为的实质并能够用于指导实践。

基于客户价值在客户决策中的重要指导地位，本书认为，客户智能的本质是创新、使用客户知识创造客户价值，从而获得竞争优势（见图 2-14）。客户价值分析是客户智能采用的重要分析方法，它不但权衡利用客户知识产生客户智能的效果，而且在分析过程中产生新的客户知识。因此，客户价值分析对客户决策的支持作用（通过创新和使用客户知识）就显得尤为重要。比如，标识客户、客户细分、客户差异、客户满意、客户忠诚等面向客户的决策主题因为有了客户价值分析的支持，就会有的放矢，引导正确的客户关系。

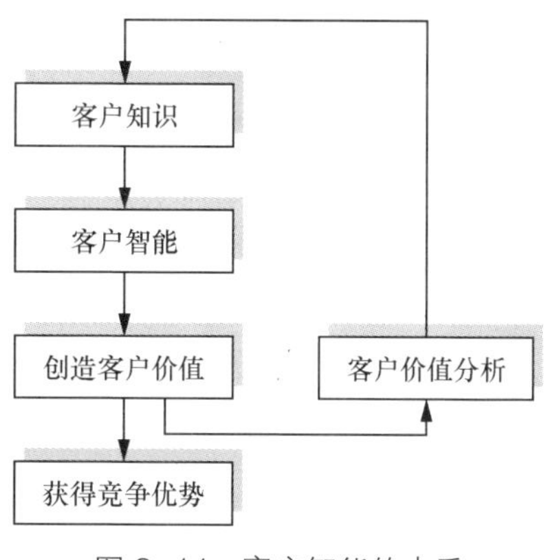

图 2-14　客户智能的本质

美国生产力与质量中心（American Proctivity and Quality Canter, APQS）曾研究 100 多家企业后发现，不断学习、集成和运用客户知识可成为创造客户价值的重要来源。运用客户知识创造客户价值的途径很多，比如将客户知识直接作用于产品或客户、获取外部客户知识作用于客户等。运用知识发现技术产生个性化的客户知识用于客户价值的创造，也是一种途径。

请注意，本书研究的“客户价值”是从客户出发的价值——客户让渡价值和从企业出发的价值——客户关系价值的综合体。单一地从客户或企业的角度研究客户价值具有一定的片面性。企业毕竟是一个追求利润的经济体，企业在从客户的角度创造客户价值的同时，必然会考虑自身的利益。因此客户价值的研究应该包含从企业的角度出发的客户价值的研究。这种对“客户价值”的界定恰好是对“良好的客户关系是双赢的源泉”（见图 2-15）的有力的诠释。

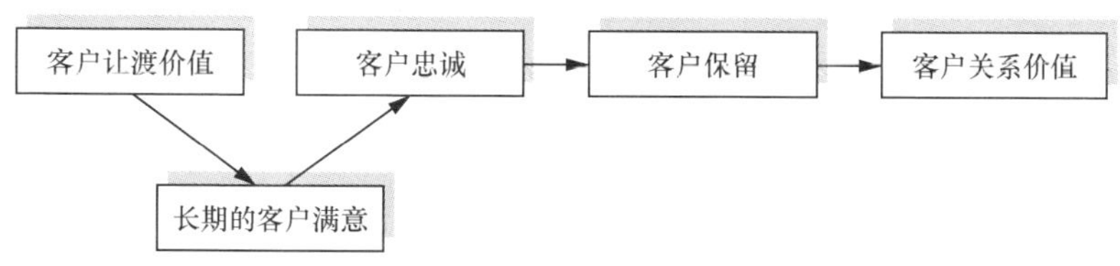

图 2-15　良好的客户关系是双赢的源泉

客户让渡价值是企业为客户创造的价值，它从根本上影响了客户满意以及客户忠诚时间的长期性。反过来，客户让渡价值又会影响客户关系价值。从图 2-15 可以看出，长期的客户满意可以带来客户对企业的忠诚，客户忠诚意味较长时期的客户保留，从而带来高的客户关系价值。下面简要论述这两种“客户价值”。

2.3.1 客户让渡价值（Customer Delivered Value, CDV）

客户让渡价值，是指客户购买产品或服务所实现的总价值与客户购买该项产品或服务付出的总成本之间的差额，是指客户在购买和消费过程中所得到的全部利益。在一定程度上，客户忠诚和客户满意是可感知效果和期望值之间的函数，客户让渡价值在某种意义上等价于可感知效果。客户在购买产品或服务时，总希望把货币、时间、精力和体力等有关成本降到最低，而同时又希望从中获得更多实际利益，以使自己的需求得到最大限度的满足。因此，客户在选购产品或服务时，往往从价值与成本两个方面进行考虑，从中选出价值最高、成本最低，即“客户让渡价值”最大的产品或服务。影响客户让渡价值的因素如图 2-16 所示。

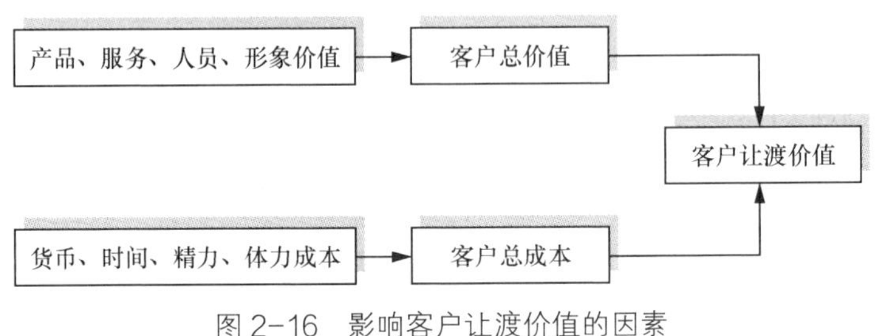

图 2-16 影响客户让渡价值的因素

TCV（Total Customer Value）——客户总价值。TCV 是产品价值（Product Value）、服务价值（Services Value）、人员价值（Person Value）和形象价值（Image Value）等因素的函数，其中任何一项价值因素的变化都会影响客户总价值。用数学式表示为：

$$TCV = f(Pd, S, Ps, I)$$

TCC（Total Customer Cost）——客户总成本。TCC 是包括货币成本

（Money Price）、时间成本（Time Cost）、精力成本（Energy Cost）、感观负担（Sensory Burden）等因素的函数，其中任何一项成本因素的变化均会影响客户总成本。亦可用数学式表示为：

$$TCC = f(M, T, E, S)$$

客户让渡价值（CDV）表示为客户总价值（TCV）、客户总成本（TCC）的增值部分，表示为：

$$CDV = TCV - TCC$$

客户总价值与客户总成本的变化及其影响作用不是各自独立的，而是相互关联的。因此，企业在制定营销策略时，应综合考虑构成客户总价值与客户总成本的各项因素之间的这种相互关系，从而用较低的成本为客户提供具有更多客户让渡价值的产品。

当客户获得的客户让渡价值大于预期价值时，就可能产生客户满意，由高度的客户满意产生的客户忠诚将会使企业获得差异化的竞争优势，从而增强企业的竞争力及获利能力。波特（Porter）在谈到利用差异创造竞争优势时使用了"客户价值链"（Customer Value Chain）的概念。客户价值链刻画了客户在购买企业的产品或服务时，影响其消费的因素和行为。他指出，企业差异竞争战略的成功与否，取决于企业的价值链（Firm Value Chain）与客户价值链的关联程度。

2.3.2　客户关系价值

客户关系价值和客户让渡价值是截然不同的两个概念。客户让渡价值是指客户在购买和消费过程中所得到的全部利益，而客户关系价值是指客户为企业所带来的总价值。前者是从客户的立场出发考虑得与失，而后者则从企业的角度出发。

传统的客户关系价值可理解为"客户单次交易给企业带来的收入"。客户智能强调的不是单次交易所产生的客户价值，而是通过维持与客户的长期关系来获得最大的客户生命周期价值。整个客户生命周期内的客户关系价值的计算形式可用下式表示：

$$\text{客户关系价值} = \int_n \int_t (A + B)(1 + i)^{-t} \mathrm{d}t \mathrm{d}n$$

式中：

t——客户保留时间长度。

n——企业的商品范围。一般来讲，提高客户占有率的方式有两种：一是让客户增加对现有商品的购买；二是提供所需要的其他商品。对一些行业，如金融领域更强调通过后一种方式，即采用交叉销售或组合销售金融商品的形式来提高客户占有率。

i——给定时段（通常为一年）的贴现率。

A——单个客户直接盈利能力。其指客户通过直接购买商品或服务产生的盈利能力。

B——单个客户间接盈利能力。

雷克海尔德（Reichheld）在他的著作 *The Loyalty Effect* 中的研究表明：来自忠诚客户的利润随着时间的延续而增加。这种利润增加来源于五个方面：基本利润、收入增长、成本节约、口碑效应和价值溢价。通过忠诚客户对商品或服务的良好评价并向其周边的群体传播这种评价，会影响其他潜在客户的购买行为。特别在商品没有差异或者即使存在差异但消费者在使用之前不清楚这种差异的情况下，口碑效应能发挥极大的威力和产生极大的效果。肯•布兰德（Ken Brand）在著作《顾客也疯狂》中说道："仅仅让客户满意是不够的。你必须善待客户，好到使他们心甘情愿地为你说话……你的客户成了为我摇旗呐喊的疯狂客户，而他们的所作所为也就越来越像你旗下销售尖兵的一分子。"

一个对欧洲 7 个国家的 7 000 名消费者的调查报告表明，60% 的被调查者认为，他们购买新产品或新品牌受到家庭成员或朋友的影响。虽然客户的口碑效应给企业带来的效益是间接的，企业可以通过忠诚客户的口碑效应来实现客户延伸（Customer Extension），使现在的潜在客户演变成将来的现实客户，从而扩大客户群的范围，进而增加企业将来的客户生命周期价值。海伦娜・伊利 - 连科谈到了客户网链（Customer Network Ties）的概念，他认为企业的客户通过该网链，会向其他客户宣传企业，企业面对的不再是客户自身，而是客户的网链。企业从该客户网链中获得的客户知识比从单一客户那里获得的更多。

2.4　客户智能的功能

让我们看几个客户智能的成功案例。更多、更详细的客户智能案例可参考本书第 5 章至第 9 章的内容。

（1）Wegmans 食品公司利用忠诚计划，去掉那些不带来利益的汽水。虽然该公司汽水类别削减量达 26%，但总体收益较以前有大幅度提高。

（2）一个连锁店通过客户最近的消费金额和以往所有的消费金额来定位客户，这样，在 18 000 个信件中，921 个得到回应，回应率达 5.1%。这个营销活动产生了 227 美元的利益，平均每次促销获利 22 美元。

（3）S.C.Hui, A.C.M.Fong, G.Jha 提出了基于 CBR-ANN 的网上智能诊断系统，改善了客户服务成本高、周期长、效率低的状况。诊断系统的智能性是通过基于 CBR-ANN 算法组成的“Fault Diagnosis Engine”（故障诊断引擎）模型库体现出来的。

（4）Ritz-Carlton 酒店为每个员工准备了一个“客人爱好便笺簿”，用来记录每次从客户交谈和观察中搜集的客户偏好。每天，公司将这些数据输入整个集团的客户画像系统。这样，该系统不仅能“记住”客户在以往购物时表现出来的偏好，而且能从他们的问题、抱怨、建议和行为中挖掘出他们的偏好。

可以发现，以上案例存在一个共同点，那就是：有效地创造和保持良好的客户关系并使企业获利。如何建立、巩固、保持良好的客户关系是一个十分抽象和广泛的问题。本书对客户智能的定位是将客户智能作为指导“客户关系”的一般性的思想方法。詹姆斯 · G. 巴恩斯（James G.Barnes）认为，客户关系具有两个要素：一是保留客户，二是理解客户的价值。客户关系的真正目标是客户的长期满意，乃至客户忠诚。客户满意和客户忠诚均是客户对企业的情感的表达，需要企业以充满情感的产品、服务、接触渠道等方式对待客户。计算机以及基于 IT 的系统工具，包括 CRM 应用系统，是企业表达这种情感的工具。从另一个方面来说，计算机及应用系统并不能带来真正的客户关系。

客户智能体系可被看作企业形成的一种向客户学习的机制和关系。在学习过程中，企业会获得个体客户更多的偏好、需求等预测性客户知识。通过有效地使用这些客户知识，企业将获得无尽的竞争优势。

2.4.1 客户智能具有的功能

1. 客户数据管理功能

客户智能具备从多个客户数据源抽取、转换、装载、清洗、集成数据的能力，具备对大量客户数据高效存储与维护的能力，以及集成企业内、外部客户关联数据的大数据处理能力。客户数据管理是客户智能最基础的功能，也是其他功能实现的前提。客户数据管理的意义在于，它一方面为企业提供统一的客户视图（Unified Customer View），另一方面为客户数据分析和客户知识发现提供高质量的数据环境。

2. 数据分析功能

客户智能具备在线多维分析、统计分析等多种数据分析功能，具备终端信息查询和报表生成功能，具备数据可视化能力。数据分析支持较低层次的分析需求。

3. 客户知识发现功能

客户智能具备从客户数据仓库中提取人们感兴趣的客户知识的能力。这些知识是隐含的、事先未知的、潜在有用的。此外，客户智能提供客户知识共享、使用的机制，本书称这个机制为客户知识管理。

4. 辅助企业建模

客户知识应用于企业面向客户的决策产生的效果，可称为客户智能。客户智能体系具备进行有利于客户知识产生、分发和使用的企业建模的能力，目的是建立一个高效的、快速反应的、科学决策的、以客户为中心的组织架构。当面对一个现有的企业组织架构时，可能需要运用业务流程重组管理思想。

业务流程重组（BPR）是20世纪90年代初美国学者迈克尔·哈默提出的一种辅助企业再组织、再设计的管理思想。迈克尔·哈默对BPR的定义是“为了在成本、品质、服务及速度等方面的绩效取得大幅度提升，对企业所从事的关键与最基本的管理工作及作业程序进行再设计和重建”。BPR的基本内涵就是以作业流程为中心，打破传统的组织分工理论，提倡组织变通、员工授权、客户导向及正确地运用信息技术，促进客户满意度和忠诚度的提高，进而达到适应快速变化的市场环境的目的。

客户智能体系包括为客户知识的产生创造一个具有可操作性的系统环境。

2.4.2 客户智能对企业的作用

客户智能给企业带来的好处，除包括以前提到的客户知识给企业带来的好处之外，还包括以下方面。

（1）客户智能体系面向所有的企业部门提供统一的客户视图。

（2）客户智能促进企业对客户的静态信息（姓名、地址、公司信息等）和动态信息（如调查历史，投诉、销售历史等）的利用。其中，对动态信息的利用，尤其是对动态信息利用的自动化，是客户智能最复杂和最具有潜在价值的应用。对动态信息的利用可体现在两部分：动态营销和动态个性化。

① 动态营销是一个在线营销的过程，它结合和利用了客户消费行为的特征。比如，用以下伪代码表示一个客户智能过程。

```
  If 客户购买了干酪
  then 给他一张饼干的优惠券
If 他在一周内消费了优惠券
  then 给他一张饼干的有奖销售优惠券
Else 给他一张干酪的有奖销售优惠券
```

在该过程中，根据客户消费优惠券的类型，决定下一步采取的营销行动。

② 动态个性化有别于静态个性化。静态个性化是一次消费历史的体现，即根据客户一次的消费历史决定个性化措施，这对建立有效的客户关系和对客户决策的有效性是大有影响的。曾经颇为著名的个性化范例——亚马逊的“购买此书的客户也喜欢此类的书”的论断仅在有限的条件下成立，因为它没有将客户的偏好（Preferences）考虑进去。客户消费偏好的获得除利用消费行为提供的信息和数据外，需要充分地理解客户的整个消费历史，并且要多次在线地与客户交流，询问客户需要什么。然后将他们的答案和企业对答

案的理解补充到对客户的决策和行动上。

（3）客户智能体系除为客户知识的产生创造一个具有可操作性的系统环境以外，还为客户知识管理提供了有效的方法和理论。客户知识管理过程包括客户知识生成、共享与使用等核心过程。对照客户智能的定义和实现，客户智能几乎涉及了客户知识管理的所有核心过程。

（4）客户智能帮助企业优化、快速制定客户发展战略。客户智能不但通过对客户知识的直接使用来提升企业面向客户的战术决策能力，而且在以客户为中心的组织结构的支持下，实施广义上的客户知识管理，最终提高企业客户发展战略和总体战略的有效性和科学性。

（5）客户智能是建立在对客户数据的分析、知识发现的基础之上的。它使企业对客户的决策建立在定量的基础上，而不是定性的假设上。

2.5 客户智能的实现

客户智能的实现是客户知识的生成、分发、使用等协同作用的结果。

2.5.1 生成客户知识

客户知识是人们通过实践认识到的、与客户有关的规律性，而客户智能是获得客户知识并使用客户知识求解客户决策问题所获得的能力。客户智能是对客户发展战略（企业战略的一部分）决策真正有价值的启示或者行动。生成客户知识的过程（见图 2-17）称为客户知识的加工处理过程。客户知识来源于企业与客户交互过程中积累的数据和信息，最后又在这种交互过程中得以应用。

1. 客户标识（Identification）

客户标识又称客户认知（Awareness），即知道谁是你的客户。客户认知离不开一个集成的客户数据环境，否则企业很有可能会遭受客户认知危机（Customer-aware Challenge）。

集成的客户数据是指面向客户的操作型数据存储（ODS），它存储了集成的和经过净化的、当前的客户数据。企业内任何与客户打交道的职员每时每刻会参考这些客户数据，了解目前客户与产品、服务的处境，了解当前的接触信息、接触结果、突发事件等。正确利用存储了当前数据的客户数据仓库，会大大提高企业对客户评价的准确性和提升企业对客户的认知能力。

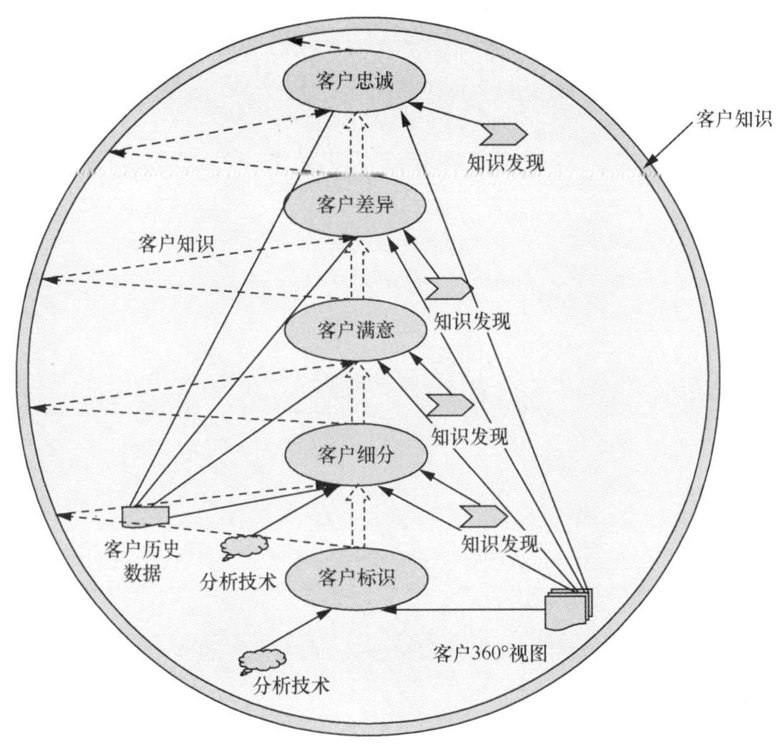

图 2-17　客户知识生成

2. 客户细分（Segmentation）

客户细分是将客户进一步分为一些区别明显的消费者子群体，同一子群体的消费行为方式相似或者有相似的需求。在客户知识发现的研究范畴内，客户分类和客户聚类、客户关联分析等是客户细分的具体实现方式。

假若企业已经认识到客户的存在，但要正确辨别和区分哪些客户能使企业盈利而哪些不能，仅依据对客户当前信息的分析很难得出令人满意的答案。企业此时需要获得与客户有关的历史记录。针对不同的客户细分方式，有些场景可通过采用统计分析技术来解决。而当面对较深层次的细分任务时，就需要引入知识发现技术。

一个好的数据仓库环境，可完全满足客户细分对数据的多重需求。数据仓库环境集成了与客户有关的当前和历史数据，并在此基础上建立起面向不同决策主题的应用（数据集市）。比如，客户利润率分析、销售渠道分析、商业活动分析等。面向决策主题的数据模型设计必须和企业的商业模式相吻合。

3. 客户满意（Satisfaction）

20 世纪 90 年代，西方企业兴起了客户满意战略，激发了人们对客户满意研究的热潮。作为度量客户满意的客户满意指数（Customer Satisfaction Index, CSI）也日益受到关注。企业对客户满意的市场分析和调研不再停留在定性的层面上，而期望有一套严密、令人信服的量化分析方法，为面向客户的决策提供科学的参考依据。企业关心的不只客户满意本身，企业还关心客户满意与企业员工积极性之间的关联程度、与企业的客户优惠政策的关联程度等。要正确回答这些问题，首先要求企业建立以客户为中心的企业环境。

一个以客户为中心的企业环境绝非仅仅通过建设先进的呼叫中心、公众服务号等手段所能实现的，它需要一个企业的企业文化、组织结构、管理模式等整体环境的大调整，以适应从以产品为中心到以客户为中心的转变。它还需要一个有利于使用知识发现技术发现客户知识和使用客户知识的机制，通过该机制了解客户满意需要的是什么，如何改进产品使客户更满意。

4. 客户差异（Differentiation）

客户差异是指企业根据不同客户对企业的贡献大小和其他客户特征，针对不同客户细化实施有差别的营销和服务。客户特征分析的对象包括客户生命周期价值、消费行为、贵宾特征等。企业不但需要建立相应的知识发现模型，而且必须具有对知识发现结果——客户知识快速反应的能力，企业各部门能够做到基于客户知识的互动。

5. 客户忠诚（Loyalty）

客户忠诚是客户关系的最高境界。客户忠诚直接的表现是客户的持续购买，它反映了企业对客户不断更新的需求的有效把握。客户忠诚是对分析结果反复有效利用的结果。客户忠诚的获得是企业在客户关系上最难达到的境界，但是最佳的。通过一种有效的机制，忠诚客户数据的收集和集成成为最容易和最有效的事情。但下一步的工作——如何保留忠诚客户，却是客户关系管理中最难的，该项工作更离不开知识发现技术的支持。

2.5.2 实现客户智能

客户智能不仅包括客户知识生成的过程，而且更强调客户知识在企业中的分发、使用，直到产生客户智能。客户智能是客户知识的生成、分发和使用所获得的能力，见图 2-18。

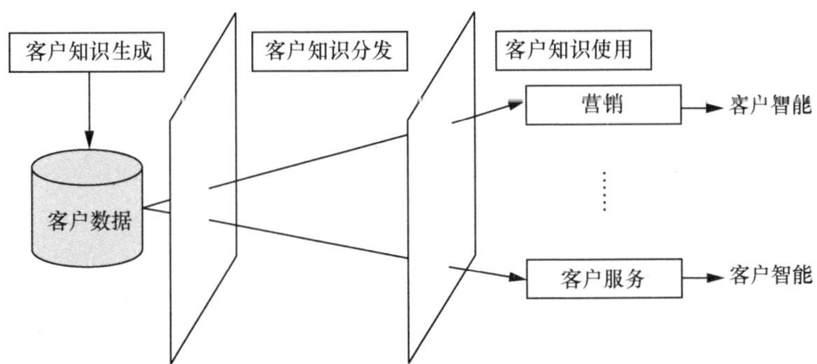

图 2-18　客户智能是客户知识的生成、分发、使用所获得的能力

图 2-19 描述了完整的客户智能实现流程，这是一个互动的、闭合的过程。与客户进行交互的业务过程可以看作整个过程的起始和结束，分别代表从客户交互活动获得客户知识、客户智能最终应用于客户决策两个节点。相应地，该阶段具有以下两个职能：①将客户知识分发到对应的系统并加以利用，产生客户智能；②产生新的客户数据。客户智能还能够启发企业发现下一步的商业需求，明确未来要做的工作，即发挥其客户发展战略的导向作用。

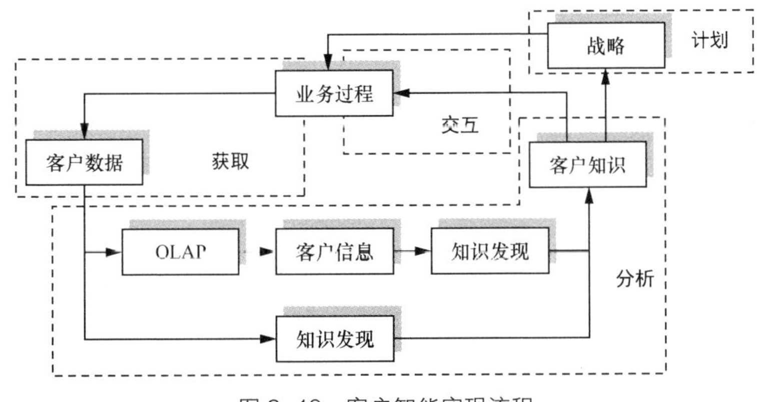

图 2-19　客户智能实现流程

客户数据是客户智能的基石。进行客户在线分析和客户知识发现均需要高质量的客户数据。本书第 4 章将对客户数据的内涵和客户数据仓库建设展开详细的阐述。

客户智能强调与客户互动的自动化、智能化。自动化体现在知识发现技术在客户知识发现上的运用。知识发现方法有别于其他统计分析方法，主要在于知识发现是面向商业最终用户的而不是面向统计学家的。知识发现能有效地自动执行大多数操作过程，减轻最终用户的负担。智能化体现在客户智能运用客户知识产生面向客户的决策的能力上。本书没有将客户信息的使用纳入客户智能的范畴，主要是出于对客户智能化特性的考虑。本书第 4 章详细阐述了这种区别，具体分析了用报表展示客户数据、对客户数据进行在线多维分析的手段和客户知识发现三者之间的关系，尤其分析了客户数据在线多维分析与客户知识发现之间的区别。

客户智能不仅围绕企业操作层面的整个过程发挥作用，同样对战略层面具有指导意义。以客户为中心的发展战略需要企业各方面的战略与之呼应。客户知识将引导正确的战略制定。

为了更好地描述客户智能实现流程，本书引入了“客户智能生命周期”（Customer Intelligence lifetime）的概念。客户智能实现是一个闭合的过程，但同时是不间断闭合过程的往复循环。图 2-19 中的客户智能实现流程仅描述了单一闭合过程。客户智能生命周期可被分为四个生命阶段：获取、分析、计划、交互。

1. 获取

获取指的是获取客户数据。这个阶段的任务是将从业务系统中得来的客户数据整合到客户数据库或客户数据仓库，并且创造统一的客户数据视图和客户数据分析环境。

2. 分析

使用各种分析方法对客户数据进行分析和展示。分析方法大体分为三类。

（1）将客户数据以原本的数据格式通过业务报表展示给业务人员。

（2）使用统计方法、在线分析方法将存在于客户数据中的原有规律性展示出来，辅助决策。此类分析方法属于验证驱动型发现（Validate-driven），即首先让用户提出自己的假设，然后利用分析工具检索查询以验证或否定假设，属于由用户驱动（User-driven）的被动方式。

（3）第三类分析方法——知识发现，属于发现驱动型发现（Discovery-driven），用于挖掘隐含于客户数据之中的、事先未知的、潜在有用的信息。

3. 计划

计划指的是客户发展战略的战略计划阶段。客户发展战略是企业制定有关未来提升客户价值的方向性客户决策，并将这些客户决策付诸实施。分析阶段产生的客户知识在计划阶段被转化为优化客户交互活动的规则。这些规则指导企业将正确的决策，在正确的时间，通过正确的渠道，作用于正确的客户。计划阶段的成果体现了客户智能的战术决策能力。

4. 交互

交互阶段将以上产生的规则（客户知识）作用于不同的"触点"（Touch Point）系统，比如 Web 或呼叫中心。由于多个"触点"系统共同作用于客户，所以存在一个"触点"系统优化的问题。其目的在于利用不同客户的特点，减少企业与客户的"触点"成本，并且使客户高效地了解企业的产品和服务。交互阶段还有一个重要的作用：收集交互信息（客户数据的一部分），以此促进下一个循环的良性发展。

客户智能生命周期的每一阶段都有不同的系统架构和应用框架。客户反馈的信息被送到分析和计划阶段。从这两个阶段产生的客户知识被用来有效地与客户交互，从而产生有针对性的营销、销售、服务、支持等商业活动。整个客户智能生命周期是不断学习的过程，客户智能使企业更好地理解客户，快速、准确、高效地响应客户。计划与交互既是上一个客户智能生命周期的结果，又是下一个客户智能生命周期的开始，而且下一个客户智能生命周期的开始将会是改进了的、更加优化和科学的。

2.6　本章小结

客户智能被认为是通过客户知识的生成、分发和使用，带给企业的体现在面向客户决策上的能力。为实现客户智能这种能力，客户智能体系需要包括从客户知识，到客户知识管理，然后产生客户智能的机制、功能。客户智能体系框架包括与之有关的功能组件：客户知识、客户知识管理、CRM、商业智能。

本章重点在于阐述从客户知识到客户智能转变的内在联系。要解决面向客户的决策问题，仅有客户知识是不够的，还需要科学的客户知识管理。本章就客户知识管理的概念和过程进行了研究。研究认为，客户知识管理是以创造、提升客户价值为目的，协调组织客户知识从产生、共享、表示与存取的整个过程，以产生客户智能的活动。通过探讨客户智能与客户知识管理之间的关系，本书认为客户智能等同于狭义的客户知识管理。

本章还探讨了客户智能的本质、功能和作用。研究认为，客户智能的本质是创新、使用客户知识创造客户价值。

第3章

客户智能中的管理思想

客户智能是一个具有多种学科交叉特性的新概念。它的形成与发展吸收了市场营销学、消费行为学和消费心理学等学科的研究成果，并得到许多研究领域的支持，比如知识工程学、人工智能学、统计学、计算机技术等。客户智能理论基础是客户智能体系存在和被实现的支撑，它作为客户智能发挥作用的管理思想和理论导向，在客户智能体系中扮演着幕后的、至关重要的角色。

本章首先探讨客户智能理论基础研究的内容。基于客户知识的客户智能研究的出发点是提升客户关系，追求客户关系的长效性，归根结底是如何利用客户知识提升客户忠诚度的问题。结合相关理论研究现状和本书研究问题的角度，本书把“客户忠诚”作为本章客户智能理论基础的研究内容，建立了基于客户价值的客户忠诚模型。

3.1 客户智能理论基础

要确定客户智能存在的理论基础，还要从客户智能出现的必要性入手来分析。本书第1章谈到了提出客户智能的必要性，在此总结为以下几点。

（1）CRM理论基础研究的不足：大多数CRM研究人员和应用专家不认为CRM存在作为应用支撑的理论基础，充其量认为CRM只是支持企业营销的商业策略。企业越来越关注市场活动对提升客户营销和服务的绩效，开始采用定性和定量的分析方法决策与市场和客户有关的企业活动，如有效的客户满意度评价、客户分类、客户盈利率分析等。而这些决策迫切需要相关的理论基础为指导，从而真正摆脱靠拍脑袋进行决策的做法。

（2）客户分类依据的不科学性：科学的客户分类对每一个企业采取正确的营销策略和服务策略很重要。目前的分类依据绝大多数只是参照客户短时期的消费金额，这样的做法很容易失去潜在客户，对发展与客户长期的关系不利。

（3）一对一营销和服务的本质：一对一营销和服务是企业实现对客户营销和服务的个性化、提高客户满意度和客户忠诚度最根本的做法。计算机技术和互联网的普及使一对一营销和服务由理念逐渐走向应用成为可能。本质上，一对一营销和服务依赖的是个性化的客户知识。

（4）客户导向缺乏战略指导思想：以客户为中心的经营模式需要新的战略思想为指导，本书称这种新的战略思想为客户发展战略，它是客户智能的指导思想。

概括起来，客户智能理论基础是与客户有关的理论，它是客户行为研究、客户心理研究、客户价值研究以及企业对客户的相关评价、判断等密切相关理论的集合，见图 3-1。因此，客户智能理论基础的研究存在两个视角：一个视角是客户属性（特征）的研究，比如消费行为分析、消费心理分析，该视角以客户自身为出发点；另一个视角是客户分析对象的研究，是采用定性和定量的分析方法，以客户属性为基础和参照对分析对象的分析，比如客户满意度分析、利润率分析、客户忠诚分析、客户知识分析、客户价值分析、客户分类分析等。客户分析的结果是产生有效的客户战略或策略，如客户保留策略、市场营销策略（如目标市场选择策略、营销组合策略、价格策略）、销售策略、客户服务与支持策略等。

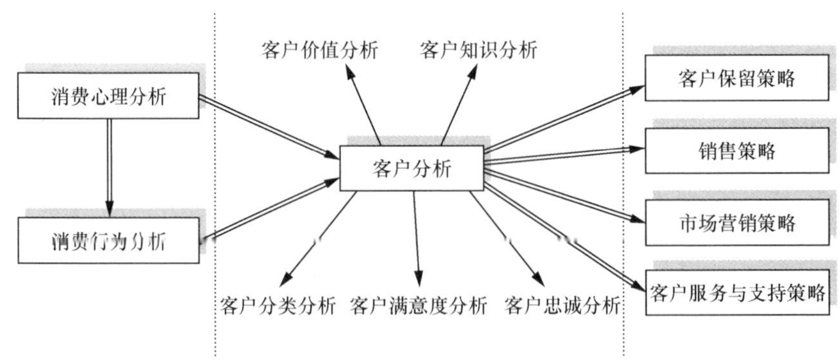

图 3-1　客户智能理论基础的研究内容

但是，目前与客户有关的理论的研究大多忽略了一个前提：企业是一个追求利润的实体，持有不同客户战略的企业对客户智能的追求是不同的。体现在上文提到的两个研究视角上，就是有些企业仅注重第一种视角的研究，而忽略了第二种视角；或者仅采用定性的方法研究客户，靠拍脑袋进行客户决策。结合本书的研究思路，以及当前相关理论的研究现状，本书把客户忠诚分析、客户知识分析和客户价值分析作为研究重点，并探讨它们之间的内在联系。

总结当前对 CRM 理论基础的研究现状，其涉猎的研究内容仅是客户智能理论基础的一小部分，还没有形成成熟的理论体系。这与 CRM 具有较强的行业性从而限制了人们的研究视野有一定的关系。请注意，图 3-1 所示的研究内容是一个动态的理论体系，当面对解决不同行业的客户智能问题时，该理论体系会有不同的侧重点。

3.2　客户发展战略

3.2.1　客户导向

企业管理是充分利用内部资源并使其达到富有弹性的、有序的结构，以求实现企业内部条件与外部环境的持续平衡，从而促使企业获利的职能和过程。企业形态发展依据对外部环境的不同反应而大致分为五个阶段：现代工业企业形成和建立阶段、大规模生产阶段、重视推销阶段、以市场经营为中心阶段和以战略为中心阶段。五个阶段从经营思想的导向来看，可合并为三个阶段：经验导向阶段、生产导向阶段和市场导向阶段，见图 3-2。战略管理是企业管理的新形态。战略管理是对一个企业的未来发展方向制定决策和实施决策的动态管理过程。

以市场经营为中心阶段和以战略为中心阶段同属市场导向阶段，前者强调的是操作管理层次的问题，后者则强调战略管理层次的问题，因而是市场导向阶段的高级阶段。

正确辨析客户导向与市场导向之间的辩证关系有利于理解客户发展战略

的内涵及提出的必要性。从发展的眼光来看，市场经济日趋规范，客户的需求和期望逐渐成了企业竞争环境中被关注的焦点，所以以市场为导向的经营思想与以客户为导向的经营思想存在统一的趋势。

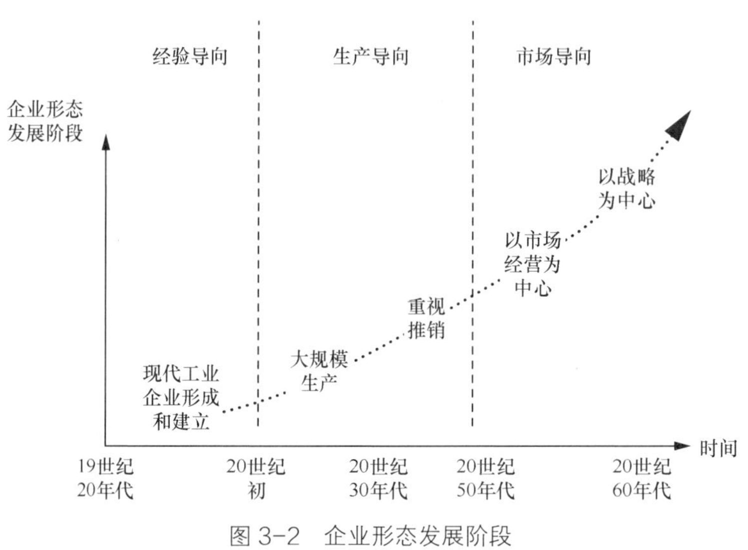

图 3-2 企业形态发展阶段

但从当前对市场导向的定位来看，市场导向与客户导向存在实质上的区别。“市场导向”理念出现在企业生产的产品开始出现过剩情况的时期，它使企业的经营理念从“以产品为中心”转移到注重市场需求，通过市场调研并对市场行为进行研究与分析以了解市场需求。这个时期企业注重对销售渠道和终端的管理；同时，市场调研或抽样调查分析都是“以小代大”进行的，没有考虑客户的个性化需求。

随着产品同质化的现象越来越明显，企业认识到单靠产品差别来细分市场从而创造企业的竞争优势变得越来越困难。企业开始意识到满足客户个性化需求的重要性，甚至希望能超越客户的需求和期望。因此，企业的生产运作开始转到完全以“客户”为中心进行，从而满足客户的个性化需求。

琼·库布（Joan Koob）和唐纳德·卡普林（Donald Caplin）在 *Keeping customers for life* 一书中阐述了客户导向在企业的经营管理中发挥的重要作用。他们认为，有五种导向左右着企业的经营活动和战略：商品导向、技术导向、质量导向、服务导向和客户导向。相比较而言，客户导向更加注重客户的需求和意见，企业完全根据客户的需要制定经营战略、开展经营活动。客户导向更容易使企业达到长期保留客户的最终目的。

所以，企业的经营模式必将经历从“以产品为中心”“市场导向”到“客户导向”的三个阶段，见图 3-3。这种经营模式的“三阶段论”与表 1-1 对经营模式的描述总体上存在统一性，其区别在于“三阶段论”充分考虑了“市场导向”与“客户导向”的实质差别，细化了转变的过程。

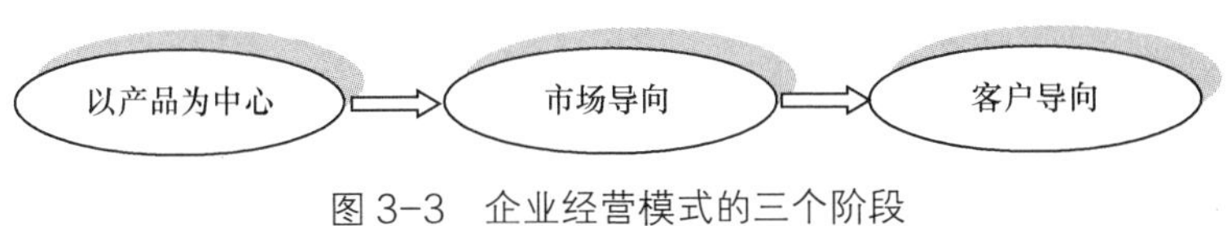

图 3-3　企业经营模式的三个阶段

3.2.2　客户发展战略地位与作用

客户资源逐渐成为企业非常重要的资源。客户的需求和期望会长期影响企业总体战略的制定、实施、评价等企业战略管理的整个过程。在当前以及以后更长的时间内，企业应该支持以客户为中心的发展战略，以客户为导向组织企业的生产和管理。而客户发展战略是企业为有效制定面向客户的长期决策，实现和坚持以客户为中心的经营模式和企业文化、以客户为导向的营销策略所必须参照的指导思想。客户发展战略是对企业战略非常具有影响力的战略思想。

有学者对以客户为中心的企业战略管理进行了分析和研究，认为企业的使命就是为客户创造价值，企业应该树立基于企业—客户认识互动过程的企业管理战略观。

客户发展战略并没有超越图 3-2 所示的企业形态发展阶段。客户发展战略是以战略为中心的发展阶段的延伸，它树立和突出了客户发展战略在企业战略中的重要地位。表 3-1 展示了客户发展战略与其他以市场为导向的发展阶段的区别。

表 3-1 客户发展战略与其他以市场为导向的发展阶段的区别

阶段	时间	特点	管理者	营销观念	管理属性	经营导向
以市场经营为中心	20 世纪 50 年代初到 20 世纪 60 年代中期	• 以市场经营为中心 • 强调以市场需求进行生产 • 主要以获取利润为目标	市场经营专家	市场观念	经营型企业管理	以市场为导向
以战略为中心	20 世纪 60 年代中期至今	• 以战略管理为中心 • 谋求企业长期生存和稳定发展	战略家、现代企业家	社会市场观念	战略型企业管理	以市场为导向
以客户为中心	20 世纪 80 年代至今	• 以客户为中心 • 以客户关系为目标 • 满足客户个性化需求	战略家、知识发现专家	关系营销	客户导向型企业管理	以客户为导向

客户发展战略与其他以市场为导向的发展阶段之间的区别，从本质上讲是客户导向与市场导向之间的区别。客户发展战略促进企业发展客户导向型企业管理模式，它以发展和优化客户关系为目标。知识发现专家第一次有机会成为推行客户发展战略的企业的管理者。

企业战略是需要多种职能战略支持的战略，客户发展战略与企业战略是支持与被支持的关系。本书就以下两点诠释客户发展战略与企业战略、各职能战略之间的辩证关系。

（1）许多企业认为与客户之间的互动、进行客户关系管理仅是营销和销售部门、客户服务部门的事情，不会对企业战略形成有价值的影响。这是目前实施客户关系管理普遍存在的问题。仅关注目前客户盈利水平的客户营销和服务对当前经济环境下的企业是十分不利的，也势必造成客户关系管理的失败。

以上错误认识的实质是混淆了企业战略管理与操作管理之间的区别，从而造成工作上的被动。当管理者通过营销活动、销售活动来提高组织的效益时，他所解决的是提高组织的效率问题，而战略主要解决组织行为的有效性问题，即更多地考虑组织的前途和方向性的问题。客户发展战略是以操作管理为支持的、重要的企业战略。它对企业战略的支持程度远大于企业其他战略。

（2）企业战略可分为三个层次：企业总体战略（Corporation Strategy）、竞争战略（Competition Strategy）和职能战略（Functional Strategy）。企业总

体战略主要是决定企业应该选择哪些经营业务、进入哪些领域。竞争战略主要涉及如何在所选定的领域内与对手展开有效的竞争。因此，其关心的主要问题是应开发哪些产品或服务，以及将这些产品或服务提供给哪些市场，以达到企业经营目标。职能战略主要涉及如何使企业的不同职能，如营销、销售、财务、人事等更好地为各级战略服务，从而提高组织的效率。

客户发展战略从企业战略层次上看，与竞争战略更接近，但绝不限于此。它有时也会上升为企业总体战略的一部分（见图 3-4）。总体来讲，客户发展战略影响了企业总体战略的制定。企业总体战略的形成一般经过战略环境分析、战略制定、战略实施、战略控制四个过程，其中战略制定过程包括战略导向确定、战略构思、战略选择三个阶段。战略导向是企业战略管理的核心。客户发展战略确定了企业的使命、指导方针与目标，是企业战略的指导思想。

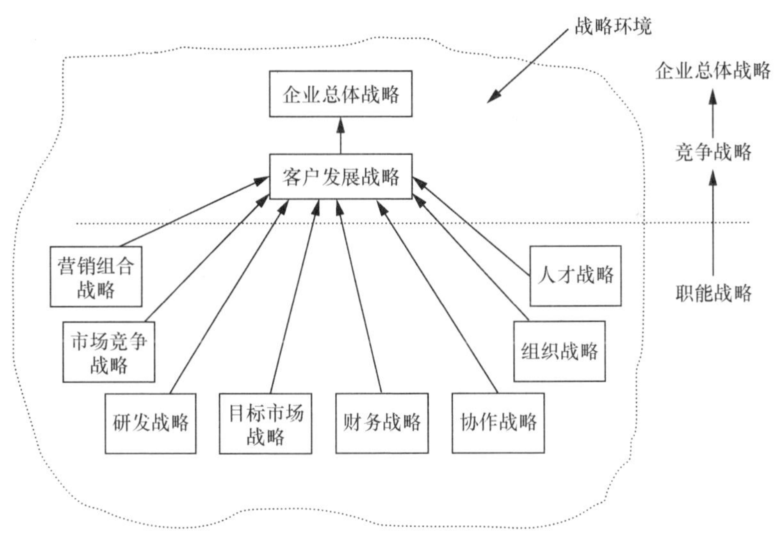

图 3-4　客户发展战略在企业战略中的地位

以客户为中心的发展战略离不开企业各类职能战略的支持，如目标市场战略、营销组合战略、市场竞争战略、财务战略、协作战略、组织战略、人才战略等。以客户为中心的发展战略不能代替企业总体战略，却是企业总体战略非常具有参照价值的战略。

客户发展战略强调企业全员参与。它有助于在企业中创造以客户为中心的经营模式、以客户为中心的企业文化和进行以客户为导向的企业决策。企业的每一个成员成为客户的拥护者和综合者：拥护者是指员工积极与客户交流，获取需求信息；综合者是指每个员工处于由不同部门组成的内部网络系统之中，协同响应客户的交互活动。

3.3 客户生命周期

管理大师彼得·德鲁克说："企业的最终目的，在于创造客户并留住他们。"而以前的大多数营销理论和实践往往集中在如何吸引新的客户，而不是客户保留方面，过多强调创造交易而不是关系。朱莉·汉克（Julie Hahnke）认为完善的客户关系管理应该将企业作用于客户的活动贯穿于客户的整个生命周期。他对客户生命周期的描述包括客户标识、客户获取、客户分类、客户理解、客户定制、客户交流、客户提升、客户保留等几个阶段，如图 3-5 所示。客户智能代表了企业为发展与客户之间的长期合作关系所表现出来的综合能力，以客户生命周期最大化为目标。如何通过实现客户保留延长客户生命周期，无疑是企业经营最关心、最核心的工作。

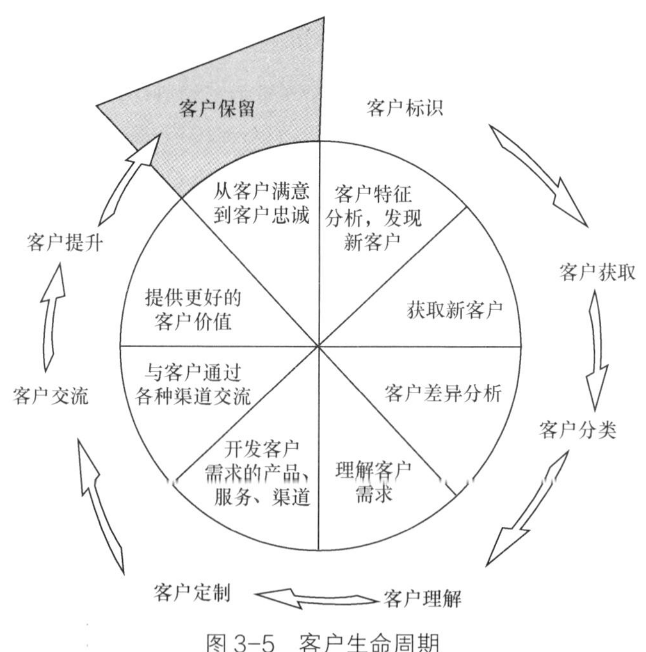

图 3-5 客户生命周期

如何实现对现有客户的保留呢？首先要使客户对现有的客户关系满意，即客户对企业提供的产品或服务满意。客户满意是实现客户保留的必要条件，但并不是充要条件。客户满意不意味着客户忠诚，满意的客户如果没有及时得到企业更进一步的、与提升客户忠诚度有关的客户关怀和客户体验，客户的流失也是不可避免的。

从目前对客户智能理论基础的研究范围来看，客户满意度研究已经有大量的研究成果。消费行为分析、消费心理分析在市场营销领域也有深入的研究和一定进展，并取得研究成果。客户忠诚度研究虽然已经有相当的研究成果相继发表，但大多集中于对客户忠诚重要性的研究。并且，客户忠诚建模局限于某一特定行业，缺少代表性。需要强调的是，朱莉·汉克描述的客户生命周期的几个阶段并不是孤立的，有效的客户理解、客户分类、客户定制、客户交流、客户获取如何有助于客户保留同样是需要深入探讨的问题。

一些具有说服力的研究证明，越来越多的企业关注客户利润率、客户生命周期价值、客户忠诚、客户保留和客户满意。他们的调查表明，90% 的企业已认识到客户保留的巨大价值，60% 的企业认为客户忠诚与客户关系的长期性存在必然的联系，45% 的企业认为忠诚营销比广告花费会带来更高的投资回报率（Return on Investment, ROI）。从本书第 1 章所述的研究背景来看，企业对客户忠诚的重视程度远远超出了客户忠诚概念本身，它需要以一个具有与时代相符的、切实可行的理论为指导。

如何保留现有客户、使客户对企业更忠诚，是本书提出客户智能的根本出发点之一。客户智能理论基础虽然包括很多内容，但最能体现客户智能真正含义的研究内容就是客户忠诚。而从客户知识创造客户价值的视角来探讨客户忠诚的内在机理，这种研究视角有利于发现指导客户忠诚的普遍意义的思想和理论。目前尚未发现这方面的研究成果。

总之，鉴于以上理由，本书将客户忠诚作为客户智能理论基础研究的重点，并对基于客户价值的客户忠诚进行了建模。客户价值（分析）可以作为其他客户智能理论基础的分析和建模依据，基于客户价值的客户忠诚建模在这方面做了初步的尝试，对其他类似的研究具有借鉴意义。

3.4 客户忠诚建模

市场占有率是影响企业利润的主要因素，企业制定竞争战略往往以提高市场占有率为目标。随着市场竞争日益激烈，企业关注的重点需要兼顾所处的竞争环境，以及做好客户营销和服务。企业若忽视主动的客户营销和服务，会逐渐失去客户带给企业的潜在价值，最终可能会导致客户流失。所以，应该把客户忠诚度和客户占有率等直接与客户相关的因素作为衡量企业绩效的指标。企业的营销战略重点也应由此转向如何保持高度客户满意进而获得客户忠诚上。

什么样的客户才算是忠诚的客户，有必要为此类客户设计客户画像，具体如下。

（1）客户再次或大量购买企业该品牌的产品或服务。

（2）客户几乎没有选择其他品牌的产品或服务的念头，并能抵制其他品牌的产品或服务的促销诱惑。

（3）当企业有新的产品或服务“问世”，忠诚的客户“信任”这些新产品或服务的质量，从而省去了销售人员的苦口婆心。

（4）忠诚的客户能积极配合企业向该客户展开的任何行动，这种配合源自对企业的服务人员、实施人员的“信任”。

（5）忠诚的客户对企业人员的失误能保持最大限度的宽容，忠诚的客户对产品或服务存在的缺陷同样能保持最大限度的宽容。

（6）忠诚的客户在提高产品和服务的质量上采取极大的主动性：对人员、产品、服务存在的缺陷，能及时将意见反馈给企业；当存在新的设想和建议时，能主动与企业联系，帮助企业改进。从这一点来看，忠诚的客户已成为企业的“外延”员工。

（7）客户能主动用各种方式宣传、推荐该品牌的产品或服务，即产生所谓的“口碑效应”。

客户“忠诚”是一种持久的情感，可简单地将忠诚客户对企业的认识用“信任”两个字概括。

3.4.1 收入细分原则的启示

收入细分是一种技术手段，它是用来比较产品 - 市场的增长性潜力，从而把精力集中于决策产品—市场的分析方法。收入细分基于这样一个基本原则：在某些产品—市场获得销售收入比其他产品—市场容易。该原则可概括地用以下两点加以描述：

（1）获取新客户比留住老客户更难、更昂贵；

（2）销售新产品比销售老产品更难、更昂贵。

根据收入细分原则，弗里德曼·L.G（Friedman L.G）和富里·T.R（Furey T.R）认为企业存在以下四种增长战略，见图3-6。

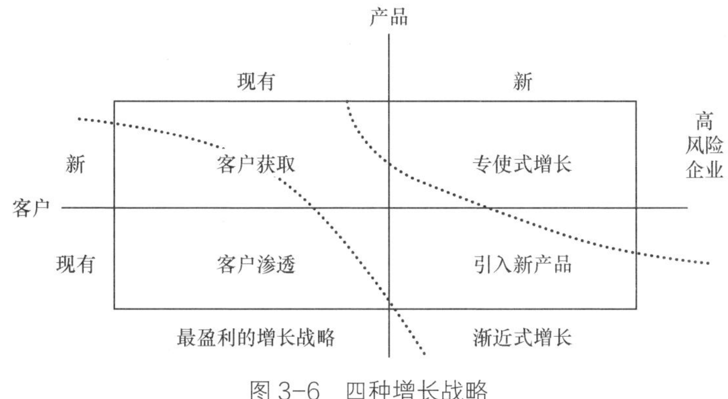

图3-6　四种增长战略

（1）客户渗透：充分利用老客户潜在的消费能力，满足老客户不断增长的需求和期望。客户渗透代表企业从老客户身上持续获利的能力。该理论的存在有一个前提条件，即只有做好客户保留，才能有效地进行客户渗透。

（2）客户获取：获取新客户。

（3）引入新产品：向所有客户销售新产品。

（4）专使式增长（Missionary Growth）：依赖向新客户推销新产品，去开拓一个崭新市场。通常最初的经营成本会超出销售收入。

收入细分原则可以让人们得到这样的启示：一个企业离现有的产品和客户越远，它实现高水平的盈利增长越困难。经济全球化的竞争越来越激烈，会有越来越多的企业参与到有限的客户资源的竞争中。另外，客户消费越来越理智和个性化，对商家提供的产品或服务的要求也会越来越高。这些因素加大了企业获取一个新客户的难度，获取成本显然会增加。企业应该重新认识到利用现有产品更深入地进行客户渗透的重要性，重新认识到客户保留在客户渗透中的战略性地位。采用有效的客户保留措施提高客户忠诚度，无疑会提升客户渗透的能力。

3.4.2 界定客户忠诚

真正的客户忠诚只有在一个有序竞争的市场环境下才有意义。客户特征是影响客户忠诚的重要因素，当然还存在其他影响客户忠诚的因素。这些影响因素包括社会、文化等。所以，客户忠诚的界定有时必须考虑客户因素之外的因素的影响。

表 3-2 对客户忠诚的界定就考虑了这些影响。一般可以将这种界定视为基于影响因素的界定，它综合考虑了影响客户忠诚的外界因素以及客户自身因素（客户特征）。

表 3-2 客户忠诚的类型

类型	特征	案例
垄断忠诚	客户别无选择	微软公司的很多产品具有独有性
惰性忠诚	客户由于惰性而不愿意去寻找其他商家	制造商总是从同一家供应商获取某一专门部件
潜在忠诚	客户希望不断购买，但公司的一些内部规定或其他环境因素限制了他们	客户本希望再来购买，但是商家只对消费额超过 150 美元的客户提供免费送货服务
方便忠诚	仅仅由于方便而经常购买，类似于惰性忠诚	由于地理位置比较方便，客户重复购买
价格忠诚	价格敏感的客户对提供最低价的商家忠诚	那些看不出面巾纸区别的客户总是购买最便宜的面巾纸
激励忠诚	公司为经常光顾的客户提供一些忠诚奖励	经常选择美国航空公司的旅客是为获得其所提供的免费飞行里程
超值忠诚	最有价值的感情或品牌忠诚，容易产生口碑效应	客户不顾路途遥远也要到专卖店去购买运动鞋

奈杰尔·希尔（Nigel Hill）用忠诚金字塔（Loyalty Pyramid）（见图 3-7）来表示客户忠诚程度的分布情况。杰·库里（Jay Curry）和亚当·库里（Adam Curry）在著作 *The Customer Marketing Method：How to Implement and Profit from Customer Relationship Management* 中同样提到客户金字塔（Customer

Pyramid）的概念。该文还提供了客户数据分类的机制，借助这种机制，可以显现、分析客户行为、客户忠诚度和客户价值。

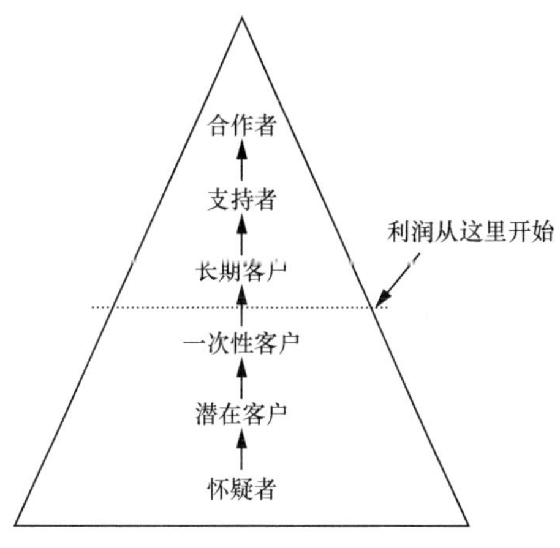

图 3-7 忠诚金字塔

（1）怀疑者：指还没有注意到企业的产品或服务的客户，也包括没有意图购买的客户。

（2）潜在客户：指有可能成为客户的人群，他们感觉到企业的产品或服务有一定吸引力，但还没有采取行动与企业进行交易。

（3）一次性客户：指交易一次的客户（也包括交易几次的客户）。他们离对企业忠诚还有一定距离。

（4）长期客户：指反复交易的客户，他们已对企业具有一定的忠诚度，但往往是被动地产生购买行为，没有其他主动的行为。

（5）支持者：指积极支持企业的产品和服务并向其他人推荐产品和服务的客户。

（6）合作者：是客户 - 商家关系中最密切牢靠的一种。彼此认为这种关系互利互惠，有持续的必要。

以上客户忠诚界定，可以总结为以下两点。

（1）客户忠诚代表客户对企业的信任、支持程度，存在不同级别。商家只有较详细地识别出客户忠诚的级别，才能准确地判断不同忠诚级别的客户群各自不同的需求和偏好，尤其发现最容易流失的客户。针对不同的客户群，确定不同的优先改善因素（Priorities For Improvement, PFIs）。

（2）对过去的交易感觉满意并不是客户忠诚的唯一决定因素。客户忠诚还受到其他因素的影响，如商家形象、竞争商家的相对表现与吸引力、市场上客户的惰性等因素，所有因素都会直接或间接地影响客户价值的大小。因此，通过客户价值分析完全可以挖掘这些因素对客户忠诚的影响程度，这是本书聚焦在基于客户价值的客户忠诚建模的初衷。

本书倾向于在一个有序的市场竞争环境下考虑客户忠诚界定方式。它是基于客户自身因素（客户特征）的界定。人们可以用一个定量化的指标来衡量客户忠诚的界定——客户忠诚度。

3.4.3 客户忠诚的产生机理分析

“忠诚”一词经常被理解为“比其竞争者更偏爱购买某一产品或服务的心理状态或态度”。这种以情感为基础的表述深刻地揭示了客户忠诚的含义。更富有感情的理解是：当客户产生购买类似产品或服务的需要时，首先想到去你的公司购买。

客户忠诚是客户对企业的感知（Perception）、态度（Attitude）和行为（Behavior）。它们驱使客户与企业保持长久（Long-term）的合作关系而不流失到其他竞争者那里，即使企业出现短暂的价格上或服务上的过失。

商业环境下的客户忠诚可被定义为客户行为的持续性。它是在客户满意的基础上，客户表现出来的对某个品牌的产品或服务做出长期合作购买的承诺，是客户的一种意识和行为的结合。这种持续性是客户对企业长期满意的结果，而全方位的客户满意才有可能带来客户忠诚，见图 3-8。否则，仅存在一个方面或少数几个方面的客户满意仍然不能阻止客户流失。

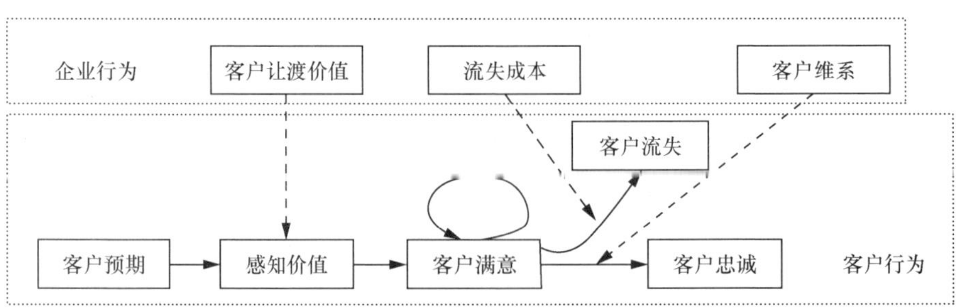

图 3-8 持续的客户满意是客户忠诚的必要条件

对客户忠诚进行研究，必须同时从客户和企业两个行为角度进行研究，这样才能得到令人信服的成果。如同提出客户智能的概念是从企业角度出发一样，本书重点从企业行为的角度研究客户忠诚，同时兼顾客户行为。研究认为，客户忠诚的产生要素包括以下方面。

1. 客户让渡价值

客户让渡价值最大化是客户忠诚的实质。客户能在竞争激烈的市场中，从企业可供选择的产品和服务中，获得比从竞争对手那里能够获得的价值更大和更真实的价值，企业便拥有达到客户忠诚的基础。图2-16表示了影响客户让渡价值的因素。在这些因素中，对客户忠诚影响非常大的三个因素是：产品价值、服务价值和货币成本。

（1）产品价值。产品价值直接体现了产品满足客户需求的程度。优质的产品质量仍是维系客户的根本。在以客户为中心的企业经营时代，质量的含义不再停留在硬性的标准上，而有了更大的扩展。剑桥大学企业策略计划研究所的调查研究结果显示：企业长期获利的关键因素在于该企业具备被客户认可的质量，或者说质量的标准参考的是客户需求。从而产品价值也被深深打上客户个性化需求的烙印。产品价值的内在含义指导企业不仅追求“将一种产品尽可能销售给更多的客户”，更应该转变观念为“向一个客户尽可能多地提供其所需的各种产品”。

理查德·特辛（Richard Tersine）等将产品定义为一系列满意的产品价值的聚合体，见图3-9。在他们定义的产品的聚合体（Cluster）中有以下内容。

① 核心部分是属性（Generic）产品，代表实际的、物理的产品。

② 从属性产品延伸出期望（Expected）产品，它是依附于属性产品上的最小满足。比如相对于计算机这一属性产品，一些通用的软件就是期望产品。许多公司之间的竞争就是属性产品和期望产品的竞争。

③ 除了期望产品以外，客户之间在时间、空间、质量、品种、数量等消费行为和心理存在个性化差异，扩张（Augmented）产品指的就是满足这些个性化需求的差异化服务。

④ 差异随着产品和服务的更新是无止境的，需要不断地创新潜在（Potential）产品（由于差异的无止境，潜在产品不可能完全被定义），保持价值的增值。

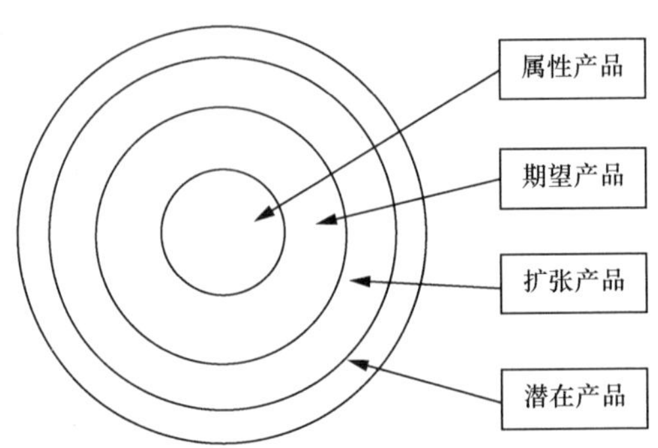

图 3-9 产品是一系列满意的产品价值的聚合体

站在客户角度，客户通过外部信息与自身经验的结合，对企业产品做出一种抽象的心理预期。然后通过将“预期产品”与购买使用的“实际产品”相比较，客户会做出对该产品消费后的价值判断：

① 当两者不符或者客户感觉不满时，客户会做出退货或不再购买的决定，并且这种不满会通过各种渠道扩散，给企业带来较大的负面效应；

② 当两者相符时，客户感到满意，对企业产生信任感，从而对企业产品或品牌的忠诚度增强，自觉成为企业客户群体中的一员；

③ 当“实际产品”远高于“预期产品”时，会给客户带来意想不到的惊喜，甚至可转移客户消费偏好，即客户会自觉或不自觉地产生排他行为，不再对其他企业的产品感兴趣，形成较高的品牌忠诚度。

（2）服务价值。美国一家咨询公司在调查中表明，客户流失有 70% 是服务的问题。随着产品的进一步同质化，企业间产品在价格和质量上的差异越来越小。客户对差异化服务的需求会越来越高。优质的服务给客户带来的价值将会有力地创造竞争优势。

（3）货币成本。企业的利益建立在客户的利益基础之上，企业的价值和客户的价值紧密相连。企业应想方法不断降低成本，在低成本的基础上给客户适当的回报。这种回报在网络经济时代表现为企业在不断优化成本（包括运营成本、销售成本等）的前提下，给予客户更多购买上的优惠或者便利，使得客户购买产品的货币成本趋于最低。

2. 流失成本

当一个老客户要更换品牌或商家时，他将面临失去企业给他的累积优惠

(Accumulated Preference)的问题，而仅从现在的商家获得延迟利益(Delay Benefit)，其付出的代价称为流失成本。一般来讲，企业如果能机智地构建防止客户流失壁垒，那么客户“投靠”竞争对手提供的产品或者服务之前，会考虑其从现有的产品或服务所获得的利益是否会流失——若这种转换得不偿失，则客户对企业的忠诚度会变高。许多航空公司正是通过提供累积优惠，提高客户的流失成本而加强客户忠诚的。多家软件公司竞相向客户免费提供网络软件，引导客户使用其提供的软件，这也是加强客户忠诚的一种做法，这是将客户转到其他软件所花的时间作为一种流失成本。

建立企业与客户之间的结构性纽带和对客户做出某些积累承诺，是提高客户流失成本的一种好办法。Dell 通过供应链协同系统将网上服务系统连到客户自身的 ERP 系统中。当客户与 Dell 有业务关系时，ERP 系统相应的功能会被启动，如库存、计划等，从而提高客户的效率和提升企业的盈利能力。

3. 客户维系

客户维系指企业为保留客户所做出的一切努力。一种牢固的客户 - 企业关系，需要企业不断地为客户维系做出很大的努力。这些努力包括对客户详细资料(包括客户的属性、购物习惯、个性偏好、重要行动记录等)的了解，达到企业实时地识别客户、与客户互动的目的。此外，在客户资料分析的基础上，必须采取客户维系的具体措施，如定期与客户交流、建立便利的沟通渠道、建立客户画像并分析客户数据，主动迎合客户偏好等。

3.4.4 客户忠诚创造竞争优势

3.4.4.1 客户忠诚意味着企业经济效益的持续增长

美国一家咨询公司进行了一项电子产业、食品业和服饰业的客户忠诚情况及客户忠诚周期的调查。调查获得以下数据：为获得一个新客户，电子产业付出的成本是 56 美元，食品业付出的成本为 84 美元，服饰业付出的成本为 53 美元(见图 3-10)；三个产业客户的平均忠诚年限，电子产业为 4 年，食品业为 1.7 年，服饰业为 1.1 年(见图 3-11)。以调查的客户平均忠诚年限为基准，到忠诚年限末时，电子产业的客户流失率为 60%，食品业的客户流失率为 40%，服饰业的客户流失率为 15%（见图 3-12）。

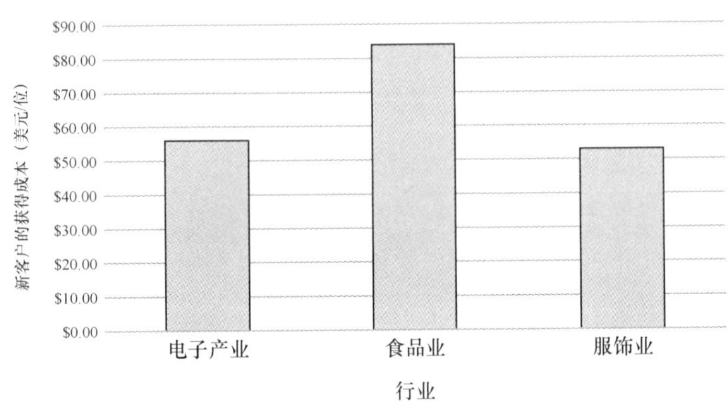

图 3-10　新客户的获得成本

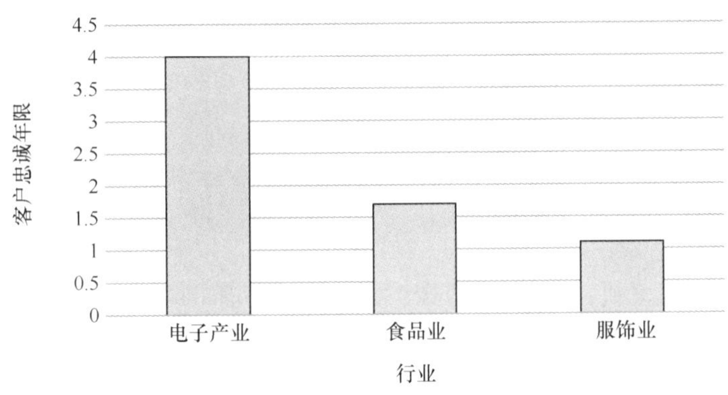

图 3-11　客户平均忠诚年限

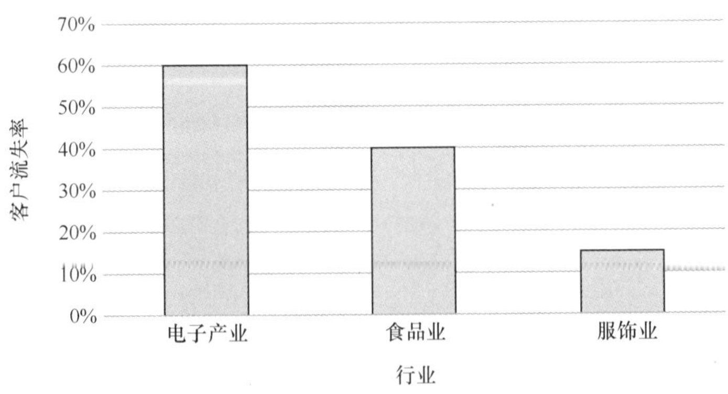

图 3-12　客户流失率

该项调查进行了以下推论：假如三个产业均采取了有力的措施，提高了客户忠诚度，使客户平均忠诚年限均超过了4年，那么，就可以用图3-13反映企业利润与客户平均忠诚年限之间的变化关系。

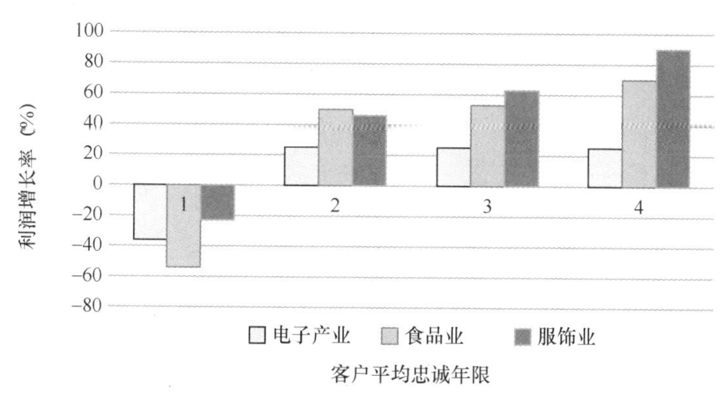

图3-13　客户平均忠诚年限与利润增长率的关系

从该调查中可以得出以下启示。

（1）企业获得新客户需要付出较高的成本，若不能维持较高的客户忠诚度，企业所付出的成本就会付之东流，不能转换成利润。

（2）在客户忠诚年限开始，由于企业付出了较高的获取成本，此时企业的利润是负值，而随着客户忠诚的建立，企业的利润逐渐增大，客户越忠诚企业获得的利润也就越大。

与该调查的结论类似，《营销战略》一书的作者克里斯托弗·洛夫洛克（Christopher Lovelock）博士的观点是：客户忠诚能为企业创造价值。他认为，客户忠诚除能带来持续的消费从而影响企业利润的增长外，还通过以下因素影响企业利润的增长：面向忠诚客户的企业经营成本的降低、口碑效应、面向忠诚客户的价格优惠（见图3-14）。

弗雷德里克·雷克海尔德（Fredrick Reicheld）指出，美国的公司每5年便失去近一半的客户，这一损失足以使这些公司的增长率减小35%。任何一家公司都承担不起失去客户的损失，尤其是在现实环境下：经济的全球化使企业之间的竞争越发激烈，而潜在客户的总量没有增长，获得新客户的成本自然趋高。

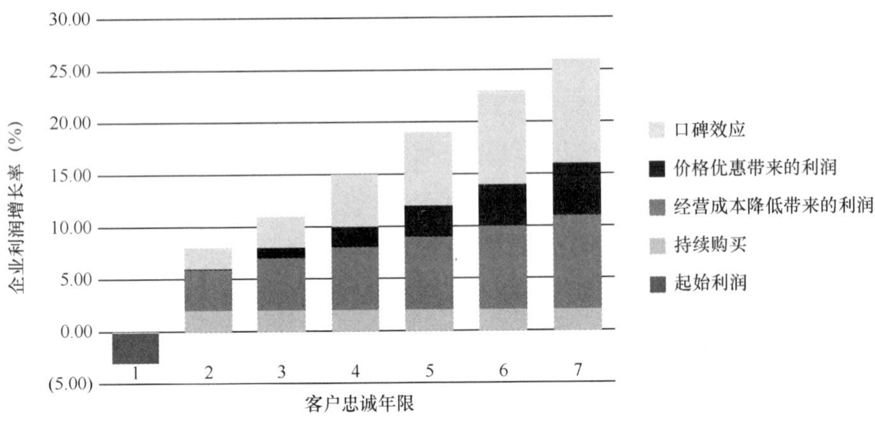

图 3-14　客户忠诚为企业创造价值

他认为，许多公司只要能保留 5% 的客户就能使公司的利润增长 100%。除非公司想尽一切办法使客户保持忠诚，否则将面临失去客户的风险。

Bain 公司和哈佛的厄尔·萨瑟（Earl Sasser）一同分析了服务客户的成本与收入的关系，研究结论表明：由于客户获取的高成本，增加 5% 的客户保留率，会增加 25% ~ 95% 的收益。他们的研究在企业界产生了轰动效应，使企业领导开始认识到客户忠诚和客户保留的重要性。

企业要想在复杂的全球竞争中保持竞争优势，就必须以客户为中心，这也是建立和保持客户忠诚的关键。许多专家谈到有效管理和提高客户忠诚度是提高公司利润的一个途径。本书对类似的观点进行了以下总结。

（1）对于许多公司来说，最大成本之一就是吸引新客户的成本。

（2）公司吸引一个新客户的成本往往比留住一个老客户的成本高出 4 ~ 6 倍。

（3）客户保留程度与公司利润之间具有很高的相关性。

（4）不管企业是传统型企业（砖头 + 水泥），还是混合型企业（鼠标 + 水泥），或是电子商务企业，统计数据显示，在一定意义上，客户表示满意与他们保持忠诚之间没有必然的联系。所以企业仅仅赢得客户满意还远远不够。

（5）忠诚的客户在前3年里的保留程度较其他类型的客户平均高25%左右。

（6）客户流失率每减少2%就相当于降低10%的成本。

（7）与长期利润相关的核心因素往往在于客户忠诚，而不是销售量、市场份额或低成本供应商。

（8）对大多数公司来说，如果能够维持5%的客户忠诚增长率，其利润在5年内几乎能翻一番。

总之，客户忠诚是企业追求长期经济效益的法宝。客户忠诚之所以能够给企业带来较高的经济利益，原因可以概括为以下四点。

（1）忠诚客户的重复购买会使企业销售收入增加，这是客户忠诚带给企业最直接的效应。

（2）服务于熟悉的、有丰富消费经验的老客户更经济、效率更高。例如，老客户选购产品的时间相对较短，老客户对产品或服务存在的缺陷持比较宽容的态度，等等。

（3）由于获得新客户的成本比维持老客户的成本高得多，客户忠诚可适当避免较高的客户获取费用，降低企业总成本；

（4）客户忠诚有利于提高企业员工对企业的忠诚度，增强员工的凝聚力和向心力，充分发挥员工的积极性和创造精神，有助于工作效率的提高。

3.4.4.2　客户忠诚创造基于知识的竞争优势

客户智能的本质是创新、利用客户知识创造客户价值。利用客户智能的理论、体系来实现客户忠诚能够给企业带来基于知识的竞争优势，见图3-15。从客户忠诚的产生机理来看，影响客户忠诚的所有因素与企业的客户发展战略，员工服务客户的态度、工作效率息息相关。客户知识包括客户的消费偏好、消费行为特征等知识，对客户知识的有效创新和使用能提高企业服务客户的效率、满足客户需求的程度，从而给客户带来更高的客户让渡价值，企业由此获得更高的客户忠诚度。反过来讲，利用客户知识提升客户忠诚度，其结果是更长时间的客户保留和更高的客户关系价值，从而有利于企业保持这种竞争优势。

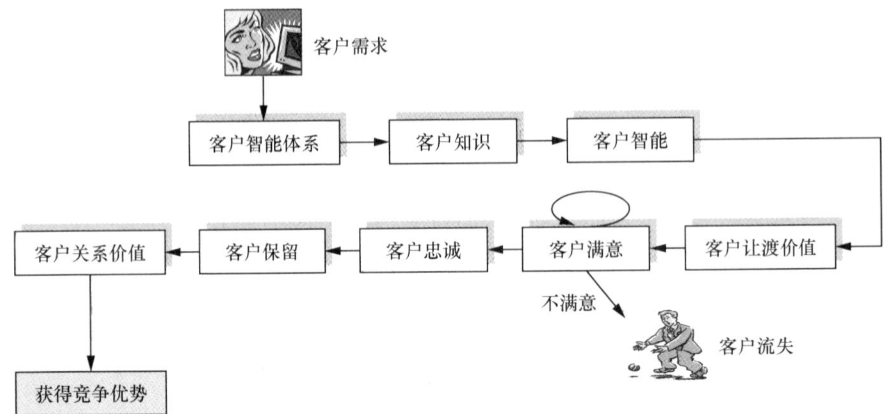

图 3-15 客户忠诚创造基于知识的竞争优势

3.4.4.3 客户忠诚与客户满意、客户保留的关系

1. 客户忠诚与客户满意

以前的许多研究将客户满意作为客户忠诚的决定因素，存在片面性。从客户忠诚的定义来看，客户忠诚的基础是客户满意，两者存在必然的联系。满足客户需求的期望，达到了客户满意的目的，这是客户忠诚实现的基础。对于任何企业来讲，客户对企业已经或正在提供的产品和服务的满意程度一般只具有借鉴和参考作用，知道和了解客户的这种满意程度只是意味着企业获得了进入市场的“通行证”。而只有进一步地满足客户的潜在需求，超期望地让客户满意，才能获得客户忠诚。可以说，目前流行的客户满意度研究的动机是改善客户关系，而只有通过满意度研究掌握客户对企业产品的信任和忠诚程度，对企业挖掘潜在客户的需求、增加未来总的客户生命周期价值（LTV）才具有重要的指导意义。所以从本质上来讲，达到客户满意是企业的基本任务，否则产品就到不了客户那里，而获得客户忠诚才是企业参与竞争并获胜的保证。客户满意仅是客户忠诚的一个必要条件，而非充要条件。

在客户忠诚的产生机理中谈到，全方位的客户满意才有可能带来客户忠诚，也从另一个层面谈到了两者的区别。瑙德（Naude）和巴特尔（Buttle）认为客户满意并不等于客户对现有的关系保持忠诚，不尽满意的客户也可能会保持忠诚。如果把客户满意视为一次性的或者短期的行为或意识，客户忠诚则是相对持久的。达到客户忠诚的时间长短与维护这种忠诚境界的时间长短依赖于两个因素：客户心理和企业维系力度。

2. 客户忠诚与客户保留

客户保留表达的是一种状态或者场景。它不同于其他与客户有关的理论，如客户忠诚、客户满意、客户热情、客户信任、客户职责（Obligation）。客户保留与这些理论存在因果联系。洪堡（Homburg）和布鲁恩（Bruhn）描述了存在于客户保留、客户满意、客户忠诚之间的因果链。他们认为，客户满意是客户忠诚的直接决定因素，同时也是客户保留的重要决定因素。目前的研究是从两个方面展开的：在企业方面，企业采取的战略 / 策略（如采取什么样的营销策略）会影响客户的反应；在客户方面，客户特征（如人口特征、心理特征）会影响企业的目标市场定位。在一个有序竞争的市场环境下，后者会更重要。而目前大多数的研究忽略了这一点。

客户保留意味着客户保持企业与其建立起来的关系。它一方面靠客户持续购买现有产品，另一方面靠企业不断提供新产品，以维持这种持续消费。前者意味着该产品及服务能够让客户满意，后者则反映了企业对客户潜在需求的有效理解和把握。

在洪堡和布鲁恩的因果链中，客户满意是客户对企业满足其需求能力的感知。满意度的高低与客户期望值的高低有关。客户满意是决定客户忠诚的重要因素，但客户满意并不意味客户忠诚。因为除目前的客户满意外，客户忠诚还受两个方面的影响：客户对企业未来的信心，客户对企业和竞争对手的差异化评价。

3.4.5 基于客户价值的客户忠诚建模

3.4.5.1 客户忠诚模型研究现状

目前对客户忠诚的研究大多集中在客户忠诚对企业的重要性上，因此现有的研究大多局限在定性研究上。客户忠诚建模主要是客户的购买行为上的建模。从收集的资料看，定量研究成果很少，即缺乏通过对客户忠诚进行建模来分析客户忠诚与其他客户理论、企业效益等因素之间的定量关系。以下是这些研究成果的简要汇总。

早在 1995 年，著名营销组织 Archetype Descoveries 就进行过客户忠诚原型方面的研究。在该组织提出的客户忠诚原型中，情感、联系方式、联系内容等成了影响客户忠诚的因素。

塞缪尔·杜安·杨（Samuel Duane Young）对客户忠诚与企业利润之间的定量关系进行了研究。研究中建立的客户忠诚模型由四个维度组成：重复购买、推荐他人、超出预期、满意。

Lee Jungwon 等建立了一个网上购物的多阶段（Multi-phased）客户忠诚模型。该模型结合网上购物的特性，证明了一个网上商店可以有许多因素能提高客户忠诚度。这些因素与能在网上商店购买的物品类别有很大的关联性。

M. 李（Lee M.）和坎宁安·L.F（Cunningham, L.F）则谈到了如何在航空业建立客户忠诚的模型。

阿隆索（Alonso）和塞尔吉奥（Sergio）建立的客户忠诚模型包括企业和客户两个维度。企业维度的任务是将包括产品、服务、客户战略的客户价值转移到客户那里。其认为，客户维度起始于客户满意，一次满意的经历是客户忠诚的开始，但还需要许多类似的经历去巩固，这些巩固将来自两方面：认知过程（熟悉、能感觉到的风险）和情感过程（分配的价值、标准等）。获得巩固以后，企业的客户或者服务将获得客户的信任（Trust）和承认（Commitment），这才有可能带来客户对企业的忠诚。

诺亚·甘恩（Noah Gane）从客户的视角对客户忠诚进行了数学建模。他把客户看作一个理性消费者，对多个供应商信息的获取具有透明性。该客户忠诚模型建立在一系列假设基础上。

总之，通过对目前已有的客户忠诚模型的分析，可以看出以上建模方法缺乏一个理论基础，仅仅抓住了一个动态过程的静态结果，难以揭示隐藏于重复消费行为之后的根本动因；有些客户忠诚模型仍然没有脱离定性描述的局限性，即没有与价值分析联系起来；并且有些模型仅适合某一特定行业，缺乏一定的代表性。

3.4.5.2 基于客户价值的客户忠诚模型

真正的客户忠诚源自客户感受到的、通过双向沟通所传递的客户价值和相互关系。由于客户智能理论基础是建立在客户价值分析（CVA）基础上的，客户忠诚的定量研究也需要建立在客户价值分析基础之上才有说明力。

矢田克俊（Katsutoshi Yada）等人从企业视角进行的客户忠诚建模考虑了客户价值的因素。该模型具有两个维度：以往的客户价值（净利润）和购买频率（Purchase Frequency）。

图 3-16 所示为本书提出的基于客户价值的客户忠诚模型。对该模型的研究动机和目的，有以下几点说明。

（1）客户忠诚是本书客户智能理论基础研究的重点。在客户智能体系中，客户智能理论基础是企业对客户采取决策的指导依据。利用客户知识实现客户忠诚，是客户智能实现的一部分。基于客户价值的客户忠诚模型从定量的视角诠释了客户忠诚的本质。因此，它是利用客户知识实现客户忠诚的理论指导依据。

（2）从该模型中可以发现影响客户忠诚的关键因素为客户让渡价值、员工自身价值、客户生命周期价值。

（3）该模型可以作为客户忠诚度测评体系的参照。

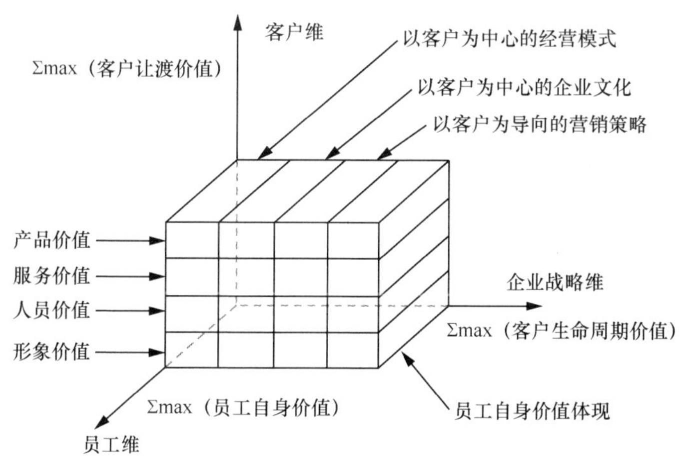

图 3-16　基于客户价值的客户忠诚模型

1. 客户维

企业实施客户忠诚战略的实质是实现客户让渡价值最大化。诚然，这种最大化不能脱离企业的实际运营状况。从客户让渡价值的定义来看，提高客户让渡价值有两个可供选择的途径：增加总的客户价值、减少总的客户成本。实践当中总的客户成本具有一定的刚性，不可能无限制地缩减，因此卓有成效的选择是增加总的客户价值。由于总的客户价值受产品价值、服务价值、人员价值和形象价值等因素综合影响，因此提高总的客户价值的途径多样。

（1）通过以下途径提高产品价值。

① 产品的开发与设计注重市场调研及客户需求的识别，设计人员应面向市场，以客户需求为中心。

② 重视产品的质量。

（2）通过以下途径提高服务价值。

① 明确定位服务和提供差异化服务。

② 服务定位的宗旨是使客户比较容易识别本企业的服务产品，在客户心目中创造出有别于竞争者的差异化优势，并提供这种差异化服务。

③ 提供全过程、全面、个性化、全方位的优质服务。

（3）通过忠诚模型的员工维提高人员价值。

（4）通过忠诚模型的企业战略维提高形象价值。

2. 员工维

员工的工作态度和积极性对客户忠诚具有很大的影响。杜博夫·罗布（Duboff Rob）和希顿·卡拉（Heaton Carla）认为员工与企业之间的关系会影响客户关系的质量，企业必须注意培养和发展员工与企业的关系，保持员工对企业的忠诚。

根据内部营销的观点，工作于企业中的所有员工都是企业的内部客户。只有满足了内部客户的需求，使内部客户满意，才能产生工作的高效率，才能最大化企业外部的客户价值。由内部服务链（见图 3-17）可以知道：

（1）客户让渡价值的大小受企业员工的工作效率的影响；

（2）企业员工的工作效率取决于员工对企业的满意度及忠诚度；

（3）企业员工对企业的满意度及忠诚度取决于企业内部服务质量。

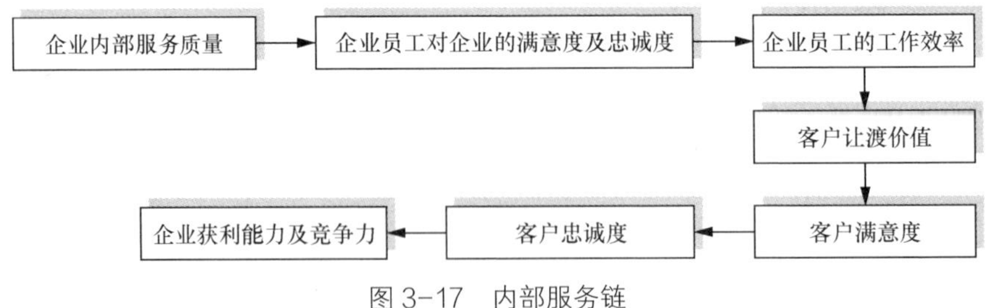

图 3-17　内部服务链

建立客户忠诚是企业的总体目标，它打破了企业部门间的界限，因此全体员工达成共识并积极参与提升客户忠诚度的相关活动是十分必要的。员工的不满情绪流露在对待客户的态度上，会极大地影响客户忠诚。得到员工理解并建立高度的责任感是建立客户忠诚最基本的要素之一。所以说，要获得客户满意、客户忠诚，首先要做到员工满意和忠诚。

员工满意意味着员工自我价值实现最大化。长期的员工满意才能带来员工忠诚。这与良好的企业文化，与员工的培训、升迁机会、薪资、福利等体现员工自我价值的因素密切相关。罗伯特·布朗（Robert Brown）认为应该建立以客户为中心的企业文化（Customer Centric Culture）。归结为一点，员工维要求必须从提高企业内部服务质量入手。企业须采取一系列提高员工满意度和忠诚度的措施，使员工自我价值得以最大化。人力资源研究在这一领域已取得了许多成果，本书就不赘述。

3. 企业战略维

企业战略维指的是企业坚持以客户为中心的发展战略——客户发展战略。客户发展战略是企业为有效制定面向客户的中长期决策所必须参照的指导思想。它不但指导企业正确建立以客户为中心的经营模式、以客户为中心的企业文化，而且对制定以客户为导向的营销策略具有指导意义。具体地讲，当企业在考虑面向客户的决策时，要从提升客户关系的长效性出发，将企业内部资源条件与外部环境因素结合起来考虑，最终目标是使客户生命周期价值最大化。

本书借鉴了客户关系价值的概念，对客户生命周期价值进行了概念上的扩展。

（1）客户生命周期价值（LTV）。客户生命周期价值作为一个名词出现得较早，但是作为一个系统的并且能精确计算的概念则始于雷克海尔德的研究。他在研究中指出，客户生命周期价值是指在保留客户的条件下，企业从该客户处持续购买所获得的利润流的现值。用数学公式可表示为以下形式：

$$LTV_x = \sum a_t (1+i)^{-t}$$

式中：

a——客户

x——购买所带来的边际收益。

i——某时间段的贴现率。

t——客户保留时间长度。

如果用 CP_k 表示第 K 时间段的客户盈利率（Customer Profitability），用 S_k 表示第 K 时间段客户购买产品和服务的金额，C_k 表示第 K 时间段企业的客户成本。由于 $a=S_k-C_k$，并且 $CP_k=\frac{S_k-C_k}{S_k}\times 100\%$，所以上式同样可表示为：

$$LTV_x=\int_{k=1}^{t}\frac{S_k\times CP_k}{(1+i)^k}\mathrm{d}t$$

在实际运用中，特别是在 B2C（Business to Consumer，企业对消费者）的商业场景，由于客户数量十分庞大，企业也可以根据历史数据估计客户的平均忠诚年限，并预测客户在未来时期的购买量，来计算客户的平均 LTV。而对于 B2B（Business to Business，企业对企业）的商业场景，则可详细分析单个客户的 LTV。

Reichheld 的研究还发现，客户生命周期价值与客户保留率、客户保留时间密切相关。当企业减小客户流失率，客户平均保留时间延长，LTV 会增加。图 3-18 中：80% 的客户保留率意味着客户平均保留时间是 5 年，平均客户 LTV 为 134 美元；而 90% 的客户保留率则意味着客户平均保留时间延长至 10 年，平均每个客户的 LTV 是 300 美元，较前者增长了一倍多。该例子同样说明了保留客户和提高客户忠诚度的重要性。

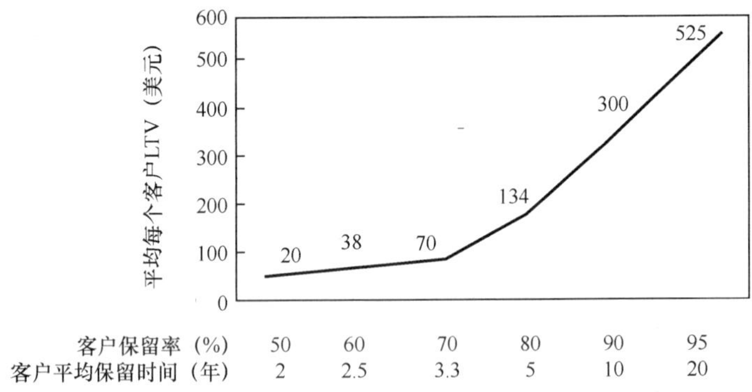

图 3-18 客户 LTV 与客户保留率、客户保留时间的关系（信用卡业务）

（2）进行客户 LTV 研究有以下三个方面的原因。

① 客户分类。客户 LTV 是标识客户利润率、长期跟踪不同类别的客户表

现（Performance）的理想工具。企业通常把具有高LTV的客户归类为重点客户（VIP），而低的或负的客户LTV意味着企业需要采取一些行动来改善这种客户关系。

② 项目评估。企业想评估一个项目的实施效果，往往是通过计算项目的投资回报率（ROI）进行的。通过计算该项目对客户LTV的变化量同样可以用来评估该项目，甚至更有说明力。但是应注意，由于LTV是一段时间内的资金流的现值，所以像“如果一个客户LTV是500美元，那么可以投资100美元来保留该客户”的讲法就混淆了这一概念，是错误的。

③ 差异营销（Differentiated Marketing）。客户LTV对一个客户来讲，具有预测功能。预测结果能帮助企业对不同的客户实施差异化营销。这些预测功能包括以下方面。

- 标识不盈利的客户。对这些客户或者采取措施改善客户关系以提高客户利润率，比如减少客户服务级别、提高产品价格等；或者直面客户流失（Attrition），结束积极的营销，使客户关系最小化。从“客户关系经济学”（Customer Relationship Economics）的角度来看，客户关系的获利能力与客户数量不成正比，企业没必要留住那些无法或不可能在将来带来盈利的客户。
- 标识增加客户LTV的因素。通过开展客户保留活动，比如客户关怀、价格促销等增加客户LTV。
- 标识客户高LTV具有的特征。通过客户高LTV具有的特征挖掘具有类似特征的、潜在的客户。这里挖掘出来的客户特征，等同于客户知识。

（3）扩展的客户LTV。企业对待客户的战略导向是很重要的。它会间接影响到企业与客户之间的合作关系是否能保持长期性。企业对客户采取的态度和措施应该以客户LTV为指导，而不是依赖单一时段客户贡献的大小。此外，还要重视客户占有率和客户延伸价值。

① 客户占有率。市场占有率是指在一定的期间内一个企业的销售额占全行业销售额的百分比。在传统的市场营销时代，绝大多数企业以短期的市场占有率的变化来衡量企业的绩效水平。目前，企业的竞争环境发生了巨大的变化，客户资源成为企业竞争关注的非常重要的资源。能够获取、保留越多的客户意味着企业将获得越高的绩效水平。以客户为导向的企业需要一个类似于市场占有率的衡量指标，即客户占有率。

客户占有率（Customer Share）的概念是 Griffin 于 1995 年首次提出的。它是指某客户在一个企业所提供的产品和服务上的消费支出占该客户在此类产品和服务上的总消费支出的比重。公式为：

$$CS = \frac{\text{某客户在一个企业所提供的产品和服务上的消费支出}}{\text{该客户在此类产品和服务上的总消费支出}}$$

用客户占有率取代市场占有率来衡量企业的绩效水平基于以下两个原因。

• 传统的市场营销模式采用以交易量为基础的短期利润作为企业绩效的衡量标准。而目前的市场环境是，当前的高交易量未必意味着未来的高交易量，关键是看企业是否正确执行了客户导向的指导思想。市场环境迫使企业更多地投资于能够赢得客户忠诚等长期性效应的项目，虽然这样做短期内可能使企业遭受一定的损失，但能使企业达到保留客户从而获得长期盈利的目的。

• 信息技术实现了企业与客户间交互式的沟通，可辅助企业实现与单个目标客户随时随地的对话交流，这使企业与客户建立长期的关系成为可能。

② 客户延伸价值。Reichheld 提出 LTV 概念的时代背景与当前的竞争环境已经不可同日而语，包括其他的研究者往往仅从客户保留时间长短来认识 LTV。当前竞争环境下的企业在计算客户 LTV 时，需要考虑包括客户保留时间在内的其他影响 LTV 的因素，比如客户占有率和客户延伸价值。因为单从客户保留时间维度考虑 LTV 已经脱离了当前的竞争环境，脱离了网络经济赋予“客户”的新特征。因此，有必要对 Reichheld 的 LTV 理论进行适当的改进以满足当前企业计算客户 LTV 的需要。

以客户为中心的竞争环境下的客户 LTV 概念应从三个方面来认识，见图 3-19。

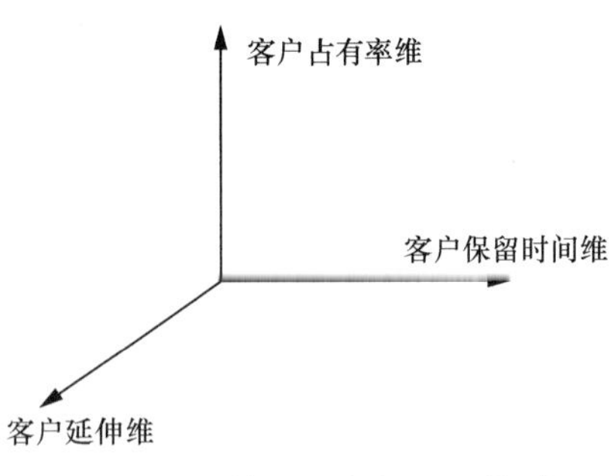

图 3-19　扩展的客户 LTV 模型

一是客户保留时间维。无疑，客户保留时间维仍是客户 LTV 的核心维度，因为它体现了客户智能的宗旨，并与客户保留率、客户忠诚度等企业关心的指标密切相关。针对客户不同的人生阶段，企业向客户建议与此关联的购买方案，满足客户不同人生阶段的事件需求（Event Need）。客户保留时间维也代表企业不断对产品进行更新换代，来满足客户的更新需求（Grade-up Need）。

二是客户占有率维。企业适当扩展客户需要的商品范围，满足客户后市场（After-market）需求和关联购买（Close-selling）需求。企业在这一层次上的另一个任务是发现忠诚度高的客户和潜力大的客户，采取差异化战略。

三是客户延伸维。客户延伸维包括两个层面的含义：一方面企业在对现有客户展开营销的前提下，注意开拓潜在客户；另一方面企业应注重忠诚客户的口碑效应带来的间接利益。该维度旨在扩大客户范围，使企业的客户 LTV 具有可持续性（Sustainable）。

结合上文提到的客户忠诚模型，扩展的客户 LTV 模型可以表示成以下形式：

$$LTV_x = \iiint_{m\,n\,t} (P \times CS \times S \times CP + B)(1+i)^{-t}\, \mathrm{d}t\mathrm{d}n\mathrm{d}m$$

式中：

P——客户 x 的市场规模，它反映单个客户的实力和潜力。

CS——企业对客户 x 的客户占有率，它反映客户忠诚度的高低。

S——单个客户与企业的直接交易额。

CP——客户盈利率。

B——单个客户的间接利益（来自忠诚客户的口碑效应等方面）。

t——客户保留时间。

n——商品范围。

m——客户范围。

i——某时间段的贴现率。

有学者从一个多维的视角来研究客户 LTV，而不局限于与客户消费有关的维度。尽管客户 LTV 的概念在学术界被提出并得到认可，但是多数企业尚未建立精确计量客户全部价值的有效系统和过程，故获取忠诚客户的全部价值进而进行分析的难度较大。

4. 对模型的补充

建立基于客户价值的客户忠诚模型的最重要目的在于发现影响客户忠诚的因素。围绕这一目的，模型的三个维度并不是相互独立的。在这三个维度中，企业战略维是影响客户忠诚的关键因素。客户发展战略引导了以客户为中心的经营模式、以客户为中心的企业文化，提高了企业管理水平和员工凝聚力，从而会带来产品价值、服务价值、人员价值、形象价值的全方位提升（见图 3-16）。这种提升表现在该模型上，一方面是直接带来客户 LTV 的最大化，另一方面间接决定了其他两个维度的价值取向。员工维的决定因素在于员工自我价值体现的程度，它会直接影响客户维（通过“人员价值”因素）。而客户维是该模型的共同作用域，它与其他维度存在广泛的联系，整个模型的逻辑输入（Input）和逻辑输出（Output）都集中在客户维上。模型的输入是客户需求和期望，输出是客户忠诚。

3.4.6 客户忠诚模型的启示

3.4.6.1 战略层

1. 客户忠诚提升企业竞争优势

对照 Rajendra K. Srivastava 对基于知识的竞争优势的认识（见图 1-5），基于客户价值的客户忠诚模型支持内部知识和外部知识的联合作用，从而辅助提升企业竞争优势，因为：

（1）企业战略维和客户维分别从企业和客户的视角分析了客户价值对客户忠诚的影响，是创新、共享、使用客户知识（外部知识）实现客户忠诚的理论指导依据；

（2）员工维从“人”的视角分析了企业内部为了支持客户忠诚实现，企业内部资源（人、财、物、知识）是如何进行有效配置的。

2. 企业使用客户 LTV 作为客户细分的关键变量

传统的市场营销或 CRM 方案通常按过去或现在客户对企业的盈利水平对客户进行细分，把客户划分为类似于非常盈利客户、一般盈利客户和不盈利客户，以此为基础为不同类型的客户设计相应的产品或营销方案。在客户需求瞬息万变的今天，这种战略导向容易忽略企业对潜在客户和成长性客户的获取和管理，从而影响企业的长期发展。客户 LTV 研究给企业的启示是，客户细分不仅要考虑客户当前的利润贡献，更要考虑客户的 LTV。

该点启示的另一层意思在于，企业行为要注重长远发展，而不要过于追求短期利益。企业不要因为短期的利润减少而轻易减少提供给客户的附加价值。

3. 企业在实施 CRM 时应注意客户延伸

企业总的客户 LTV 不仅与每个客户的 LTV 相关，而且与每个客户的客户延伸程度密切相关。

3.4.6.2　管理层和操作层

（1）提高客户忠诚度的机制。首先，企业要完整地认识整个客户生命周期，利用客户智能系统统一的技术平台，提高员工与客户接触的效率和客户反馈率；建立多样化的沟通渠道和灵活高效的激励机制，形成一个完整的反馈流，见图 3-20。从而既能为客户提供完全一致的高品质服务，使客户在意想不到的时刻感受来自企业的点到点、面到面的关怀，同时企业还可以实时掌握市场动态，迅速开发新的市场。

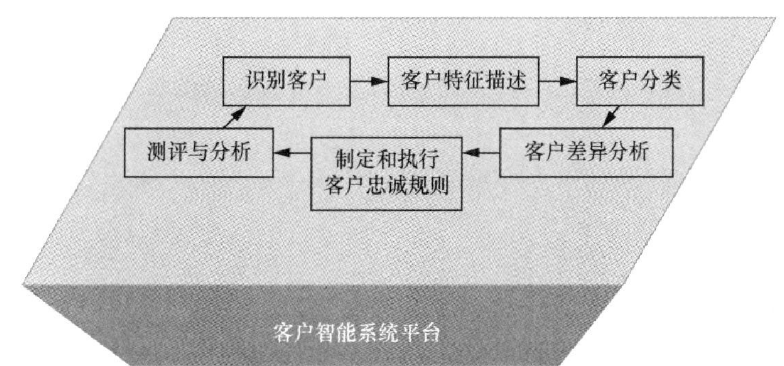

图 3-20　提高客户忠诚度的机制

图 3-20 描述的提高客户忠诚度的机制包括以下实施步骤。

① 识别客户：定义目标客户。

② 客户特征描述：定性和定量影响客户 LTV 的因素。

③ 客户分类：根据客户 LTV 的大小进行客户分类。

④ 客户差异分析：找出形成客户差异的原因和每位客户在某一方面的独特特征。

⑤ 制定和执行客户忠诚规则：发现客户知识，使用客户知识。

⑥ 测评与分析：客户忠诚度评价与分析。

其次，提供个性化的产品和服务是提高客户忠诚度的重要手段。

企业只有根据客户不同的需求提供不同的产品和服务，客户再次光顾的可能性才会大大增加。Mitani 认为应该从客户的需求看待客户个性化。如果不能很好地满足客户特定的需求，就会有客户流失的可能性。他指出客户的需求分为事件需求（Event Need）、更新需求（Grade-up Need）、关联购买（Close-selling）需求和后市场（After-marketing）需求四大类。采取卓有成效的消费积累奖励等促销方案也是提高客户忠诚度的手段之一。

（2）提高客户满意度和忠诚度不再仅是营销部门的任务，而成为企业所有员工及各部门的核心任务。企业各职能部门的业务流程被有效地整合，以更有效满足日益多变的客户需求。

（3）企业通过改进产品和服务质量，通过提高员工价值、企业形象价值来提高客户总价值。其中员工价值包括企业员工的服务理念、业务素质、应变能力、亲和度等；企业形象价值指企业的消费环境、标识、品牌、企业文化、企业理念等能带给客户额外满足感、荣誉感的无形资产。

（4）通过减少客户的时间、体力和精神费用来降低客户的非货币成本，如向客户提供尽可能方便、快捷的服务，同时使客户在整个消费过程中保持愉悦感；面对特定客户群体，比如针对忠诚度高的客户，通过降价来降低客户的货币成本。

3.5 本章小结

客户智能理论基础，或者客户智能中的管理思想包括许多研究内容。客户发展战略是客户智能的指导战略，它是企业战略中具有决定意义的战略组成部分。围绕客户生命周期，本书把研究重点放在客户忠诚上。本章探讨了客户忠诚界定，客户忠诚的产生机理分析，客户忠诚与竞争优势的关系，客户忠诚与客户满意、客户保留的关系等内容。

客户价值研究必将带来市场营销领域研究的新飞跃。客户智能理论基础的许多内容可以基于客户价值来分析和衡量。本章在改进的客户 LTV 模型的基础上建立了基于客户价值的客户忠诚模型，其研究方法和思路对客户价值的研究，以及对其他基于客户价值的企业理论的研究不失为一个好的借鉴。

第4章

客户智能系统

客户智能是客户知识产生、分发和使用所体现出来的面向客户决策的能力。而如何将客户数据和信息转化为客户知识，从而产生客户智能，大多数企业在实践层面不知道从何入手，或者纯靠拍脑袋。在 META Group 进行的一项调查中，800 家商业和 IT 公司的经理被问了一个问题：你认为你的公司是否使用了客户数据来理解你的客户？ 29% 的答案承认在一定程度上使用了客户数据来理解客户，67% 的回答是否定的，仅有 4% 的回答是充分利用了客户数据。本书前面章节介绍了客户智能体系中的体系框架、客户发展战略、客户智能理论基础等内容。本章将探讨客户智能体系中的另一部分内容：客户智能系统（Customer Intelligence System, CIS）。

4.1 CIS 框架

4.1.1 系统框架

客户智能系统为更好地制定与客户有关的战略和决策提供良好的环境，为特定的应用系统，如客户关系管理（CRM）系统、销售过程自动化（SFA）系统、营销管理系统提供数据环境和决策分析支持。面向与客户有关的特定战略和决策问题，客户智能系统从数据准备做起，建立或虚拟一个集成的客户数据环境。在集成的客户数据环境基础上，利用科学的决策分析工具，通过数据分析、知识发现等过程，发现客户信息或客户知识，然后解释和执行分析和发现结果，为战略制定和决策提供支持。整个过程中，集成的数据环境和决策分析工具是十分重要和必不可少的。

图 2-19 描述了客户智能生命周期的四个阶段：获取、分析、计划、交互。从客户智能系统建设的角度来看，每一个阶段均需要技术框架的支持，图 4-1 是从客户智能系统（实现）的角度理解客户智能生命周期。前三个阶段（获取、分析、计划）是分析型应用，它们需要企业建立数据仓库环境、数据分析工具和应用，最后一个阶段（交互）从本质上来讲是事务型应用。总之，客户智能体系中的客户智能系统需要一个能实现事务型应用和分析型应用的无缝衔接、闭合循环的环境。

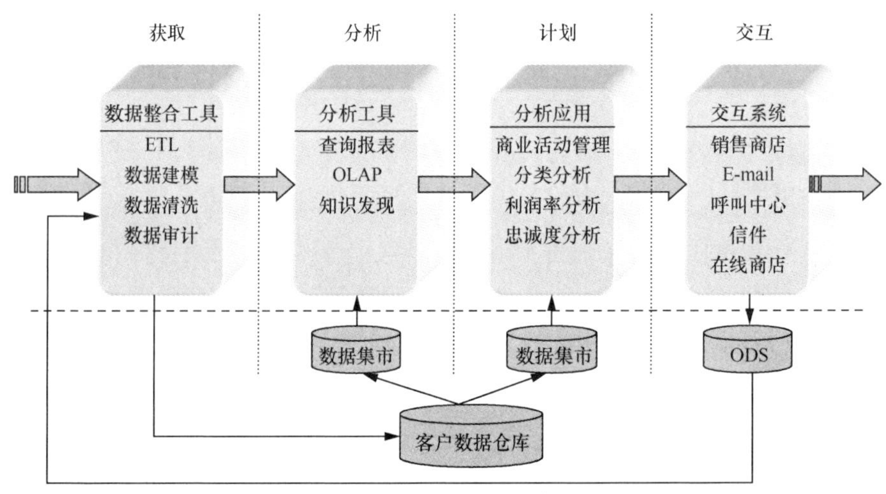

图 4-1 客户智能生命周期

从客户智能生命周期的四个阶段可以归纳出客户智能系统框架的结构，见图 4-2。

1. 整合的客户数据

客户智能系统的核心是整合的客户数据。使用数据仓库和数据集市建造集成的数据环境是逐渐走向成熟，也是目前最理想的做法。数据仓库提供数据存储环境，而且是面向特定主题的决策支持环境。来自各种数据源的数据经过清洗、ETL，按某一主题存储。数据集市是面向特定主题的小型数据仓库，解决了企业级数据仓库要存储大量数据而带来的建设周期长、造价高、可扩展性差等问题。本书把构建的基于数据仓库的客户数据集成环境称为客户数据仓库（Customer-Centric Data Warehouse, CCDW）。

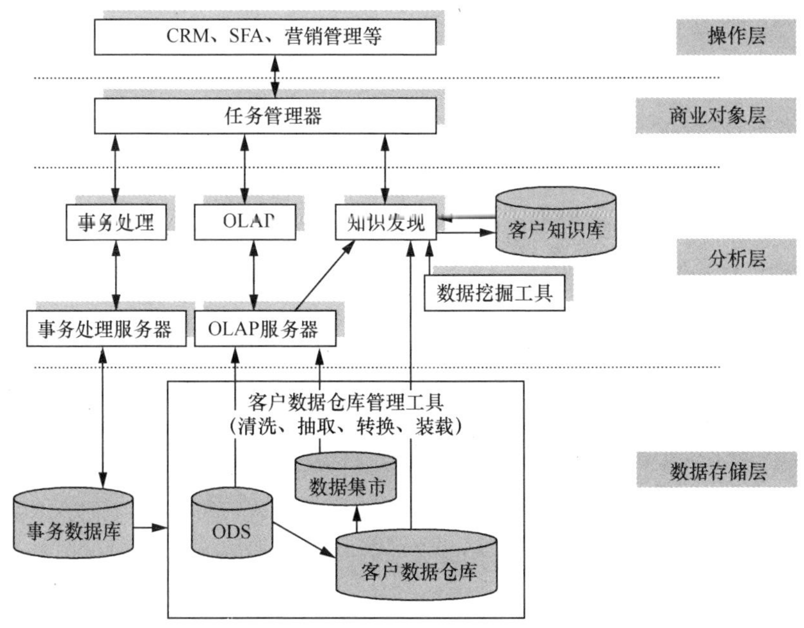

图 4-2　客户智能系统框架

客户数据仓库的特点之一，是能够ETL、整合来自大量异构系统的数据，包括外部数据。通过整合来自多个接触渠道的客户数据，客户数据仓库向企业展示客户 360 视图，包括客户属性、历史交易、行为偏好等记录。

在数据存储层，除使用 ETL 工具将源客户数据整合到 CCDW 中，数据仓库专家还使用数据清理工具清除客户数据中的无效数据以得到有效的客户 360 视图。数据建模工具用来设计 CCDW 或客户数据集市的数据模型。

2. 客户数据分析和知识发现

在整合的客户数据基础上，业务人员使用分析工具分析这些数据，来理解客户偏好、客户画像、客户分类、客户消费模型等分析信息。

用来分析客户数据的分析工具可以被归为几大类：

（1）报表工具能向业务人员提供一般客户行为的标准报表；

（2）查询和 OLAP 用来验证假设，其工作原理是让分析人员从 CCDW 中寻找模式，或让系统返回一系列符合条件的客户名单；

（3）知识发现模块自动从客户消费行为中挖掘消费模式，这些模式允许分析专家建立预测客户未来消费行为的模型或规则。

OLAP 是基于客户数据仓库环境的数据分析工具。用户（企业）首先提出自己的假设，然后利用 OLAP 工具检索查询数据以验证或否定假设，是用户驱动式的分析方式。OLAP 解决了 OLTP（Online Transaction Processing，联机事务处理）分析效率低、不能进行多维分析的问题。相比较而言，知识发现模块相对比较抽象，它利用知识发现工具挖掘未知的、潜在有用的客户知识，是一种主动式发现方法。

3. 基于客户知识的应用系统

业务人员利用分析阶段发现的客户知识来建立针对每一个触点或客户交互系统的应用规则，经过客户知识向应用系统的分发、使用，提升客户营销和服务的数字化转型能力。这些应用系统是指与客户有触点或者交互的系统，包括销售过程自动化、营销自动化、服务自动化、智能客服以及互联网门户等。

客户智能追求客户知识的智能化分配和使用。以企业面向客户服务的互联网门户为例，互联网门户自动从知识发现系统抽取客户营销和服务的应用规则。这样，互联网门户可以根据客户历史操作主动预测客户行为，具备了智能化的客户自助服务能力。

4. 触点应用（Touch Applications）和 ODS

触点应用是企业建立的、直接与客户交互的应用或者功能集合。一个企业的客户可能会有成千上万个，为了优化与这么多客户的交互，企业采用了操作型数据存储（ODS）技术，将客户记录和行为建议实时地发送到需要的触点上。ODS 技术存储了当前和最近的数据，支持业务部门对一段时间内的事务数据做分析。ODS 仅存储了与客户触点有关的 CCDW 数据的一部分，它被用来管理企业和客户的近期交互的数据切片。从这一点讲，ODS 架起了客户智能系统中的分析型处理和事务型处理的桥梁。

该框架具有以下特点：

（1）支持事务处理与分析处理的闭合循环；

（2）以客户数据仓库为中心，支持实时客户数据操作的同时，也支持历史数据的分析处理；

（3）基于商业对象的系统建设，便于系统 / 组件的重用、维护。

4.1.2　CIS 中的商业对象

目前大多数基于客户数据仓库的分析应用与事务处理系统之间仅限于数据存储层的单向集成，即只是事务处理系统的数据被单向抽取到客户数据仓库，供分析使用，而且数据分析的结果并不能直接返回事务处理系统中。图 4-2 中的客户智能系统则是在企业数据存储层上进行了双向集成，即分析处理的数据来源于事务处理系统，并且分析处理的结果直接反映到事务处理系统中，整个过程是一个闭环。为了将数据的事务处理和分析处理操作集成在同一个应用程序界面从而支持完整的客户支持流程，在客户智能系统构建中引进了封装了商业对象的逻辑组件——任务管理器。

1．商业对象

整个闭环的实现基础是分析层（中间应用层）的集成，包括以下组件：

（1）事务处理中间层建立在事务处理数据库之上，以业务处理为核心；

（2）OLAP 是建立在客户数据仓库之上，面向主题的；

（3）知识发现模块同样可以建立在客户数据仓库基础之上（往往根据知识发现任务的需要做进一步的数据整合），是以商业深层次需求为导向的。

由于建立的方式和处理的数据结构不同，事务处理中间层和 OLAP 分析处理中间层之间没有直接联系。但从本质上来说，这两种方式都是处理企业核心业务数据（与客户有关），只是各自的侧重面和处理方式不同而已。以客户的行为分析为例：

（1）客户购买了某些产品，在事务处理系统中体现为新建若干条产品销售订单记录，涉及的具体操作可能有订单新建、修改、确认；

（2）在 OLAP 中，可能是对销售所涉及的客户、产品、订单等多维度的分析、统计；

（3）在知识发现模块中可以通过消费行为特征建模，发现不同细分客户群体的潜在消费模式，进行客户消费行为分类或预测。

它们分析的都是客户、订单或者产品等企业业务对象，只是处理的方式不同而已。因此可以从这些企业业务中抽象出关键的商业对象，商业对象的属性即业务数据；而商业对象的方法是指商业对象所封装的、对业务数据的处理算法，包括事务处理、OLAP 和知识发现。图 4-3 描述了商业对象的结构。

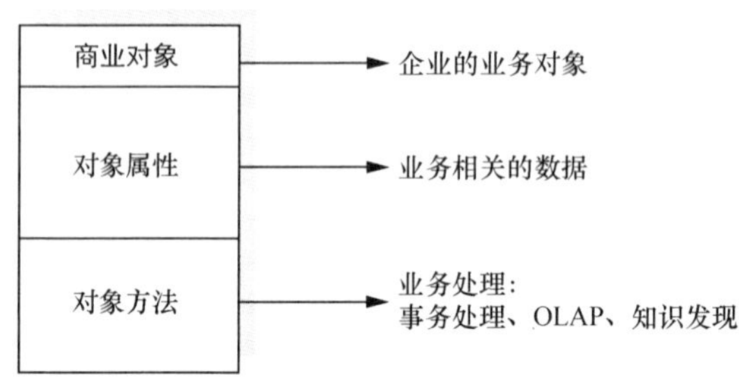

图 4-3 商业对象的结构

本书以 MVC（Model View Controller，模型 – 视图 – 控制器）的设计思想对客户智能系统中的任务管理器进行设计：以商业对象为核心基础，将用户的操作转换为对象的处理方法，并对处理方法进行分类，然后转入相应的事务处理、OLAP 或知识发现。

2. 商业对象的方法

由于所处理的数据本身也是对象的属性，因而可以将数据存储层的集成功能，比如数据的装载等操作也集成到商业对象之中。因此，商业对象除了提供事务处理、OLAP 和知识发现等方法之外，还要提供事务数据库和客户数据仓库之间数据的转移方法。

商业对象从逻辑上来说是一个整体，从系统实现角度来说它应该是一个分布式的对象。表现在：

（1）商业对象的一个事务处理服务子系统负责对商业对象进行事务处理，以及管理商业对象和事务数据库数据之间的对应关系；

（2）商业对象的分析处理服务子系统负责对商业对象进行在线多维分析，以及管理商业对象和客户数据仓库数据之间的对应关系；

（3）知识发现是一系列处理的集合体。它是在大量的客户数据基础之上，通过调用、完善各类工具完成对应的知识发现任务。

这种布局使系统成为一个完整的实体，而且也兼顾到了系统的性能。

3. 商业对象的属性

商业对象的属性是进行事务处理和分析处理所使用的客户数据以及相关

元数据的定义。由于三种处理方式对客户数据的要求和使用都不完全相同，且客户数据最终存放在客户数据仓库中，因此本书在商业对象的类结构中，定义了各种数据类型以及每种数据类型在数据库中的映射关系然后通过对商业对象方法的调用来访问商业对象的属性数据——客户数据仓库。

4. 商业对象之间的关系

客户智能系统中存在多个不同的商业对象，各个对象之间有着紧密的联系。对某一个对象方法的调用可能会触发其他多个对象方法的执行。例如对于产品销售业务来说，当发生产品销售，则产品对象调用销售方法将库存量属性减少，同时触发资金对象增加对应客户的应收账款，并且客户对象的购买记录也会相应发生变化。

5. 商业对象的定义与初步实现

商业对象的识别和定义是采用商业对象方法的关键。本书认为可以用事务处理系统的分析方法和面向主题的思想，结合面向对象的方法来确定商业对象。商业对象的确定与具体的行业和客户需求相关。

在这里以采用 J2EE 技术来实现商业对象为例描述实现过程，可供参考。对于商业对象来说，可以将其封装成 EJB 类，应用程序通过调用 EJB 的方法来实现对系统功能的调用。EJB 自身封装了对客户数据仓库中数据的访问和操作。而且 J2EE 是一个跨平台的技术系统，也是未来信息技术应用发展的一个主要方向。商业对象作为客户智能系统的核心部件之一，可以做成 EJB 等企业对象，然后由客户端通过 Applet 或者 Jsp / Sevlet 等方式使用浏览器来访问企业数据。具体对客户数据仓库的访问则由 EJB 类处理。

总结以上对商业对象的描述，适用于客户智能系统的商业对象实现如图 4-4 所示。

商业对象将客户数据的 OLAP 操作、事务处理操作和事务型数据向分析型数据的转换操作都进行了定义和封装。商业对象构成了企业中间应用层的核心，使得企业的业务不仅在逻辑上形成了一个整体，在 CIS 操作层面上也成为一个完备的系统，将 CIS 与企业业务过程和战略发展更加紧密结合起来。商业对象的构造和使用，使 CIS 的事务处理、在线多维分析、战略决策功能的全方位实现成为可能。

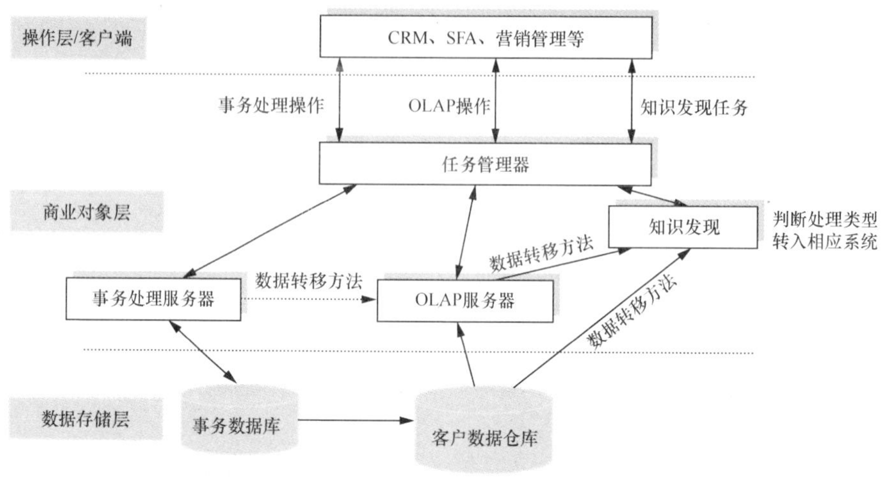

图 4-4 商业对象实现

4.1.3 CIS 的研究内容

客户智能系统（CIS）是以当今计算机前沿技术为支撑，运用现代管理技术进行指导的应用系统。它的研究热点集中在三个方面：支撑技术的研究、体系结构的研究、应用系统的研究。

1. 支撑技术的研究

客户智能作为一个跨越多学科的新兴领域，必须借鉴两方面的先进成果，一是计算机技术的前沿技术，一是企业管理方面的新理论、新观点。企业管理方面的新理论、新观点为战略制定和决策提供先进的管理模式，帮助企业更好地运营；先进的计算机技术，比如人工智能技术，是促进系统智能化的有力工具。

客户智能系统的支撑技术包括以下几项：一是计算机技术，包括数据仓库、数据集市技术，知识发现技术，人工智能技术，OLTP、OLAP、统计分析等分析技术，数据可视化技术，计算机网络与 Web 技术；二是企业管理理论、观点，包括统计、预测等运筹学方法，客户管理、供应链管理、ERP 等管理理论和方法，企业建模方法，等等。

支撑技术的研究主要围绕两部分展开：企业建模方法研究和决策分析工具研究。企业建模是为了解决如何建立特定企业模式的辅助工具、方法的问题。商业对象作为客户智能系统中间应用层的核心，可以在企业建模过程中逐渐生成、细化。UML（Unified Modeling Language，统一建模语言）是目前流行的企业建模方法之一，它采用了面向对象思想。数据挖掘算法的研究是目前计算机界研究的热点之一，它逐渐成为一个跨越人工智能、数据统计等多学科的研究领域。决策分析工具研究还包括各种分析方法的研究。

2. 体系结构的研究

图 4-2 描述了一个典型的客户智能系统框架。当面向特定应用场景时，可能会有相应改进的体系结构使系统具有良好的性能，例如：

（1）建立何种数据存储和数据模型能很好地支持主题，支持客户数据分析和客户知识发现的需要；

（2）选择何种决策分析工具，包括选择实现何种任务、选择实现这种任务的何种工具；

（3）将分析和发现的客户信息和客户知识通过何种接口到达需要的用户等。

3. 应用系统的研究

应用系统研究的重点在于分析各个应用领域所面临的客户决策问题和解决办法。根据各类客户决策问题及解决方案的需求，来决定客户智能系统应该提供的功能以及具体实现方法。目前，商业智能被广泛应用于与企业运营过程相关的各个领域，且在很多领域已经形成其特有体系，比如企业资源计划（ERP）、客户关系管理（CRM）、企业绩效管理（EPM）、人力资源管理（HRM）、供应链管理（SCM）、电子商务等。客户智能理论和方法渗透这些应用领域，从而形成面向特定应用的客户智能系统，如销售智能（Sales Insight）、营销智能（Marketing Insight）、服务智能（Service Insight）系统等。

4.1.4　CIS 的发展趋势

与 DSS、EIS（Executive Information System，经理信息系统）相比，客户智能系统（CIS）具有更好的发展前景。一方面企业应用的重点已逐渐转向以客户为中心的应用，比如近年来CRM的迅猛发展就是一个典型实例。当前CRM应用系统供应商十分注意CRM的分析与决策功能，看重的是CRM在辅助客户决策上的强大生命力和应用前景。这些分析决策功能是客户智能的体现之一。另一方面，商业智能市场持续增长同样会促进客户智能系统的增长。IDC预测，到2024年，中国商业智能软件市场规模将达到11.9亿美元，未来5年整体市场年复合增长率为19.2%。这里的商业智能涉及的技术主要是指OLAP、客户数据仓库及基于客户数据仓库的应用等。随着CRM、ERP、SCM等应用的不断深入，企业不会停留在事务处理过程而会注重有效利用企业的客户数据为准确和更快的客户决策提供支持，由此带动的对客户智能系统的需求将是巨大的。

客户智能系统的发展趋势可以归纳为以下几点。

（1）功能上具有可配置性、灵活性、可变化性。CIS的应用范围从部门级应用扩展到为整个企业所有用户服务。由于企业用户在职责、需求上的差异，CIS会提供更广泛的、具有针对性的功能。这些功能具体包括从简单的数据获取，到利用Web和局域网、广域网进行丰富的交互、信息决策和知识的分析和使用等。

（2）解决方案更开放、可扩展、可按用户定制，在保证核心技术的同时，提供客户化的界面。CIS在提供核心技术的同时，使CIS又具有企业或者行业特性，即在原有方案基础上加入企业自己的代码和解决方案，增强客户化的接口和扩展特性；可为企业提供基于客户智能平台的定制工具，使系统具有更大的灵活性和使用范围。

（3）从单独的CIS向嵌入式客户智能发展。从单独的CIS向嵌入式客户智能发展是目前CIS应用的一大趋势。它是在企业现有的应用系统中，如营销、销售、服务等系统中嵌入CIS组件，使普遍意义上的事务处理系统具有客户智能的特性。请注意，嵌入CIS的某个组件而不是整个CIS也并非一件简单的事情。比如，当将OLAP技术应用到某一个应用系统时，一个相对完整的客户智能开发过程，如企业问题分析、方案设计、原型系统开发、系统应用等过程是不可缺少的。

（4）从传统功能向增强型功能转变。增强型的客户智能功能是相对于早期用SQL（Structure Query Language，结构查询语言）工具实现查询的客户智能功能（虽然当时并没有使用这一概念）而言的。目前企业在 CIS 上的实践基本还是停留在传统的 CIS 功能上，很少成功应用图 4-2 中分析层的功能。尤其知识发现、企业建模更是 CIS 应该被加强的部分，因为它们更能影响 CIS 的智能化能力。

4.1.5　CIS 与 DSS、EIS、IDSS

4.1.5.1　CIS 与 DSS、EIS

CIS 作为一种新兴的决策支持体系，与传统的 DSS、EIS 相比，在以下方面具有明确的优势。

1. 使用对象的范围

CIS 的使用对象不再像 DSS、EIS 仅仅局限于企业的领导与决策、分析人员，而是扩展到企业组织内外的各类人员，为他们提供决策支持服务。使用对象既包括企业经理一类的企业领导和高层决策者，也包括企业内部各部门的职能人员，还包括客户、供应商、合作伙伴等企业外部人员。

2. 具有的功能

从以上分析看出，CIS 具有传统 DSS、EIS 所不具有的强大数据管理、数据分析与知识发现功能。

3. 知识库状态

传统的 DSS、EIS 中的知识库是预先设置好的，知识库中的知识很少发生变化，是相对静态的。即使发生变化，通常采用定期人为更新的方法来修改。而 CIS 是一个闭合循环的动态系统。图 4-2 中的客户数据源部分来自各应用系统的反馈，更重要的是，知识发现可以从现有的客户数据仓库或数据集市中发现新知识，随时对知识库中的内容进行自动修正。所以 CIS 中的知识库是动态的。

CIS 的目标与 DSS 一样——提高客户决策的效率和准确性。CIS 同样需要具备 DSS 一样提供方案生成、方案协调、方案评估等功能，具备群体决策的功能。CIS 通过数据分析、知识发现工具提供有价值的、辅助决策的客户信息或客户知识。用户需要根据这些信息和知识，运用现有的企业知识和经验进行判断，做出决定。CIS 的智能决策能力有时候需要依赖专家的判断。

4.1.5.2 CIS 与 IDSS

CIS 为客户营销和服务部门提供智能化的客户决策建议，辅助企业进行与客户有关的决策，提高客户决策的科学性、准确性。CIS 与面向客户的智能决策支持系统存在根本上的差别，CIS 是对面向客户的智能决策支持系统的优化和改进。

面向客户的智能决策支持系统（Intelligence Desicion Supporting System, IDSS）是 DSS 发展到一个阶段的新形式，前文介绍的 CIS 与 DSS 的区别同样适用于 CIS 与 IDSS 之间。除此之外，由于 IDSS 具有自身的特性，它与 CIS 的区别存在一些新特点。

1. IDSS

自 20 世纪 70 年代提出决策支持系统（DSS）以来，DSS 已经得到了很大发展。1980 年 Sprague 提出了 DSS 三部件结构，即对话部件、数据部件（数据库和数据库管理系统）、模型部件（模型库和模型库管理系统）。该结构明确了 DSS 的组成，也间接地反映了 DSS 的关键技术，即模型库管理系统、部件接口、系统综合集成。它对 DSS 的发展起到了很大的推动作用。

1981 年 Bonczak 等提出了 DSS 三系统结构，即语言系统（Language System, LS）、问题处理系统（Problem Procress System, PPS）、知识系统（Knowledge System, KS）。该结构在问题处理系统和知识系统上具有特色，并在一定范围内有其影响，但它与人工智能的专家系统（Expert System, ES）在学术领域容易被混淆。

DSS 主要是以模型库系统为主体，通过定量分析进行辅助决策。其模型库中的模型已经由数学模型扩充到数据处理模型、图形模型等多种形式。DSS 的辅助决策能力从运筹学、管理科学的单模型辅助决策发展到多模型综合决策，使辅助决策能力上了一个新台阶。

20 世纪 80 年代末 90 年代初，在 DSS 的基础上，集成了人工智能的专家系统（ES）而形成了 IDSS，见图 4-5。

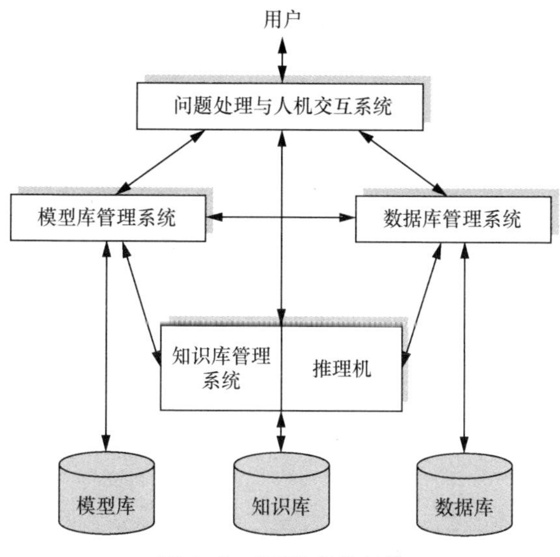

图 4-5　IDSS 总体结构

IDSS 充分发挥了专家系统（ES）以知识推理形式解决定性分析问题的特点，又发挥了决策支持系统（DSS）以模型计算为核心的解决定量分析问题的特点，充分做到定性分析和定量分析的有机结合，使得解决问题的能力和范围得到一个大的发展。

2. CIS 与面向客户的 IDSS 的区别

面向客户的 IDSS 可以参照图 4-5 的总体结构。相对于 IDSS，CIS 具有以下特点。

（1）增加了任务管理器。商业对象将各种处理与数据进行了定义和封装，使任务处理可以与使用的商业对象实现绑定。商业对象构成了中间应用层的核心。用户可以通过统一的 Web 操作界面，实现不同的事务处理、OLAP 和知识发现。

（2）省略了模型库管理系统。知识发现是一个多阶段的、整合的过程，数据挖掘是知识发现的一个阶段。知识发现同样需要调用数据挖掘算法 / 工具完成数据挖掘阶段的任务。由于数据挖掘算法形成的挖掘工具与业务逻辑是经过学习形成的，本身就集成了业务逻辑，可以被知识发现过程引用，自动地执行。

（3）推理机包含在知识发现当中，专家系统中描述的推理机（演绎推理、归纳推理、类比推理）所实现的知识生成已成为知识发现的一部分。

（4）采用企业级数据仓库 + 数据集市 +ODS 的数据存储方式。这是由 CIS 实现的多级任务所决定的。ODS 是处在事务处理系统和客户数据仓库系统之间的一个数据处理层，用于支持企业日常的全局应用的数据集合。ODS 技术存储了当前和最近的数据，支持业务部门的事务操作和对一段时间范围内的数据做决策支持和分析。ODS 和事务型数据库、客户数据仓库的区别可以参照文献 *Building Data Mining Applications for CRM*。另外，ODS 可以作为知识发现的数据环境。

（5）CIS 是一个闭环系统。该系统在事务处理系统中捕获业务事件（或数据），在客户数据仓库中将之转化为客户信息，并可进一步将之转化为客户知识。用户（企业）使用转化来的客户信息或客户知识做出决策并付诸管理控制行动。而管理控制行动又将导致新的业务事件的发生，这样就形成了良性正反馈循环。

可见，CIS 是对面向客户的 IDSS 的优化与改进。尤其从客户知识发现的任务和其与推理机之间的包含关系来看，CIS 更是基于客户知识的生成和利用的系统，从而更能体现“智能”的特性。

4.1.6 CIS 注意事项

CIS 利用知识发现技术不断发现新的客户知识，扩充到现有的企业知识库中。从目前企业应用现状和算法实现上来看，制约知识发现的因素较多，同时也影响了 CIS 的性能。

1. 系统智能不能很好地实现

数据挖掘算法很多，应用到具体的业务场景会有较长的模型学习周期。另外，作为客户智能数据基础的客户数据仓库或数据集市中的数据量一般比较大，新知识形成的速度比较慢和准确性比较低，致使现有的 CIS 在知识发现方面的能力不能满足用户要求。

2. 系统工具缺乏

目前大多数 CIS 的功能集中在数据分析方面，如数据查询、报表、OLAP、数据可视化，很少有解决方案在系统中内嵌知识发现工具。因此，功能比较集中，更深层次的要求无法满足。

3. CIS 需要合理的组织结构的支持

一个 MIS 的成功应用必须同时具备合理的组织结构和合理的信息结构两个坚实的基础，CIS 也不例外。CIS 成功实施的必要前提是 IT 与相关部门业务流程的有效集成。这种集成意味着企业以客户为中心，以 IT 为手段的再组织再设计。所以必要时，企业需要引进管理咨询服务，实施 BPR（业务流程重组）。企业的再组织再设计包括以下内容的改变。

（1）企业文化的改变：从关注短期交易行为，转变到关注客户关系的长期保持上。企业的营销活动应以建立长期的客户关系为目标，而不应该是短期行为。

（2）业务度量和业务动机的改变：这种改变反映了企业文化的改变。营销部门的业务不仅仅围绕获取新客户，老客户的保留变得更加重要。IT 不仅要关心如何建设一个功能上符合 CIS（如 CRM 系统）要求的系统框架，而且要求能够测量出 IT 投入对建立客户关系的贡献大小，并能够以此度量 CIS 成功的程度。

如果企业实施 CIS 的动机是建立在各部门各自利益之上而不是贯彻以客户为中心的商业哲理、文化和战略，那么 CIS 就缺少合理的组织结构基础。这种合理的组织结构是用一个共享的、更加整合的工作流和信息流代替原先集中的部门流程。由此，企业变成一个统一的组织，来有效预测客户需求，管理客户价值，简化企业运作流程。这种合理的组织结构的建设就是 BPR 思想在客户智能体系中的应用。

4.2 CIS 实现

4.2.1 统一的客户视图

1. 统一的客户视图的必要性

一知半解是一件危险的事情。不完整的客户知识或者客户信息会引导不正确的决策。客户消费行为越来越高的挑剔性与理智性要求企业必须对其需求快速做出准确的响应，并且这种响应贯穿企业与客户交互的所有接触渠道。具备一个既能实时与客户交互又能提供智能化解决方案的整合客户数据环境是解决这一问题的基础。以往职能部门仅从部门事务处理本身的需要出发保留部分客户数据，典型的例子如客户的名称和地址在不同的系统会有不同的描述。客户数据分散地分布在不同的部门，从不同部门、不同人员的视角看，客户的数据可能会不一致。反过来，同一客户通过不同渠道获取的产品和服务的信息有时也不一致。这种差异的客户体验的根源在于缺乏统一的客户视图。

另外，从客户数据的来源来看，客户数据有一部分可以从企业现有的操作型系统获取，如 ERP、HRM 等系统。但这对有效的客户智能实现是远远不够的。大多客户知识的发现需要集成至少 5 年甚至更长时间的客户数据。

总之，客户智能对数据环境的多重需要要求把数据仓库技术引入对客户数据的管理与组织上，即建立一个客户数据仓库。表 2-2 有助于理解这种必要性。

2. 客户数据的内容

那么，什么类型的客户数据是客户智能实现所必需的呢?

少量的客户数据不足以提供有关客户偏好和消费的真实、实时的信息。从图 2-17 提供的信息来看，能对客户智能起到全面支持作用的数据环境必须包括集成的客户数据（客户 360° 视图）和客户历史数据。

由此，客户数据应该包括以下几类数据。

（1）交易数据。交易数据描述了客户实际发生的行为。心理学家证实，使用以往的行为来预知未来是最好的方式。表 4-1 表示了交易数据的一部分。

表 4-1 交易数据

客户编号	交易日期	交易时间	门店	产品	是否优惠
0721134	07/09/2000	10:18am	Grand union	全麦面包	No
0721168	07/09/2000	10:29am	Edwards	苹果汁	Yes

（2）事实数据。事实数据包括客户的人口信息、统计信息、心理信息。其中有些信息是对客户属性的描述，有些信息是在与客户长期的交往中总结

出来的。表 4-2 表示了事实数据的一部分。

表 4-2　事实数据

客户编号	姓	名	出生日期	性别
07211134	Doe	John	11/17/1945	男
0721168	Brown	Jane	05/20/1963	女
0730021	Adams	Robert	06/02/1959	男

（3）收集的数据。人们在进行知识发现时往往会忽略收集的数据，而这些数据在确保分析结果的准确性方面起着较大的作用。比如客户满意级别、客户偏好、购买倾向（Purchase Intentions）、投资（Share-of-wallet）信息等。收集此类客户数据需要时间和相应的技术。而这样的数据收集得越多，企业会拥有越大的竞争优势。在分析的过程中，这类客户数据融入了客户的态度和观点，提高了客户决策的准确性。表 4-3 表示了收集的数据的一部分。

表 4-3　收集的数据

客户编号	偏好	需求	是否满意
07211134	Smoking	To buy a house next month	Yes

（4）以上三类数据的历史数据。仅有最新时间的切片数据不足以立体地为客户画像，客户智能分析必须在一定时间区间历史数据的基础上才能有效发挥作用。时间区间没有硬性需求，通常 18 个月至 3 年的客户历史交易数据、事实数据、偏好数据具有较高的分析价值。

3. 建立客户数据仓库的关键问题

著名的数据仓库专家道格·哈克尼（Doug Hackney）建议：一个企业最大的挑战是尽可能了解每一个个性化的客户关系。要突破这一挑战，首先需要收集在每一个客户触点上的数据。遗憾的是，每一个独立的客户触点或者联机事务处理系统由于标准不统一造成客户数据的差异，导致客户数据的质量不可避免地被降低了标准。成功的“以客户为中心”的企业必定拥有先进的客户数据质量、流程和能力。

杰克·努南（Jack Noonan）认为优质的数据应具备以下特征：

（1）数据是准确的；

（2）数据具有完整性；

（3）数据是一致的；

（4）数据库设计良好；

（5）数据不冗余。

数据的准确性低是许多客户数据仓库项目成功的重大障碍。据 META Group 预测，建立一个客户数据仓库，10% 到 20% 的原始数据在某种程度上是误用的或者不完整的。客户数据的完整性和准确性对基于数据仓库的分析应用起着决定性作用。为了得到精确的信息来支持公司的业务，客户数据仓库建立过程中的每一个关键步骤——抽取、转换、集成和维护都需要重视数据质量。因为只有这样才能正确地了解和识别客户关系，对客户有一个清晰的了解，分析他们的购买习惯，预测将来的消费趋势。

总体来讲，客户数据仓库的建设和维护存在四个方面的难点。

（1）客户数据的集成。客户数据集成（Customer Data Integration, CDI）技术具有光明的发展前景。对一个有远见的企业来讲，CDI 将带来变革性的变化，对有效改进客户获取和保留、提高客户服务质量、提高客户忠诚度、最大化每一个客户的 LTV 是有益的。

对来自不同数据源的客户数据进行匹配、合并是很复杂的工作。有两种集成的方式，第一种集成方式是把所有数据源中有关一个客户的所有数据集合在一起。第二种方式是通过揭示客户与客户之间的关系，达到识别客户关系的目的。比如通过识别一个企业客户或一个家庭的特性和购买习惯，提供个性化服务，从而提高客户份额。这两种集成方式对绝大多数客户数据仓库和一对一客户画像系统来说都是至关重要的。

由上可知，一个集成的客户数据环境一方面能提供一个统一的客户视图，另一方面能帮助了解客户之间的关系。换句话说，企业若能在清洁的、准确的客户数据基础上进行市场预测、销售分析、客户服务等面向客户的决策，企业将因为能准确预测客户的需求而能轻松地挽留客户。

（2）作为客户数据仓库建设的重要组成部分，对客户姓名与地址等事实数据的识别、匹配和合并有一定难度，有时候需要引入专业工具和专业知识。

（3）客户数据的更新具有自己的特点，它不是完全更新，也不是每次并入一部分新客户数据，而是多种更新方式的综合。

（4）它需要两种工具。其一是数据转换工具，其二是数据清理工具。数据转换工具满足了客户数据仓库的建设和维护需求，它的主要功能是数据抽取、转换和装载（ETL）。但它没有对姓名和地址等事实数据的清理、模糊匹配和合并的功能，与已有的客户数据进行同步、对比、更新能力比较弱。并且这些工具是为简单的数据抽取和装载服务的，客户数据合并的能力较弱。它的主要目标是为 OLAP 服务，而不适用于处理粒度很小的客户数据。

数据清理工具可以满足一些特别的需求，没有提供客户数据仓库建设和维护的功能。所有这种类型的工具都专注于姓名和地址等事实数据的清理，在一定程度上完成数据转换工具不能胜任的处理工作。所以，两种工具都是客户数据仓库建设所必需的。

4. 基于客户数据仓库的客户分析和知识发现

客户数据仓库是客户在线分析、客户知识发现的理想环境。

基于客户数据仓库的应用有三类：客户数据处理、客户在线分析、客户知识发现。

（1）客户数据处理：支持查询和基本的统计分析，并使用报表、图表或图进行呈现。客户数据处理是将客户数据按业务的格式进行发布。

（2）客户在线分析：支持基本的 OLAP 操作，包括切片与切块、下钻、上钻和旋转。客户在线分析可以作用在汇总的或者明细的历史数据上。与客户数据处理相比，OLAP 的主要优势是它支持客户数据仓库的在线多维分析。

（3）客户知识发现：支持知识发现以找出隐藏的客户消费模式和规则，或者通过构造分析模型进行分类和预测，并用可视化工具展示知识发现结果。

客户数据处理是基于查询的，即直接反映存放在客户数据仓库中的客户数据，或者完成简单的数据统计任务。客户数据仓库不一定是客户数据唯一存储区域，取决于需要对客户数据进行哪些分析和应用。而客户在线分析和客户知识发现（尤其是客户知识发现）需要在集成的、一致的和清理过的客户数据上运行，这需要繁重的数据清理、数据变换和数据集成作为预处理步骤。经过这些步骤而构造的客户数据仓库不仅是客户在线分析也是客户知识发现的高质量的、有价值的数据源。客户数据仓库并非客户知识发现的唯一选择，“客户数据仓库对知识发现并不是必需的，但建立客户数据仓库就是为了知识发现”。

4.2.2 客户知识发现

无论是商业企业、科研机构或者政府部门，在过去若干年的时间里都积累了海量的、以不同形式存储的数据资料。然而，当面对越来越多迅速膨胀的超级数据库时，人们却无从着手去理解数据中包含的信息，更难以获得有价值的知识。原有的决策支持系统（DSS）和经理信息系统（EIS）也不能很好地满足这种需求。知识发现有助于挖掘出蕴藏在数据中的信息和知识，能够解决上述管理决策过程中存在的难题。知识工程与知识发现具有一脉相承的关系。

4.2.2.1 客户知识发现的概念

本书从探寻知识发现和数据挖掘的关系入手理解客户知识发现。

知识发现与数据挖掘是存在交叉的两个概念，本书第 2 章对两者的关系进行了论述。数据挖掘是知识发现的一个阶段，而且是核心阶段。知识发现是从大型数据库的数据中提取人们感兴趣的知识。这些知识是隐含的、事先未知的、潜在有用的信息。结合知识发现的定义，本书是这样定义客户知识发现的。

客户知识发现，是从集成的客户数据中发现客户的消费偏好、喜欢选用的接触渠道、消费行为特征、行为预测等隐含的、事先未知的、对优化客户关系有用的客户知识的过程。

本书从知识工程的角度认识客户知识发现和客户数据挖掘，得出以下结论。

（1）客户知识发现是把低级别的客户数据转化为高级别客户数据的过程。所谓高级别客户数据，是具有特殊含义的客户数据。在具体应用中，根据不同的使用阶段和价值，又细分为客户信息和客户知识：

① 客户信息可被理解为有特殊意义的客户数据；

② 客户知识则表达为在特定应用领域，通过使用有价值的客户信息而在人脑中形成的、具有概括和总结性的客户认识。客户知识可表示为概念（Concepts）、规则（Rules）、规律（Regulations）、模式（Patterns）等形式。

从客户知识发现的整个过程来看（见图 4-6），数据挖掘是客户知识发现实现从客户数据到客户信息和客户知识转变的关键一步。数据挖掘是从大量客户数据中提取可信的、新颖的、有效的模式的高级处理过程。

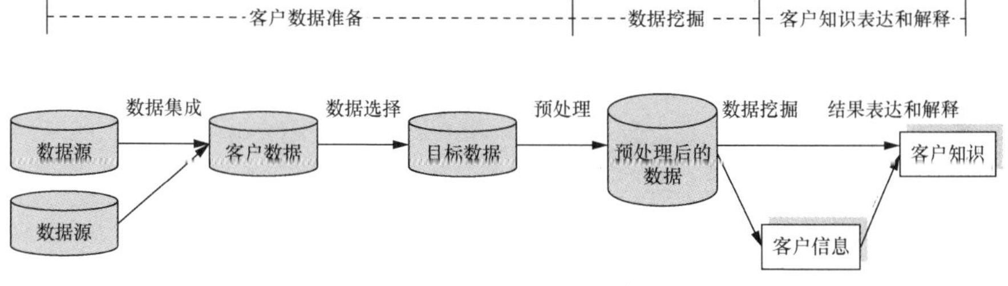

图 4-6　客户知识发现的过程

模式：是一个用语言 L 来表示的一个表达式 E，它可用来描述数据集 F 中数据的特性，E 所描述的数据是集合 F 的一个子集 F_E。E 作为一个模式，来描述数据子集 F_E 中所有元素，比列举数据子集 F_E 中所有元素的描述方法更简单。

模式是客户知识发现中的客户知识的一种表达形式，它给出了数据的特性或数据之间的关系，是对客户数据所包含信息更抽象的描述。模式的表示方式很多，有时或者经常无法用显式的方法描述，最典型的例子是用神经网络挖掘出来的模式是通过连接权值体现出来的。客户知识发现的最后一步——结果表达和解释，负责将客户知识发现的模式用更容易理解的方式，如图形、自然语言和可视化技术等展现在用户面前。

（2）如果把客户知识发现理解为一个过程或系统，数据挖掘是这一过程或系统的一个可自动执行的工具。挖掘算法是数据挖掘的重要组成部分。为解决特定的商业问题，一种或多种算法需要被选择、编译，在适于数据挖掘的数据环境下实施数据挖掘任务。从图 4-6 看出，客户知识发现是部分需要人工参与的多环节过程。

除以上谈到的客户知识发现与数据挖掘之间认知上存在分歧外，人们对 OLAP 和数据挖掘之间同样存在认知上的混淆。正确认识两者的区别，是正确理解客户知识、客户信息、客户数据三者关系所必需的。

Gartner Group 等组织把 OLAP 视为数据挖掘的一部分。数据挖掘包含数据描述和数据建模。OLAP 系统可以提供客户数据仓库中数据的一般描述。

而更多的认知是把OLAP和数据挖掘当作互不相交的两部分。OLAP是数据汇总或者聚集工具，它帮助简化数据分析。OLAP的功能基本上是用户参与的汇总和比较（上钻、下钻、旋转、切片和其他操作）；数据挖掘自动发现隐藏在大量数据中的模式等有价值的知识。图4-7从客户数据、客户信息和客户知识的角度形象地描述出OLAP和数据挖掘的逻辑关系。

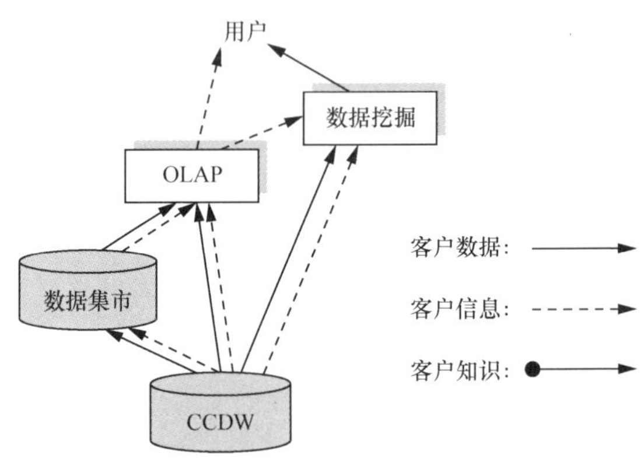

图4-7 OLAP与数据挖掘的逻辑关系

OLAP与报表有一点是共同的，那就是仅能提供对客户的过去事实的描述。只有数据挖掘能帮助预测客户的未来。表4-4进一步解释了OLAP与数据挖掘的区别。

表4-4 OLAP与数据挖掘的区别

OLAP	数据挖掘
客户对邮件的回应率是多少	能回应邮件的客户具有什么特征
已向现有的客户销售了多少新产品	哪些现有的客户有可能会购买新产品
去年表现良好的前10名客户是谁	最具潜在价值的10名客户是谁
上个月哪些客户没有续约	在未来的6个月中，哪些客户有可能会流失到竞争对手那里
哪些客户拖欠了货款	这个客户的信贷风险高吗
上季度每个区的销售量是多少	明年每个区的期望销售量会是多少

另一点，OLAP大多是限于客户数据仓库中的客户数据。数据挖掘既可

以分析现存的、比客户数据仓库提供的汇总数据粒度更小的数据，也可以分析事务的、文本的、空间的和多媒体数据。

4.2.2.2 客户知识分类

客户知识包括客户的消费偏好、喜欢选用的接触渠道、消费行为特征、行为预测等许多描述客户的知识。按照客户知识的来源不同，本书第 2 章将客户知识分为三类，其中预测性客户知识是使用分析工具和方法得到的用来预测客户需求与响应的知识。预测性知识是体现客户智能的关键性知识，它通过预知客户需求和变化，提前采取措施保留或关怀客户。这里，“预测”的含义是广义的。预测性知识是客户知识中的显性知识（可以直接被不同用户理解的知识），具体依照不同的客户决策活动而细分为以下类别的客户知识。

1. 关联知识（Association Knowledge）

关联知识是反映一个事件和其他事件之间的依赖或关联的客户知识。如果两项或多项属性之间存在关联，那么其中一项的属性值就可以依据其他属性值进行预测。比如，依据某一年龄段的客户购买情况，可以发现在一次购买活动中所购买不同商品的相关性，从而通过该知识预测客户预期购买的商品。交叉销售（Cross-sell）就是对关联知识有效利用的结果。众所周知的发生在沃尔玛超市著名的啤酒和尿布的故事是关联知识的应用典型。

2. 分类知识（Classification Knowledge）

分类旨在生成一个分类函数或分类模型，该函数 / 模型能把数据库中的数据项映射到给定类别中的某一个。既可以用分类知识分析已有的客户数据，也可以用它来预测未来的客户数据。分类知识既反映同类事物共同性质的特征型知识，也反映不同事物之间的差异型特征知识。分类知识的描述形式有两种：一种是显式的（特征概念描述），另一种可以是隐式的（数学函数）。在客户消费行为分析的基础上，通过知识发现可有效地按不同的指标进行客户细分或者分类。

3. 预测型知识（Prediction Knowledge）

预测是根据时间序列型数据，由历史的和当前的数据推测未来的数据，也可以被认为是以时间为关键属性的关联知识。但它的侧重点在于分析数据之间前后（因果）关系，因此要求数据引入时间属性。预测型知识非常适用于寻找事物的发生趋势或重复性模式，比如对客户下一步购买量和购买时间的预测。

4. 聚集知识（Clustering Knowledge）

聚集是对数据分组，把相似的数据放在一个聚集里。聚集和分类的区别是，聚集不依赖于预先定义好的类，不需要训练集。聚集通常作为知识发现的第一步。例如，对于这样一类问题："哪一种产品的促销对客户响应最好？"，首先对客户群做聚集，即对不同类别的客户进行消费行为建模，建模的结果就是聚集知识。根据聚集知识将客户分组在各自的聚集里，然后对每个不同的聚集逐个回答问题。

5. 偏差型知识（Deviation Knowledge）

偏差型知识是对差异和极端特例的描述，揭示事物偏离常规的异常现象，如标准类外的特例、数据聚类外的离群值等。偏差型知识可以帮助企业找到特殊的消费群体，也可以发现哪些客户存在流失的可能性。

6. 客户知识可视化（Description and Visualization）

客户知识可视化严格地讲不是一个单独的客户知识发现任务，它被用来支持其他知识发现任务。可视化是采用图形、图表等易于理解的方式表达知识发现的结果。

4.2.2.3 客户知识发现过程

客户知识发现过程可由三个主要阶段组成：客户数据准备、数据挖掘、客户知识表达和解释。客户知识发现是这三个阶段的反复，如图 4-6 所示。

1. 客户数据准备

数据集成将多文件或多数据库运行环境中的客户数据进行合并处理，解决语义模糊性，处理数据中的遗漏和清洗脏数据等。之后，在处理后的客户数据中选择需要分析的数据集合，以提高数据挖掘的质量。数据预处理是为了数据挖掘达到理想的效果而对数据进行的数据标准化、数据清理等处理。

2. 数据挖掘

数据挖掘通常在以下三部分具备时才变得有效：客户智能需求、大量的客户数据和挖掘算法。客户智能需求是数据挖掘过程前期要明确的工作，其出发点往往是以客户智能理论基础为指导思想。挖掘算法是目前研究的热点之一，研究主要围绕选择适用的挖掘算法解决特定客户智能问题，以及对挖掘算法的改进。由挖掘算法可形成挖掘工具。

（1）通常假设的产生有两种方式。一种方式是系统自动为用户产生假设，称为发现型（Discovery-driven）假设；另一种方式是用户自己对客户数据仓库可能包含的知识提出假设，称为验证型（Verification-driven) 假设。客户知识发现让数据挖掘自动提出假设并进行操作，产生的假设属于发现型假设。

（2）选择合适的工具。

（3）数据挖掘操作。

（4）验证发现的知识。

如果把前三步的工作归结为数据挖掘阶段，那么接下来的工作就进入了第二阶段——验证，见图4-8。数据挖掘会挖掘出许多规则、模式、规律或者概念，有些可以被接受，而有些则是零散的、偏驳的，因此需要验证。

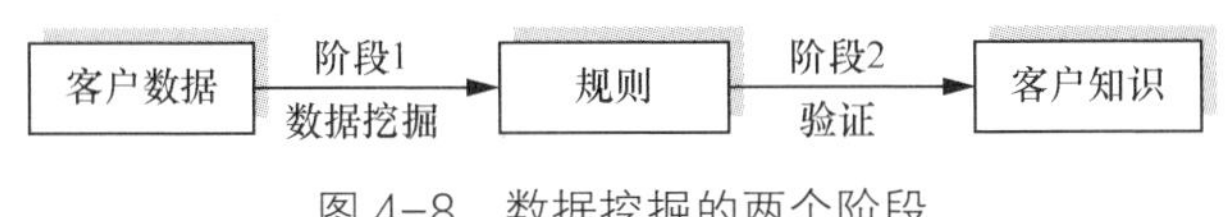

图4-8 数据挖掘的两个阶段

单一规则对一个客户可能不是孤立地起作用，需要从关联规则的上下文连贯来看是否取舍。另外，验证一个规则有时需要选择相当数量的客户群体进行。如针对规则："当买麦片时，John会顺带买牛奶"，需要对大量交易数据进行验证。当确定这条规则是通用的或个性化的以后，会按客户的ID将规则保存到该客户的客户画像中。图4-9是一个客户画像建立过程，它较详细地描述了数据挖掘与验证工作的关系。

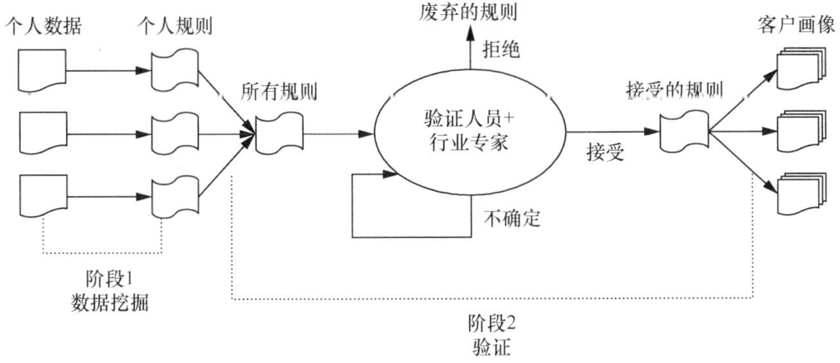

图4-9 客户画像建立过程

其中，验证规则的一种方式是：让行业专家审查规则，判断是否代表客户的实际行为。

在验证中还要考虑客户知识的可扩展性，尤其当客户数目很大时。该规则对同类的客户可能同样适用。

3. 客户知识表达和解释

对提取的客户知识进行分析，通过客户智能系统传递给决策者。这一阶段不仅把客户知识表达出来，而且客户知识发现系统会采用解释和推理机制，将这些客户知识直接提供给决策者，也可以提供给领域专家，修正已有客户知识库供系统共享。如果结果不理想，需要重复以上客户知识发现的过程不断修正。

4.2.2.4 客户知识发现系统

客户知识发现是一个有机的整体，各个部分之间有着密切的关系。客户知识发现系统围绕客户知识的发现任务而建立。挖掘算法是为某一个客户知识发现系统服务的。客户知识发现系统的研究是为了建立科学的系统结构，利于知识发现算法的重用、嵌入，利于算法与系统其他模块有机结合。图 4-10 是一个客户知识发现系统的原型结构。

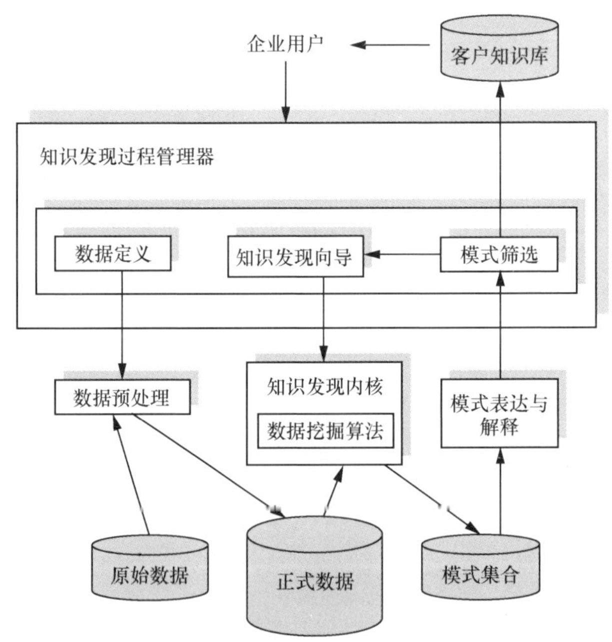

图 4-10 一个客户知识发现系统的原型结构

本书第 6 章分享了智能获客的客户智能案例，智能获客模型库由特征工程、算法库、规则库等组成，可理解为一个客户知识发现系统的实例。

4.2.3 CIS 中的客户知识管理

知识管理信息系统（Knowledge Management Information System, KMIS）可定义为应用 IT 来支持或者影响企业知识管理战略、有效支持企业知识管理各个过程、管理企业各类知识的信息系统。只要能有效支持企业的知识获取、知识生产、知识传播、知识保存及组织学习的信息系统都可以称为 KMIS。比如一个供客户发布信息的 BBS 也可称为 KMIS。可见，KMIS 不仅用来管理显性知识，而且还为企业默会知识的传播提供手段。

从图 2-9 的对照关系来看，KMIS 与客户智能系统是对应的。只不过两者作用的知识类型不同：客户智能系统仅对显性知识进行管理。剑桥 Giga 信息中心的副总裁康妮·摩尔（Connie Mooore）认为，支持知识管理的信息系统至少要包括以下组件：

① 用于生成知识的分析工具；

② 用于协同工作的群件工具；

③ 企业的信息；

④ 网络内容管理工具（网络浏览器和搜索引擎）；

⑤ 智能代理；

⑥ 基于案例的推理；

⑦ 对象数据库；

⑧ 文件管理系统；

⑨ 流程管理工具等。

这些组件大致包括了知识管理过程所使用的信息技术。图 4-2 刻画了客户智能系统的框架。从客户知识管理的角度来看，该框架可从以下几个阶段划分，来帮助理解客户智能系统是如何实现客户知识管理的。

1. 客户知识生产

客户知识生产对应知识管理中的知识开发与创新。从这一点来看，客户知识生产是利用信息技术充分分析和挖掘客户数据中的有价值、隐含的客户知识。这些知识是事先未知的、对面向客户的决策有益的。使用什么样的信息技术及客户知识的实现过程，在本书第 2 章和本章已进行了较详细的论述。

2. 客户知识分发

客户知识必须到达组织内每一个需要客户知识的人或者部门。CIS 将客户知识存储于动态知识库，借助客户智能的系统平台，将客户知识分发到需要的终端。这个过程需要考虑如何分发知识，还要考虑知识分发质量（Quality）和多少（How much）的问题。*How do they know their customers so well* 一文提到一个公司利用一种软件过滤使用者需要和获得知识的例子。更理想的做法是，在组织内部建立客户知识分发的协议（Protocols）与标准（Norms），将特定类型的信息和知识与特定的使用人员联系起来，提高客户知识的使用效率。

客户知识分发的目的是将正确的客户知识以正确的方式传递给正确的人（群），用以解决相应的客户决策问题。在知识管理中客户知识分发称为知识的共享与传播。客户知识分发受企业文化、组织结构、人和信息技术等多方面的影响。客户智能系统支持基于知识库的客户知识的共享和使用，并通过可视化技术，把客户知识展现在用户面前。需要考虑非显性客户知识的共享与使用，同时采用其他知识分发技术（系统），如群件系统（Groupware System）和工作流系统（Workflow System）。

能够支持企业员工协同工作的软件都称作群件。群件在支持员工协同工作的同时，也将知识在员工中传播。诸如电子邮件系统、BBS、CSCW（Computer Supported Cooperative Work，计算机支持协同工作）、GDSS（Group Decision Support System，群体决策支持系统）等系统都是典型的群件系统。

工作流是一类能够完全或部分自动执行的经营过程，它根据一系列过程规则使文档、信息或任务能够在不同的企业员工之间进行传递与执行。工作流系统定义了完成整个过程所需的各种参数。这些参数包括对过程中每一个单独步骤的定义、步骤间的执行顺序和条件及数据流的建立，每一步骤由谁负责及每个活动所需要的应用程序。可见工作流系统能有效控制知识的流向。

在客户发展战略的指导下，企业完全成为以客户知识为驱动力的互动体（见图 4-11），客户知识是企业运作的核心。客户智能系统根据客户发展战略的决策问题，将客户知识分发给需要的职能部门或人员，达到以客户为中心的协同工作的目的。比如针对某个客户的个性化需要，制造部门会接收到客户智能系统分发的客户知识，开展制造加工，并将制造流程信息反馈给客户服务部门；客服人员会结合客户知识通知该客户详细的供货细节；等等。

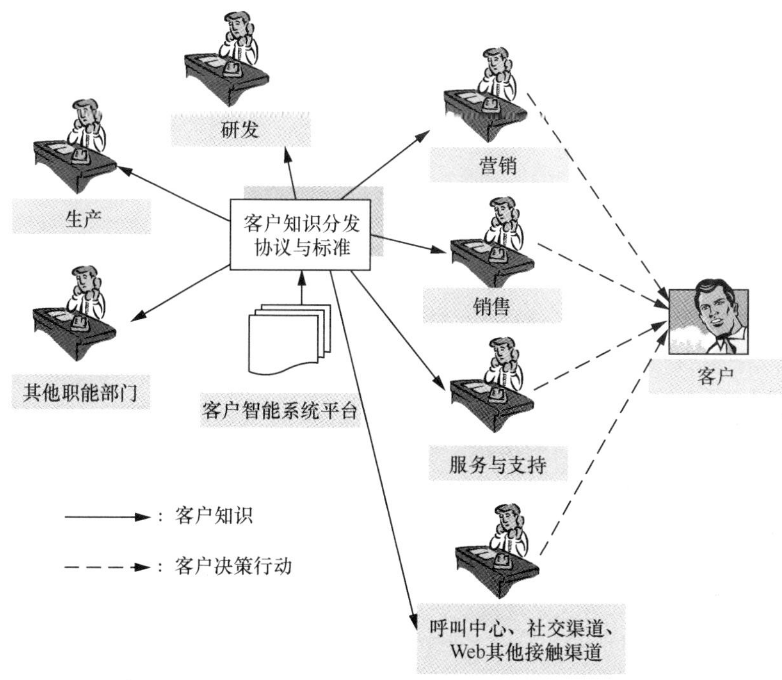

图 4-11　一个以客户知识为驱动力的企业

花王株式会社是日本的一家化妆品制造商，开发了一个名为客户响应的客户知识管理系统，用来处理客户咨询和投诉，并将答案存储在一个称为增值网络（Value Added Network）的系统中。该系统对不同的客户知识运用不同标准进行分类，并将客户知识送达有关部门，如客户投诉可能被送到研发、生产或营销部门。

本书第 9 章客户智能案例部分描述了客户智能中心为企业收集、定义、分发影响客户体验的信息（包括影响客户决策的客户知识），使企业具备了“智能化驱动”的特质。

3. 客户知识保存

客户知识可表示为概念、规则、规律、模式等形式。同一形式的客户知识又具有多种表示方式。知识工程学认为，不同的知识结构都有其针对性和局限性，而且同一领域知识可采用不同的知识表示结构来表示。在实际应用中所采用的知识表示方式同知识的组织、知识的结构和知识的使用方式密切相关。知识表示模式的选定目前还没有统一的准则和标准，在选择知识表示模式时应依据具体情况来选定。常用的几种知识表示方式有：

① 产生式表示法；

② 语义网络表示法；

③ 框架表示法；

④ 谓词表示法；

⑤ 面向对象表示法；

⑥ 基于范例表示法；

⑦ 基于知识体表示法等。

本书第 5 章客户智能案例部分，对客户分类算法发现的结果——客户分类模式，采用了 BP 神经网络的客户知识表示方式。

4.3 客户画像

客户画像是基于客户数据仓库和客户知识库的关于某个客户的逻辑视图。也有人在研究客户知识时，把客户画像视为客户知识的同义词。

1. 客户画像的内容

完整的客户画像包括两个部分：事实（Factual）画像和行为（Behavioral）画像。事实画像包括姓名、生日等取自客户数据仓库的事实数据，它是对客户属性的静态描述。事实画像还包括从交易数据中获得的客户信息或客户知识，以及收集到的客户信息或客户知识，如：

（1）这个客户最喜爱的啤酒品牌是喜力；

（2）这个客户上月最大的购买金额为 237 美元。

这部分事实画像已属于客户信息或客户知识的范畴，它们或许是通过交易数据的分析、客户知识发现获得的，或许是通过其他渠道收集到的。对客户进行静态描述是事实画像的实质，是与具有动态描述特性的行为画像的本质区别。

行为画像则描述从交易数据中（以交易数据为主）获得的、对客户行为进行的建模，比如：

（1）当购买麦片时，John 常顺带购买牛奶；

（2）在周末，John 在日用百货的消费额常常超过 100 美元。

行为画像所包括的内容大多数是通过客户知识发现过程发现的客户知识。这些客户知识在被发现之前是隐含的、未知的，但对优化客户关系具有巨大的指导作用，是客户画像的核心。

2. 个性化（Personalization）：一对一客户画像

实践证明，产品和服务的个性化是保持良好的客户关系的有效手段。个性化是利用客户偏好和消费行为的有关客户知识，向客户提供差异化产品和服务的能力。它是一个往复的过程。对客户一对一建立客户画像系统和使用客户画像系统（见图 4-12），可针对性地提供个性化的产品和服务。

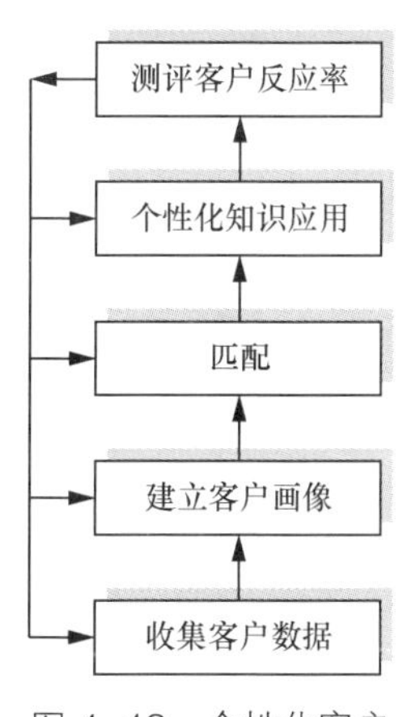

图 4-12　个性化客户画像实现途径

（1）收集客户数据。个性化客户画像始于客户数据的全面收集。将这些数据整理和清理后同步至客户数据仓库。

（2）建立客户画像。图 4-9 较详细地介绍了客户画像建立过程。由于客户画像是一个关于客户的逻辑视图，它的一部分内容是上一步收集到的客户数据。另一部分内容是与客户知识有关的内容和存储，它体现客户画像的“智能”这一特性。企业通过使用客户画像中的客户知识，达到满足客户个性化需求等客户智能的目的。

（3）匹配。匹配是将客户画像中正确的信息传递给正确的客户的过程。匹配可有多种方式，它取决于企业的商业模式和使用信息技术的程度。BroadVision 公司和 Art Technology 公司使用商业规则将客户知识匹配给相应的客户。其他还有基于内容（Content-based）和联合过滤（Collaborative Filtering）的匹配方式等。基于内容的匹配是参照该客户过去类似的经历进行匹配，而联合过滤则参照其他客户过去类似的经历进行匹配。

（4）个性化知识应用。个性化知识应用是指客户知识的分发和使用。

（5）测评客户反应率。客户反应率测评是企业用来评估把个性化客户知识应用到客户决策行动之后，企业是否获得更多新客户以及客户忠诚度是否得到提高等一系列的客户反应指标。图 4-12 中，测评效果会反馈给其他四个过程，分别判断是否需要收集更多客户数据，是否需要获取更多客户知识，是否需要更好的匹配算法以及是否需要改进个性化知识应用等。

4.4 I-CRM

CRM 几乎已成大家的共识。成功的 CRM 实施通过获取和分析客户消费行为，不但能提高客户营销和服务业务的质量，而且有利于建立与客户长期的、更加亲密的合作关系。笔者在近 20 年客户营销和服务数字化转型实施中，成功辅导银行、零售、汽车、制造、电子、家电等行业几十家企业的 CRM 咨询和应用。

CRM 是客户智能研究的出发点之一，通过利用客户智能理论和系统来弥补当前 CRM 理论研究和应用上存在的局限性，完善企业对 CRM 的认识和实施。

4.4.1 CRM 理论研究和应用的局限性

当前，CRM 概念营销和应用方兴未艾。但业界缺乏对 CRM 的正确把握。首先应认识到 CRM 绝非一个与客户有关的软件系统所能包容得了的事物。CRM 理论基础是 CRM 概念的核心，是所有基于 CRM 的应用的理论指导，见图 4-13。其次才是 CRM 解决方案。CRM 解决方案是结合了先进的 CRM 理论基础以及先进业务模式，并采用 IT 的新成果，为 CRM 理论基础的实现构筑了现实的信息平台。单独一个软件产品还不能称为 CRM 系统。企

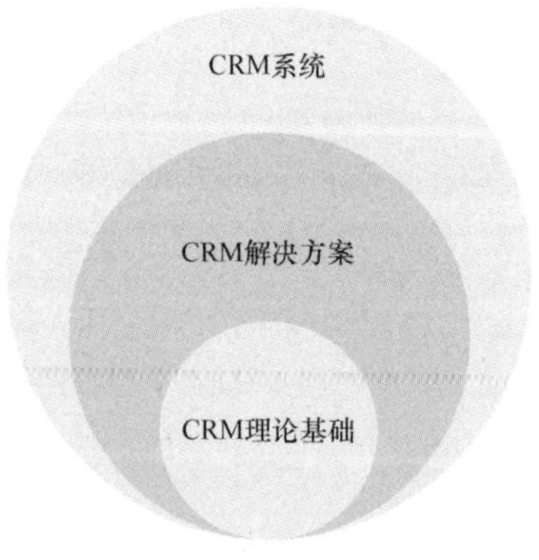

图 4-13 CRM 概念层次

业要想得到一个良好运作的 CRM 系统，选择一个适合自己业务背景的 CRM 解决方案仅仅是第一步。其次必须通过科学的实施，根据 CRM 解决方案所支持的方式优化企业的业务过程，才能形成最终能为企业带来效益的 CRM 系统。CRM 理论基础、CRM 解决方案、CRM 系统三者之间的关系是层层递进的。

总括产业界和学术界对 CRM 的认识，大致上可以把这些认识分为以下三类，并有各自的局限性。

（1）CRM 遵循客户导向的战略，对客户进行系统化的研究。通过改进客户服务、提高客户忠诚度，不断争取新客户和商机。同时，以强大的信息处理能力和技术力量确保企业响应客户诉求更高效，力争为企业带来长期稳定的利润。这类认识基本都是从战略和理论的宏观层面对 CRM 进行的界定，往往缺少明确的实施方案、方法。

（2）CRM 是一种旨在改善企业与客户之间关系的新型管理机制，它实施于企业的营销、销售、服务与技术支持等与客户相关的领域。一方面通过对业务流程的全面管理来优化资源配置、降低成本；另一方面通过提供优质的服务吸引和保持更多客户、增加市场份额。这种认识的重要特征是从企业管理模式、经营机制的角度定义 CRM。

（3）CRM 是企业通过技术投资，建立能搜集、跟踪和分析客户数据的系统；或者增加客户联系渠道、客户互动；或者在现有系统中增加有利于客户渠道和企业后台应用整合的功能模块。CRM 主要功能范围包括销售自动化、客户服务和营销自动化、呼叫中心等。这主要是从微观的信息技术、软件及其应用的层面对 CRM 进行定义，在与企业的实际情况和发展的结合中往往存在偏差。另一个明显的缺点就是此类 CRM 应用缺乏持续的生命力。

上述三类关于 CRM 的认识，就其实质来讲，孤立地分别从战略、管理、技术实现三个层面看待问题，在特定问题或特定环境下，都有其特定的价值。但就对 CRM 进行整体、系统、完备和深入认识的要求来讲，它们都仅是涉及问题的个别部分的描述和界定。

4.4.2 I-CRM 定义

当前业界对 CRM 应用研究的重视程度远高于对 CRM 理论的研究。尤其

CRM 理论基础的研究基本停滞在消费行为、消费心理、市场营销等基本的研究领域。由于没有相对权威的共识，追求 CRM 应用的企业和个人倾向于以自身的优势或者利益为出发点来解释和应用 CRM。于是许多种以 CRM 为核心概念的理论便形成了。仅列举如下。

1. 可扩展 CRM

可扩展 CRM 是可满足企业两个级别需求的 CRM：协同级——要求企业的销售、营销、服务三个部门能协同工作；企业级——能够满足企业进一步的需要，实现企业前台与后台的集成。

2. 操作型 CRM

操作型 CRM 强调各职能部门的业务流程自动化，注重客户触点（销售、市场、客户服务方面）的业务流程自动化。

3. 协作型 CRM

协作型 CRM 强调客户、员工、商业伙伴的协作。通过协作界面的使用，使得客户、员工、商业伙伴实时交流。操作型 / 协作型 CRM 往往强调功能强大的客户交互和销售管理功能，强调与客户的接触渠道的建设。

4. 分析型 CRM

分析型 CRM 强调商务管理的数据分析和特殊客户的数据分析。与操作型和协作型 CRM 相比，分析型 CRM 不仅能够完成销售过程自动化、营销自动化以及建立管理人员 / 销售人员 / 客户之间的协作关系，还能够提供对销售数据的多维分析功能；分析型 CRM 的主要功能不是集中在 CTI（计算机电话集成）、业务流程等技术或者应用上面，它更注重的是对已经采集的业务数据的分析和处理。

5. E-CRM（Electronic CRM）

E-CRM 是基于互联网平台和电子商务战略的 CRM。

6. KCRM（CRM Based on Knowledge）

KCRM 应用电子商务关系管理的知识管理原则，强调知识管理对 CRM 的支持。KCRM 是知识管理、合作关系管理和电子商务的交叉点。

迄今还没有发现权威的关于 CRM 的理论体系。大量零散的、不成体系的研究成果所表达的信息是，CRM 接近于个性化营销或者一对一营销，有些甚至直接将 CRM 与一对一营销等同。

基于营销的 CRM 与基于客户关系的 CRM 存在本质上的差别。前者并没有超越销售自动化、营销自动化等部门应用的范畴，局部系统优化、局部信息化所带来的弊端仍不可避免。基于客户关系的 CRM 是以客户关系为导向的战略思想、管理体制和应用的综合。

（1）良好客户关系的保持和改进不仅包括营销、销售、客户服务与支持的自动化，而且包括企业自上而下的、以客户为中心的发展战略。

（2）基于客户关系的 CRM 包括一系列企业组织体系和业务流程的优化。

（3）基于客户关系的 CRM 包括与客户关系有关（直接的、间接的）营销、服务活动的电子化、自动化。

（4）达到以上目的所使用的先进信息技术、软硬件解决方案的总和。

不难看出，基于客户关系的 CRM 与客户智能系统在思想上、实现上是一致的。正是受这一发现的启发，本书提出了 I-CRM（Intelligent-CRM）的概念。之所以提出这样一个概念，除以上谈到的几点之外，还涉及以下认识和观点。

（1）I-CRM 并没有超越 CRM 的本质，提出 I-CRM 主要为了区别广为人们所认识的基于营销的 CRM，以及其他提法。

（2）I-CRM 的本质是基于客户智能的 CRM 系统，因此属于图 4-2 所描述的客户智能系统中的一种。

正是基于以上认识，本书是这样定义 I-CRM 的。

I-CRM 是以客户为中心的理念和解决方案。它以优化和改进客户关系为战略指导思想，以客户知识的智能化为实现基础，通过优化的企业组织和业务流程，达到与客户之间的高效、快捷的互动，提高客户满意度和忠诚度，从而给企业带来长久利益。

对 I-CRM 定义的解释可从以下三个方面展开。

（1）I-CRM 是企业为提升核心竞争力，树立以客户为中心的发展战略，并在此基础上开展的包括判断、选择、争取、发展和保留客户所需实施的全部商业过程。

（2）I-CRM 是企业以客户关系为重点，通过开展系统化的客户研究，通过优化企业组织体系和业务流程，提高客户满意度和忠诚度，提高企业效率和利润水平的工作实践。

（3）I-CRM 是企业在不断改进与客户关系相关的全部业务流程，最终实现电子化、自动化运营目标的过程，是创新并使用先进信息技术和软硬件、优化的管理方法、解决方案的总和。

本书构造出了基于客户智能的 CRM 系统架构——I-CRM 系统。该系统架构刻画了 I-CRM 的实现过程。本书还探讨了反映客户智能实质和实现机理的逻辑结构。I-CRM 逻辑结构描述了 I-CRM 实现的内在机理。

4.4.3 I-CRM 系统架构

图 4-14 是基于客户智能的 CRM（I-CRM）系统架构。其主要特点有：

（1）从数据源层获取的客户数据经过 ETL（抽取、转换、装载）、清洗后以数据存储层的 CCDW 或数据集市的形式存储；

（2）应用支持层提供了报表查询、OLAP、知识发现分析决策工具，将之作用于客户数据。该过程产生的有价值的客户知识存储于动态客户知识库中；

（3）互动层提供了 I-CRM 使用客户知识从而有效影响客户决策的渠道或者交互。

在技术实现上该架构具有以下特点。

（1）I-CRM 有自己独立的数据存储中心，不依赖于业务系统。

（2）I-CRM 的数据存储中心存储客户统一视图的明细数据，可以直接被商业活动管理使用，比如客户查询等。OLAP 可以应用在数据存储中心，进行客户分析和统计。知识发现需要的数据一般从数据存储中心按需要抽取。

（3）I-CRM 在互动层提供多种渠道与客户接触，如 E-mail、呼叫中心、智能客服、服务公众号、客户自动门户等。

（4）商业规则与元数据管理贯穿 I-CRM 的整个架构。

（5）图 4-14 中描述的知识库是存储客户知识的场所，它与传统的 DSS、EIS 中的知识库有很大区别。I-CRM 系统的知识库内容可以不断地自动修正或更新，是一种动态结构，而不像 DSS、EIS 中的知识库是很少发生变化，或者人为修正的。

（6）任务管理器封装了客户智能的商业对象，支持事务处理、分析处理的协调，支持系统的重用和维护。

（7）EIP（Enterprise Information Portal，企业信息门户）提供了用户获取信息的统一界面。通过这个界面，I-CRM 将客户知识分发在包括事务型系统在内的所有企业应用，使 I-CRM 成为企业应用的核心并促进企业集成。

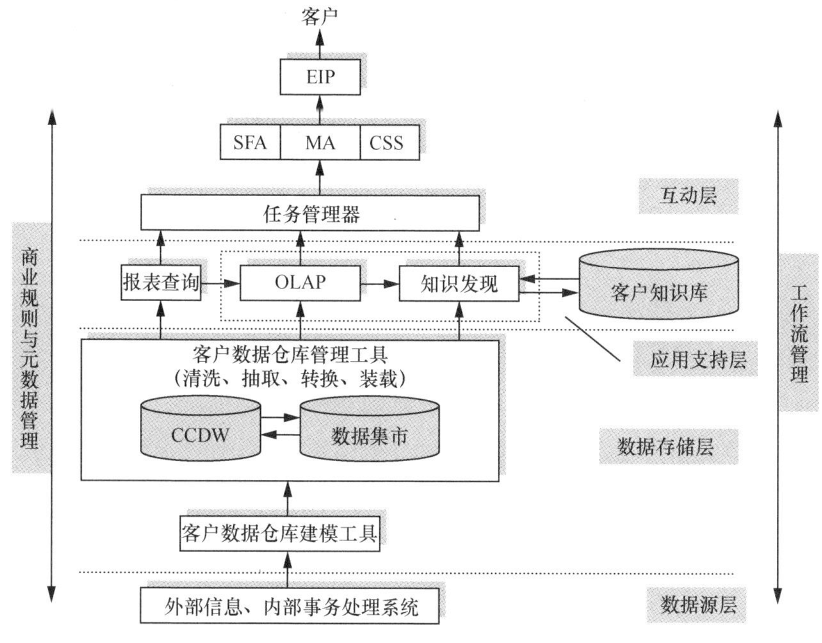

图 4-14　基于客户智能的 CRM（I-CRM）系统架构

图 4-14 中，数据源层代表数据的收集，互动层是将分析、处理的结果直接作用于客户，可以归为操作层面；应用支持层是 I-CRM 的分析、处理层面，称为分析层面；数据存储层为操作层面和分析层面提供统一的客户视图，归为统一视图层面。I-CRM 逻辑结构见图 4-15。三层之间的关系为：

（1）统一视图层面为操作层面和分析层面提供数据支持，见图 4-15 所示的内圈；

（2）操作层面为统一视图层面收集数据，将分析层面的决策支持结果加以执行，见图 4-15 所示的外圈；

（3）分析层面为操作层面提供技术支持、算法支持、企业建模支持，见图 4-15 所示的中圈。

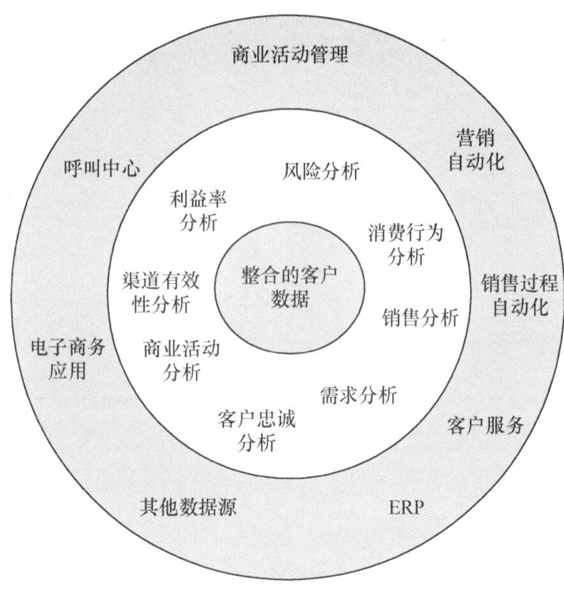

图 4-15　I-CRM 逻辑结构

按以上框架构建的 I-CRM 具有以下特点。

（1）强大的决策分析功能和整合的客户数据是 I-CRM 科学、正确地实现客户智能的基础。决策分析的主题体现了客户智能理论基础所能涉及的所有内容，如利益率分析、客户忠诚分析、消费行为分析、渠道有效性分析等。这些分析的结果（客户知识）指导企业更有效地满足客户需求和期望。同时，对企业来讲，不但要实现从以产品为中心到以客户为中心的战略转变，而且应对客户的策略也必须做出转变，如采用有益于提高客户满意度与忠诚度的营销策略、注重客户生命周期价值而不是一两次交易的收益等。

（2）I-CRM 创造和具备了使客户价值最大化的客户决策和分析能力。通过测评客户需求、预测消费行为、衡量客户满意和忠诚，评估客户带给企业的价值以及提供管理报告、建议和客户价值分析，并将分析结果反馈给管理层和企业各职能部门，使企业领导者权衡信息做出全面及时的客户决策。

4.4.4　I-CRM 中的客户智能

可以认为，图 4-15 中的分析层面和统一视图层面是客户智能在 I-CRM 中的主要体现。I-CRM 中的客户智能可以概述为为了支持创造客户价值而进行的客户分析，如客户价值分析、销售绩效分析等。结合图 3-5 描述的客户生命周期，I-CRM 的基础流程可总结为：客户获取、客户接触、客户保留、客户增值。在 I-CRM 所有基础流程中，客户智能实现了对客户生命周期不同阶段的支持，I-CRM 逻辑结构（见图 4-15）大致描述了客户智能与 I-CRM 基础流程之间的这种支持关系。表 4-5 对 I-CRM 中的客户智能实现做了总结。

表 4-5　I-CRM 中的客户智能

阶段	客户智能	内容 / 描述
客户获取	营销智能	• 客户线索（leads）有效性分析：对比客户线索与客户的交易和营业额 • 商业活动有效性分析 • 客户份额分析 • 营销成本分析 • 渠道分析：渠道盈利率分析
	销售智能	• 销售预测 • 盈利率分析 • 营业额分析
	客户细分智能	根据客户消费行为特征、LTV 细分客户
客户接触	渠道分析	根据客户偏好选择接触渠道
	客户自助服务智能	• 支持统计：分析呼叫量、解决的问题、状况等自助服务支持 • 服务合同：通过服务和维护频率决定服务 / 维修合同
	客户支持响应分析	分析接触渠道的有效性
客户保留	客户保留风险分析	通过 KDD 确定流失客户的特征，分析现有客户
	客户支持成本分析	通过客户特征分析，判断客户服务 / 支持级别
	客户获利性分析	计算客户 LTV
	产品服务分析	确定服务趋势、产品趋势，确定技术人员价值
	产品维修分析	• 产品缺陷分析 • 产品趋势分析
客户增值	客户需求分析	利用客户知识确定改善的机会，满足潜在需求
	交叉 / 向上销售智能	• 交叉销售分析 • 向上销售分析

4.4.5 以 I-CRM 为核心的企业集成

1. 以 I-CRM 为核心的 EEA 环境

在企业通过网络技术走向全球化之前，企业应用是面向企业内部的，如 ERP、财务、HRM 等应用系统。这种运作方式在网络经济下愈发显现出与企业发展目标的不协调。新环境下的企业应用要求必须由面向企业内部转向企业外部，简单地讲，是面向客户、供应商、分销商等外部应用。这种应用结构称为扩展的企业应用（Extended Enterprise Application, EEA）。

只有将企业的内、外部应用集成为一个完整的价值链，才能称为完整的 EEA。从图 4-16 描述的 EEA 总体结构看，EEA 明显的特征在于信息在更广应用领域的分布和共享。ERP 等企业内部应用系统已不再是企业的核心，企业更多关注的是能够直接和市场、客户接轨的应用系统。在 EEA 中，企业内部应用（如 ERP）是基础，为企业外部应用（如 SCM 和 I-CRM）提供分析和决策的基础数据。

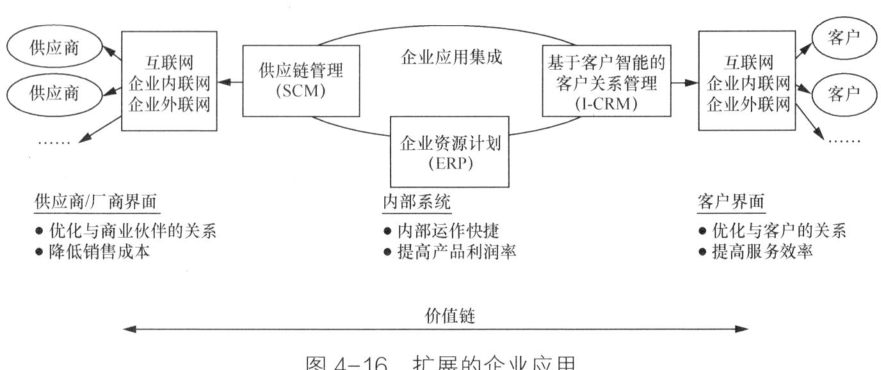

图 4-16 扩展的企业应用

2. I-CRM 与 BPR

EEA 不但强调企业内外部应用的集成，更强调后台应用（Back-office，如 ERP）对前台应用（Front-office，如 I-CRM）的支持。对大多数企业来讲，这是一个转变的过程。这种转变带来的一种可能是有些内部应用的业务流程已不再符合外部应用快速、准确响应市场的要求。这时必须要求业务流程重组（BPR）思想的导入。

3. I-CRM 与 EC

有关电子商务（EC）和 CRM 关系的探讨意见不一，有的认为电子商务理所当然包括 CRM，有的认为电子商务是 CRM 整体战略的一部分。Siebel 公司的 House 认为电子商务和 CRM 是两个相互影响的系统，并且，“在未来，电子商务不仅给 CRM 提供环境，电子商务就是 CRM。”

电子商务从狭义上讲，指在网上进行的交易活动，包括通过互联网买卖产品和提供服务；从广义上讲，电子商务还包括企业内部的商务活动（如生产、管理、财务等），以及企业间的商务活动。电子商务缩短了交易的流程时间，保证企业做到对市场的快速响应，然后以自己独特的经营模式去留住客户。

电子商务的基础之一是企业数字化转型，尤其是成熟的企业内部管理信息化。对于实施 ERP 等内部应用系统的企业来讲，电子商务和 I-CRM 是以其为基础的两大发展趋势。并且这两大趋势具有集成和一致性的必要性。

4.5　本章小结

本章的主线是探讨构建什么样的客户智能系统（CIS）、如何去构建。沿着这条主线，本章依次论述了以下问题：CIS 框架、CIS 实现、客户画像、I-CRM。

在介绍 CIS 框架时，本章论述了 CIS 中的商业对象实现。接下来本章比较了 CIS 与 DSS、EIS、IDSS 的区别；还阐述了 CIS 的研究内容、发展趋势、影响因素等。

CIS 实现部分重点介绍了两个关键问题：统一的客户视图、客户知识发现。统一的客户视图部分论述了客户数据仓库的内容、构建客户数据仓库需要注意的问题等内容。如何川客户知识发现生成客户知识是本书的另一个研究焦点。本章论述了客户知识发现的概念、客户知识分类及客户知识发现过程等研究内容。本章还就 CIS 中的客户知识管理进行了论述。

客户画像是关于客户的逻辑视图，本章对客户画像进行了定义和实现上的研究。

CRM 是本书进行客户智能研究的出发点之一。针对目前 CRM 理论研究和应用上存在的局限性，本章提出了 I-CRM 的定义、系统架构。I-CRM 是 CIS 的一种实现。

本章的主要创新点：

（1）客户智能系统框架、研究内容；

（2）客户视图的内容、实现；

（3）客户知识发现；

（4）I-CRM。

第 5 章

客户分类：客户智能在金融机构的应用

客户分类是客户知识发现的常见任务之一，是将整个客户群划分为具有不同需求或不同响应的细分客户群的行为。同一客户群的消费行为方式相似或者有类似的需求。

客户分类有助于企业细分目标客户、目标市场，采取差异化战略。按照企业不同的需求，会有不同的客户分类标准，比如客户满意分类、客户忠诚分类、客户价值分类等。由于客户价值研究和应用的重要性在市场营销领域日益凸现，基于客户价值的客户分类将成为一种趋势。

分类知识反映同类事物共同性质的特征型知识和不同事物之间的差异型特征知识。客户分类知识旨在生成一个分类函数或分类模型，该函数 / 模型能把客户数据仓库中的数据项映射到给定类别中的某一个。既可以用分类的客户知识分析已有的客户（数据），也可以用它来预测未来的客户行为（数据）。本章以某商业银行的客户分类为例，介绍实现客户知识发现类型的客户智能的一般过程，可作为其他类别客户智能实现的参考。

5.1　业务背景

随着经济的进一步全球化，我国金融领域的进一步开放已是大势所趋。

金融业竞争日益激烈，金融企业不断增多，对客户的争夺越来越激烈。现代金融业的竞争和发展已开始突破传统业务的框架，进入一个以客户为中心的变革时代。在激烈的竞争中留住客户，将是各银行竞争成功的关键。

根据笔者多年辅导商业银行数字化转型的实践，客户智能理论在商业银行中的应用可以说是在诸多行业中最具成效的。商业银行要能在与客户互动的同时，立即将客户的行为与偏好等信息记录在客户数据仓库中，并随时抽取这些资料进行产品与客户间的关联分析，以掌握客户的潜在需求，并将结果转化为客户知识。此外，基于客户价值的客户分类可以参考影响客户生命周期价值的因素和客户某一段时间的累计消费将客户分类，根据客户分类结果进行差异化营销和服务。比如，对于高价值的客户给予特殊优惠，以争取更高的客户占有率。基于客户知识的客户智能应用还包括客户流失性分析（Churn Analyds）、客户信用记分（Credit Scoring）、欺诈发现（Fraud Detection）等。

在笔者近 20 年客户营销和服务数字化转型实践中，客户分类（有的称客户细分、客户标签、客户群等）几乎是所有辅导过的客户营销和服务数字化转型案例中最基础、必要的功能。尤其金融机构在很多业务场景上对客户分类有严格的要求，像笔者交流过的金融机构——中国人民银行总行、中国人寿保险总公司、福建兴业银行北京分行、中国银行总行、上海浦东发展银行、星展银行（新加坡）、星展银行（中国香港）、亚洲基础设施投资银行（亚投行）、新加坡交易所、泰达宏利基金、泰康人寿等，在多种业务场景下都对客户分类有明确的需求。笔者在与这些单位有关负责人的交流过程中，进一步认识到在这些行业加强客户智能研究、应用的重要性和迫切性。

本章以各家银行关心的如何做好客户分类这一业务场景进行客户智能体系的应用。商业银行对公业务客户可分为三大类：工商企业类客户、机关团体类客户及金融同业类客户。本案例以工商企业类客户为研究对象。

5.2 客户分类目标

今后我国银行业对客户资源特别是优质客户的争夺将会异常激烈。由于客户及客户价值的多样性，恰如其分地根据客户价值的大小进行客户分类已成为我国商业银行制定适合自身特点的客户营销战略的一项刻不容缓的基础性工作。合理的客户分类是客户关系经济学的核心，有利于企业建立与客户之间的长期学习型关系。在本书研究的客户智能体系中，客户价值是客户智能理论基础之一。按客户价值进行客户分类，有利于识别出企业的价值客户，有利于根据客户对商业银行的价值大小采取不同的保留措施，有利于科学地对客户关系进行改进和优化、提升企业的核心竞争力。

本书将“客户价值”概括为从客户出发的价值——客户让渡价值和从企业出发的价值——客户关系价值的综合体，并给出客户价值的数量计算方法。受当前商业银行的会计体系等因素的制约，从客户角度出发获取客户的客户让渡价值进而进行分析的难度较大。本案例计算的客户关系价值是在客户现状的基础上，预测未来客户价值，以此作为客户对商业银行价值的贡献。

客户智能的动机之一是兼顾企业长期利益，对客户关系进行改进和优化。提高客户忠诚度的机制（见图 3-20）认为提高客户忠诚度的关键步骤之一是客户分类。而客户生命周期价值（LTV）的研究结论认为，客户 LTV 是对客户进行分类的主要参照依据。这样做的好处体现在：按客户 LTV 进行分类、排序，企业会发现不同客户对企业的价值贡献大小，从而采取相应级别的客户保留或者服务措施。比如对贵宾客户和一般客户，客户保留或者服务措施会有所差异。

基于客户价值进行客户分类的不同商业银行，其对客户价值分类的目标可能不同。结合某商业银行的业务，案例中基于客户价值的客户分类存在以下分类目标：非常高、高、一般、低、非常低。

5.3　客户分类指标

不同商业银行进行客户分类的指标体系可能会不同。这些指标的取舍往往凭专家经验和行业经验进行。客户智能理论追求基于客户价值的客户分类，其客户分类指标体系同样是影响客户价值大小的指标体系。在案例调查中，结合 K.Fukunaga 等模式识别的研究成果，将某商业银行基于客户价值的客户分类指标体系确定为表 5-1 所示的内容。

表 5-1 基于客户价值的客户分类指标体系

因素大类	因素小类	指标及描述	序号
法人因素	基本情况	产权构成、主业比、规模、品牌等方面	指标 1
	资信状况	违约记录	指标 2
		经济纠纷	指标 3
	经营管理	领导班子素质和经验	指标 4
		经营机制	指标 5
		管理体系	指标 6
		其他	指标 7
市场因素	市场供求及前景	供求关系	指标 8
		市场前景	指标 9
	产品竞争力	竞争范围、价格水平、技术应用、销售渠道、产品所处生命周期等	指标 10
		生产能力利用率	指标 11
		市场占有率	指标 12
	相关因素	客户依赖程度	指标 13
		国家政策、科技进步的影响	指标 14
财务因素	盈利能力	净资产收益率	指标 15
		销售利润率	指标 16
	营运能力	应收账款周转率	指标 17
		存货周转率	指标 18
	偿债能力	资产负债率	指标 19
		速动比率	指标 20
		利息保障倍数	指标 21
	增长能力	销售收入增长率	指标 22
	现金流量	净现金流量	指标 23

由表 5-1 可见，工商企业类客户的价值评价主要从财务因素和非财务因素两个方面进行。非财务因素主要指法人因素和市场因素两方面。

5.4 客户分类算法

所谓分类，就是根据分类对象的特征或属性，将其划分到已有的类别中。常用的分类算法包括决策树分类法、朴素贝叶斯分类器（Native Bayesian Classifier, NBC）、基于支持向量机（Support Vector Machine, SVM）的分类器、神经网络算法、K- 最近邻（K-Nearest Neighbor, KNN）法、模糊分类法等。

笔者使用 BP 神经网络算法作为该分类问题的数据挖掘算法，辅助实现客户分类知识的生成。案例使用 C++ 开发语言实现了 BP 客户分类网络，该程序可以编译后作为应用程序部署到任何应用系统或者客户智能系统的中间应用层，作为一种嵌入式知识发现模型库供引用。

人工神经网络（Artificial Neural Network, ANN）是模仿生物脑结构和功能的一种信息处理系统。具有一些与生物脑类似的特点：大规模并行处理结构，信息的分布式存储和并行处理，具有良好的自适应性、自组织性和容错性，具有较强的学习记忆联想识别功能，可实现输入输出的高度非线性映射功能等。目前已在信号处理、模式识别、目标跟踪、机器人控制、专家系统、组合优化、网络管理等众多领域获得了成功。运用于模式识别的若干种神经网络模型中，BP 模型应用最为广泛。

BP 神经网络可看成是一个从输入到输出的高度非线性映射，即 $F:R^I \to R^J, f(X)=Y$。对于样本集合：输入 $x_i(\in R^I)$ 和输出 $y_i(\in R^J)$，可认为存在某一映射 g 使：

$$g(x_i) = y_i \qquad i = 1,2,\cdots,I$$

分类算法模型是要求出这一映射 g，使得在某种意义下（通常是最小二乘意义下），g 是 f 的最佳逼近。已经证明三层 BP 神经网络（见图 5-1）可以在任意给定精度上找到一个 g，逼近 f（由 Kolmogorow 定理得出）。即 BP 神经网络能以任意精度来逼近任何一个映射问题，而客户分类问题就是找出客户特征与分类结果之间复杂的映射关系，相对于传统的分类方法具有更大的优越性。

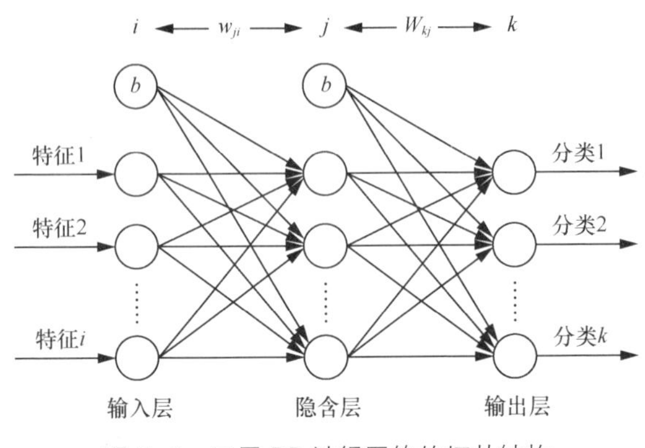

图 5-1　三层 BP 神经网络的拓扑结构

这一映射 g 即 BP 神经网络应用在分类问题上的算法模型。该算法模型由输入层、隐含层、输出层等组成。

在实际应用中，神经网络已经成功地被应用于不同行业的分类问题中。比如，在电力行业，通过建立基于 Kohonen 神经网络的分类模型，解决了电力行业客户分类问题；神经网络在公司破产预测、手写体识别等业务场景中也有成功的应用。

5.5　客户数据处理

5.5.1　客户数据准备

建立一个高效的、实时的客户分类体系必须以业务应用系统为支撑，该支撑是客户智能系统中的事务处理部分。在调研的商业银行中，计算机应用系统几乎涵盖所有的业务操作，人员素质较高，这是保证客户数据质量的前提。就已有的客户数据类型来看，基本上满足了建立客户数据仓库对源数据的要求，比如数据准确性、字段属性明确性、数据库结构规范性等。但是，这离建立面向客户分类的客户数据仓库还相去甚远，主要因为缺少用来计算指标的源数据。反映到本章描述的客户数据内容上，是缺少了部分事实数据和缺少了关于客户特征的数据。这是几乎所有的知识发现过程都会遇到的问题。

对缺失的客户数据进行数据预处理，或者进行数据补充。数据预处理标准在下文的指标内容和附录 1 中有所体现。

本书第 4 章简要论述了建立客户数据仓库的几个关键问题，完整的客户数据仓库建立过程可以参照有关数据仓库的书籍。在笔者参与研发过的数据仓库产品（见图 5-2）中，提供了一个关系数据库（称之为中央数据库）作为数据存储的主体。业务系统中的数据经过抽取、转换、清洗的过程，被装载到这个数据库中。中央数据库中存储的是一些有价值却未经过聚集整合的零散数据，无法用于分析。真正用于决策支持的数据存放在指标数据库或多维数据库。这些数据是中央数据库中的数据经过数据建模过程生成的，每一个指标数据库是一个面向特定业务主题的数据中心，即标准数据仓库模型中的数据集市。本案例中，基于客户价值的客户分类可以作为客户数据仓库的一个主题域。

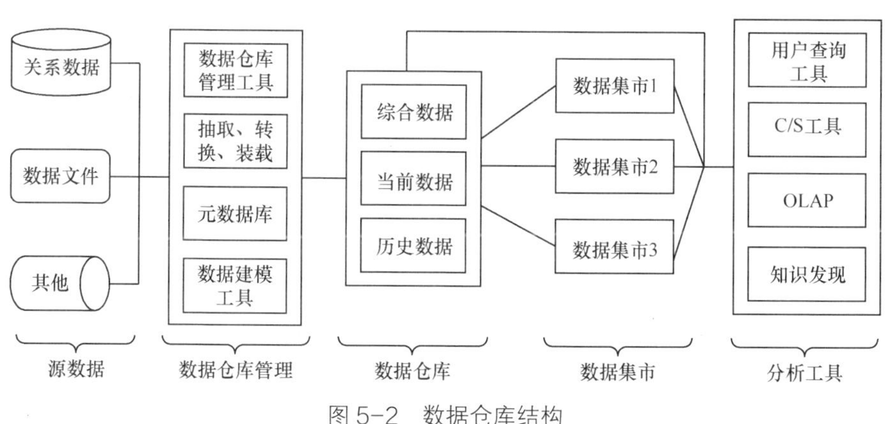

图 5-2　数据仓库结构

5.5.2　指标内容及计算

本案例 BP 客户分类网络的输入指标存在一个归一化（Normalization）过程，指标的输入均被量化，即模型要求所有指标均是以数值的形式输入。在表 5-1 所列的指标体系中，由于有许多指标是定性描述，这些定性指标在从业务系统的客户数据库抽取到客户数据仓库之前，按模型要求完成指标的量化和计算。下面详细描述指标的内容和量化所参照的标准。

1. 法人因素

（1）基本情况评价。基本情况的评价内容包括产权构成是否清晰、属于何种类别、主营业务是否突出、产品多样化程度、企业规模大小、有无知名品牌、企业所处发展阶段。量化标准参见附录 1 中的附表 1。

（2）资信状况评价。资信状况的评价内容包括客户在开户银行及其他银行的信用状况。主要参考有无违约记录、履约情况及潜在的负债情况、有无经济纠纷和经济处罚等其他重大事项。量化标准参见附录 1 中的附表 2、附表 3。

（3）经营管理评价。经营管理评价包含如下内容。

① 领导班子素质和经验。领导班子素质和经验的评价内容包括现任领导班子的品德素质、智力素质和能力素质等。主要参考知识结构、工作经验、道德品质、敬业精神、法制观念、开拓创新能力、组织能力和科学决策水平等因素。量化标准参见附录 1 中的附表 4。

② 经营机制。经营机制的评价内容包括有无明确的发展战略、采取何种经营管理体制、与相关企业的关系等。量化标准参见附录 1 中的附表 5。

③ 管理体系。管理体系从客户组织结构、内容经营管理模式、各项基础管理制度、激励约束机制、信息反馈机制、人力资源配置等方面进行评价。量化标准参见附录 1 中的附表 6。

④ 其他。其他评价内容包括团队建设、有无良好的质量控制、成本控制措施等。量化标准参见附录 1 中的附表 7。

2. 市场因素

（1）市场供求与前景。市场供求评价参照依据是全行业的设备利用率和产销率的大小。市场前景评价参照产品销售增长率与 GDP 增长率的差值，比如当年的 GDP 的增长率为 $X\%$，销售增长率为 $Y\%$，则将差值 $Z\% = Y\% - X\%$ 作为评价依据。

（2）产品竞争力评价。主要包括三个方面的内容。

① 产品的竞争范围、价格水平、技术应用水平、销售渠道、产品所处周

期等。量化标准参见附录 1 中的附表 8。

② 生产能力利用率。生产能力利用率指目前企业实际生产能力与设计生产能力之比，反映企业生产能力的利用程度。

③ 市场占有率。指企业产品的销售量（或销售额）在市场同类产品中所占的比重，反映企业在市场上的地位。

（3）相关因素。相关因素主要包括以下两个方面。

① 客户依赖程度。客户依赖程度用于评价金牌客户的销售量占企业总销售量的比重。

② 国家政策、科技进步的影响。国家政策、科技进步的影响用于评价产品是否受国家政策支持，科技进步是否对产品的需求和价格造成影响。量化标准参见附录 1 中的附表 9。

3. 财务因素

财务因素评价主要内容包括：

（1）评价企业财务结构的合理性、稳定性及变动趋势；

（2）评价企业盈利能力、偿债能力及发展趋势；

（3）评价现金流量状况及变动趋势；

（4）评价过去几年对长期负债、短期负债的偿付情况；

（5）分析新增债务对企业生产经营的影响；

（6）判断企业偿还债务的能力。

企业财务因素评价主要参照企业经专业机构审计过的近 3 年财务报表、财务报表附注、财务状况说明书、审计报告以及同类型企业相关资料等。对上述资料进行分析时，应特别注意指标的可比性，剔除非正常的、不可比的因素，并将货币的时间价值因素有机地融入分析过程。

针对以上所列的财务因素评价内容，一般选择指标 15 ~ 指标 22 为评价参照指标。指标 15 ~ 指标 22 的计算方法参见附录 1 中的附表 10。

净现金流量决定企业是否有足够的现金来归还银行贷款，因此现金流量是客户价值的重点分析内容。现金包括库存现金、活期存款、其他货币性资金以及三个月以内到期的有价证券。现金流量并非根据企业资产负债、损益数据可以直接计算出来的，而需要对资产负债、损益及其他必需的补充数据进行分析、总结，并对一些项目按照现金收付制的原则进行调整，才能计算出来。净现金流量是经营活动、投资活动和融资活动产生的净流量之和。简单的计算方法可以参照表 5-2。

表 5-2　现金流量数据的简单计算方法

类别	现金流入	现金流出
经营活动的现金流量	销货现金收入	购货现金支出
	利息与股息收入	营业费用现金支出
	增值税销项税款和出口退税	支付利息
	其他业务现金收入	缴纳所得税
		其他业务现金支出
投资活动的现金流量	出售证券（不包括现金等价物）	购买有价证券
	出售固定资产	购置固定资产
	收回对外投资本金	
融资活动的现金流量	取得短期与长期贷款	偿还借款本金
	发行股票和债券	分配现金股利

净现金流量并非评价财务因素的直接指标，分类模型将超出该行业平均净现金流量水平的百分比作为“净现金流量”指标的衡量标准。A 为该行业的平均净现金流量，B 为该企业的净现金流量，则取 $C = (B - A)/A \times 100\%$ 作为指标取值。

5.6　分类模型参数

三层 BP 神经网络可以映射任何非线性关系（Kolmogorow 定理）。本案例同样选择三层 BP 神经网络作为 BP 客户分类网络的基础架构。BP 客户分类网络待确定的参数包括：输入、输出节点数（p_i，p_j），隐含层节点数 p_h，学习速率系数 η、动量因素 α、初始种群的大小 n、交换概率 p_c、变异概率 p_m。以下介绍节点数的选取方法，其他参数的选取方法可参照关于 BP 神经网络的著作。

5.6.1 输入、输出节点数

输入节点数即选取的评价指标个数。因此该客户分类模型的输入节点数 p_i 为 23，输出为分类结果（目标）。本案例的分类目标有五种，将其分别映射为$x_i \in [0,1]\ (i=1,\cdots,5)$的数值，每一个 x_i 所代表的区间映射一个分类目标。通过这种变换，输出节点数 p_j 可确定为一个。这种映射关系如表 5-3 所示。

表 5-3 分类目标与输出值的映射关系

x_i 区间	分类目标
[0.8,1]	非常高
[0.6,0.8)	高
[0.4,0.6)	一般
[0.2,0.4)	低
[0.0,0.2)	非常低

5.6.2 隐含层节点数

BP 神经网络隐含层节点数一直没有公认的选取准则，通常按经验取值。本案例选取隐含层节点数的准则是使所有学习样本在训练一定次数（100 次）条件下的总训练误差最小。这样选取的目的是逼近近似最优的 BP 客户分类网络结构，确保训练出的优化权值的稳定性。具体方法描述如下。

以 p_i，p_j，$p_k = p_i + \text{INT}(\text{SQRT}(p_j))$ 为 BP 客户分类网络结构进行训练，按照 $p_k = p_k + 1$ 依次重复操作。通过绘制 BP 神经网络的误差图像描述隐含层节点数与训练误差的变化关系。待训练误差有明显回升的趋势后，停止训练。图像最低点对应的节点数即 p_k。本案例中 $p_k = 20$。

5.7 客户分类过程

BP 神经网络客户分类过程可分解为三个步骤。

第一步，自学习（见图 5-3）。自学习指 BP 神经网络通过自学习训练建立一个客户分类模型。该步骤存在以下操作顺序。

（1）描述预定的客户分类目标结果集或分类标号集。

（2）通过使用分类算法，分析由客户特征组成和描述的数据元组来构造客户分类模型。数据元组也称为样本、实例或对象。

（3）将选定的数据元组形成训练样本集，单个数据元组称为训练样本。这些训练样本从提供的样本集中随机选取。

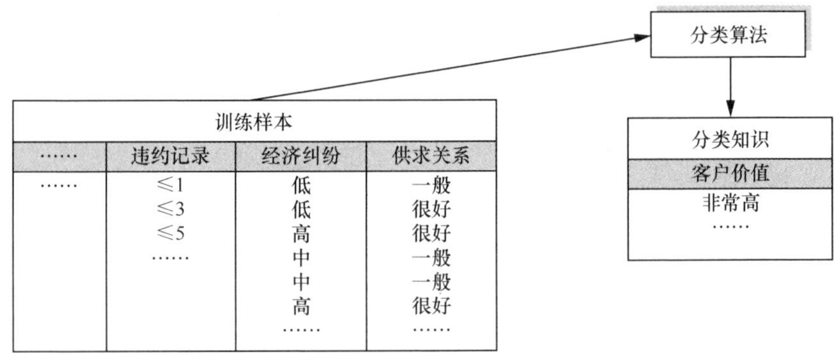

图 5-3 自学习得出分类知识

由于提供了每个训练样本的类标号，该步骤也称作有指导的学习（即模型的学习是在被告知每个训练样本属于哪个类的“指导”下进行的）。它不同于无指导的学习（如聚类），无指导的学习中每个训练样本的类标号是未知的。

通常，客户分类模型以分类规则、判断树或数学公式的形式提供。以图 5-3 为例，该分类模型使用了分类规则，根据工商企业的属性（如违约记录、经济纠纷、供求关系等）来分类、识别其对商业银行的潜在贡献（客户价值）的大小。这些规则可以用来对以后的客户数据进行分类或者预测，也有助于为客户数据仓库的数据提供更好的理解。

第二步，检验（见图 5-4）。检验指评估客户分类模型的分类准确率。一般从样本集中随机地选取多个独立于训练样本的样本组成检验样本集。利用第一步生成的分类规则、决策树或数学公式映射检验样本，并计算分类结果（类标号）与样本中的类标号之间的误差。如果误差在允许的范围之内，则表明客户分类模型是准确的，可以进行下一步的客户分类。否则，要重新审视整个分类过程。

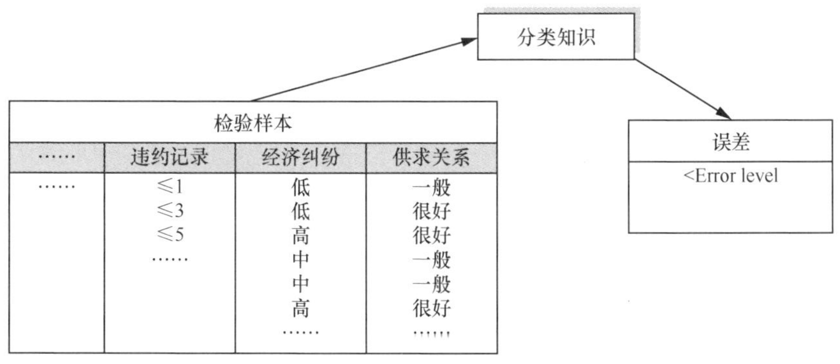

图 5-4　检验分类知识

第三步，分类（见图 5-5）。将新的数据元组或者客户属性集合代入客户分类模型，得到该数据元组对应的类标识，即能够识别该客户归属哪一个客户分类。

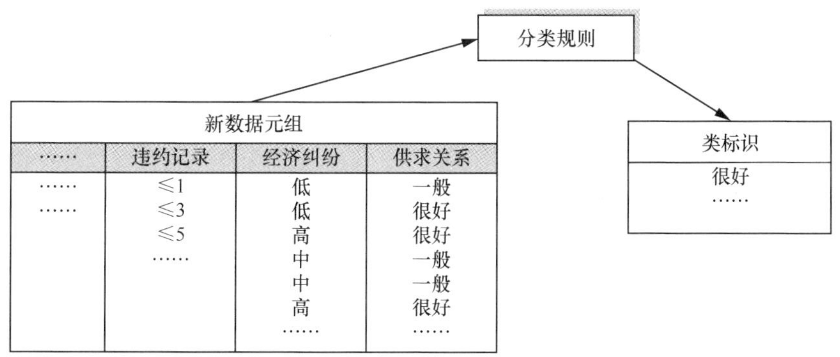

图 5-5　客户分类过程（Error level 是客户分类模型允许的误差水平）

5.8　客户数据挖掘

BP 神经网络自学习使用样本（包括训练样本和检验样本）的选取是影响分类模型质量的重要因素。其和时序 BP 神经网络样本选取方法不同（时序 BP 神经网络样本选取具有一定规律性），本案例属于因果 BP 神经网络，其样本选取没有经验值可参照。本案例选取样本的准则是最大限度地保证兼顾各种案例情况。经过仔细筛选，选择了附录 2 中具有 40 个样本的样本集。

将样本集代入按以上参数组织好的 BP 客户分类网络程序。该过程对应客户知识发现过程中的数据挖掘节点。

5.9 客户分类知识的表达

通过神经网络获取的知识是隐式的、分布式的、难以理解的。神经网络的知识表示一直是困扰该领域研究人员的难题之一。许多学者针对如何从神经网络中提取规则进行过研究，将神经网络的“黑箱”知识表示为显性规则形式，而且能将这些显式知识用于推理或解释神经网络的行为。BP 客户分类网络的规则提取可以借鉴现有的研究成果。

Hongju Liu 等人从神经网络对噪声的鲁棒性以及非线性函数逼近的特性出发，提出了提取规则的神经网络方法；佩德里奇（Pedrycz）提出了模糊径向基函数神经网络，通过所定义的数据挖掘窗口提取产生式模糊规则；希利（Healy）等结合你适应谐振（ART）神经网络提出了一种神经网络规则学习的规范模型。

由知识发现的定义来看，模式是知识表达的方式之一。对基于 BP 神经网络的客户分类模式，学习过程是获取客户知识，处理过程（此处为分类过程）是使用客户知识，客户知识以分布形式表示在客户分类模式（BP 神经网络）中。本案例中，BP 客户分类网络学习的结果——客户分类模式是各网络层神经元连接权值的集合，它们共同映射一个客户分类模式。

由于神经网络知识表示的局限性，本案例仍采用分类模式作为分类客户知识的表示方法。其表现形式是各网络层神经元连接权值的集合。这个集合映射一个分类模式。对任何一个被分类的客户，使用分类客户知识的方式是将客户数据代入分类模型进行运算，得出需要的分类结果。本案例的分类模式见附录 3。

5.10 本章小结

在本书前几章的研究基础上，本章对某商业银行的基于客户价值的客户分类进行了案例分析。该案例分析体现了基于客户知识的客户智能的本质——创新、使用客户知识创造客户价值。

客户智能向商业银行提供的不仅仅是面向业务应用的客户智能系统，更是提高客户营销和服务水平的客户智能管理思想和方法。客户知识发现作为客户智能系统的有机组成部分，其有效的实施和推广离不开科学的组织机构、业务流程的支持。只有二者兼备，客户智能在商业银行中的应用才能达到应有的目的。该实践同样可供其他推广客户智能的企业参考。

本章研究的分类模型也适用于预测型客户知识。预测型客户知识同样是客户知识的重要组成部分。预测型客户知识由历史的和当前的客户数据去推测未来的客户行为，比如对客户消费趋势和购买趋势进行预测。预测型客户知识侧重点在于分析数据之间前后（因果）关系。

第6章

智能获客：客户智能在对公银行的应用

6.1 业务背景

商业银行的对公业务以企业法人、单位等客户为主体，围绕公存账户开展各类支票、汇兑、贷款等业务。对公业务作为商业银行经营基础和利润效益的主要来源，其客户营销和服务的优劣直接影响着商业银行经营状况和资产质量的好坏。

随着经济金融全球化的发展趋势，以及互联网金融的快速兴起，国内商业银行的对公业务面临着来自两个来源的竞争压力。一是外资金融机构在国内金融市场抢滩设点，各类新型银行不断成立。外资金融机构在优质客户资源（尤其有外资背景的企业客户）争夺上有一定的竞争力。二是互联网金融业务，包括 P2P 互联网金融产品，吸引了一定规模的中小企业客户资源。

除了外部市场的压力，商业银行在内部管理上也存在一些问题，管理手段有些无法满足客户日益变化的需求。笔者调研过多家商业银行的对公业务，对公客户管理、销售管理等营销工作普遍存在以下问题。

（1）客户经理营销时缺乏有力销售支持工具，表现在以下方面。

① 客户信息被割裂在银行多个系统中，无法了解客户的全貌。

② 对公业务的金融产品太多，单凭记忆不易覆盖。在向客户推荐产品

时，很难做到有的放矢。

③ 个人依赖程度高，客户经理想获得产品经理、风险经理、行领导等其他资源销售支持，但无协同工作的机制和工具。

（2）产品经理有心却无从发力。

① 掌握着产品的资源，却很难发现目标客户。

② 有推动营销的想法，却不知道哪些客户经理需要帮助。

③ 组织产品推介活动后，不知如何去跟踪具体商机。

（3）风险经理存在的问题。

① 对于重要商机介入时机较晚，无法预估风险。

② 无法了解单一客户和集团客户之间的关联关系，风险评估不全面。

（4）各级管理层存在的问题。

① 高级管理层无从实时掌握全行的业务发展状况。

② 不易对营销阶段的情况全面掌握。

③ 难以掌握重点客户全貌的第一手资料，对重点客户的销售支持无从下手。

④ 无法通过绩效考核推动下级提升工作业绩。

6.2　对公银行 CRM 方案

6.2.1　对公银行 CRM 功能

典型对公 CRM 的功能架构如图 6-1 所示。对公 CRM 普遍定位为服务于公司业务条线各类用户的以 CRM 和协同工作为核心的应用。

对公 CRM 的应用范围涵盖单一客户和集团客户管理，实现及时、准确、全面地展现集团客户及单一客户存款、授信、收益、额度、风险等各类业务数据的功能。服务对象包括对公金融部总分行和境内外的客户经理、产品经理、风险经理、业务经理（统称为非管理层），以及总分行和境内外的负责公司金融业务的行领导及部门领导（统称为管理层）。CRM 在为各类业务人员提供营销管理支持的同时，还为公司金融不同角色人员提供了强有力的数据管理工具，提供基础数据获取、分析、决策支持功能，为公司业务的发展提供强有力的科技支撑。

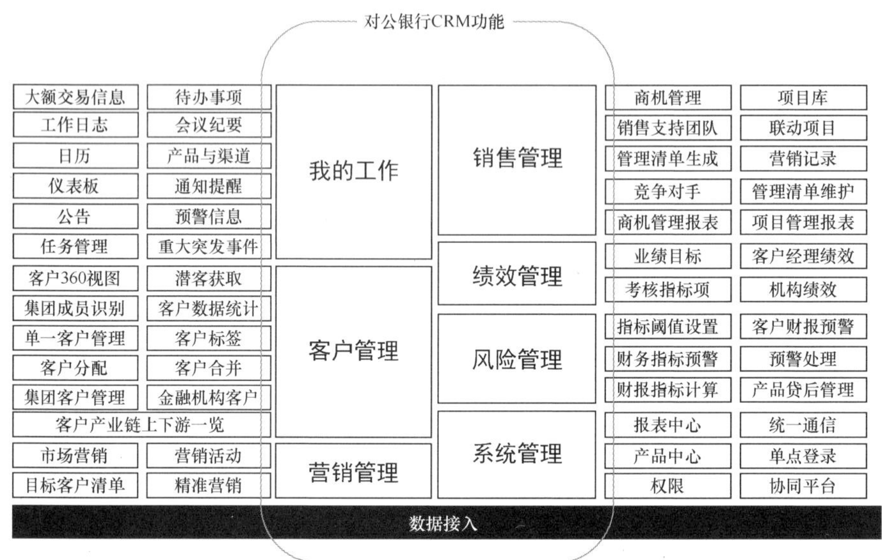

图 6-1　对公 CRM 的功能架构

本书不再就每个功能做详细描述，有兴趣的读者可参考具体的实施案例的相关内容。这里仅就一些关键功能进行描述。

6.2.1.1　我的工作

我的工作用于各级业务人员查看仪表板、通知提醒、待办事项、工作日志、会议纪要、任务管理以及日历。

6.2.1.2　客户管理

客户管理提供业务人员查看客户 360° 视图、潜客获取单一客户管理、集团客户管理、集团成员识别、客户标签等功能模块。

1. 客户 360° 视图

客户统一视图即包括来自商业银行之外的市场或者行业趋势信息、企业客户在银行的业务信息和营销过程信息，形成客户在银行的全面信息汇总。供业务人员多维度检索单一客户、集团客户、区域客户、行业及产业链等数据信息，方便全盘把握产业发展趋势、客户经营状况以及各类潜在业务机遇与业务风险。

客户统一视图包括以下信息。

（1）客户基本类信息：记录客户最基本的客户信息，例如企业的归属信息、注册信息、联系人信息、客户经理服务团队信息等。

（2）客户业务类信息：客户存款、贷款、支付结算等业务信息，包括账户信息和交易信息。

（3）客户财务类信息：客户财务类信息供用户查询客户财务报表信息。

（4）客户风险及其他类信息：包括客户本身或其关联企业产生的信用风险，以及企业可能面临的法律风险、政策风险和运营风险等相关信息。

（5）营销销售类信息：客户经理在客户营销、服务工作中记录的相关信息。

2. 客户管理（含单一客户管理、集团客户管理）

客户管理的功能包括客户分配、客户认领、客户移交、客户关注、客户导入、客户合并等。

3. 集团成员识别

集团客户识别指单一客户作为集团成员加入某集团客户的流程，以及集团关系、成员归属、归属变更等功能。

6.2.1.3　营销管理

营销管理是产品经理和市场营销经理安排市场营销、定义目标客户的功能模块。

市场营销功能基于特定营销目标，由产品经理或者市场营销经理创建市场营销，筛选建立符合该市场营销目标的客户名单，并分派给适当的客户经理，转化为商机和执行后续销售活动。

6.2.1.4　销售管理

销售管理是业务人员跟进销售线索和项目的功能模块。

1. 营销记录

营销记录是公司金融客户管理人员进行客户营销工作的记录并共享的功能。营销记录功能主要记录营销活动的摘要信息、审批流程及其在业务处理过程中的状态信息。

2. 商机管理

商机是客户经理手中潜在或正在发展的销售机会。CRM 系统记录了商机从创立到结束的过程，便于管理层了解达成销售目标的可能性，进而采取适当的行动方案。

商机的信息来自市场营销活动的输入、客户经理的发掘、产品目录的开展等，并且可以关联客户营销记录、会议纪要等来全面记录和掌握商机信息。

3. 项目库

建立项目库是商业银行为客户提供一体化、多元化、综合金融服务的有效途径。项目库用来记录、维护和管理与市场营销、销售相关的项目信息，以及项目团队跟进项目的过程。

6.2.1.5 绩效管理

绩效管理是业务人员查看业绩目标、考核指标项、客户经理绩效、机构绩效的模块。

多维度展现考核数据，包括实现定量和定性考核指标在线发布与测算，有效地激励并督导业务拓展。在该模块中，通过内置的积分公式，客户经理、管理人员等各类人员可以通过 CRM 及时了解其个人、团队、机构完成的各种业务或任务所获取的、可量化的贡献积分，以便及时掌握绩效情况。

绩效考核分为客户经理绩效考核、机构绩效考核。

6.2.1.6 风险管理

风险经理根据企业客户财务经营的变化，识别有潜在经营风险的客户，并和客户经理一起确认风险，为下一步落实风险管控提供支持。

首先风险经理按行业设定财务指标的触发参数。CRM 定期计算单一客户财务指标、偏离值（比行业、比自身），依据财务指标与参数的偏离值产生预警信息；CRM 计算企业自身的当期财报数据与去年的差值和变动幅度，超出偏离值则产生预警信息。两类预警信息均由客户经理跟进处理并反馈。

6.2.2 对公银行 CRM 实施规划

从分步实施角度，对公 CRM 建设的最佳实践分为从“数据”“流程”到

"分析"再到"管理"的四步走战略。

第一步：数据。

客户数据作为CRM整体系统建设最为重要的基础，需要在CRM实施的第一阶段进行科学设计、实现，尤其要夯实CRM与银行外围系统的数据集成框架。确保客户360视图的客户数据汇总整合正确、及时，并且具有将来整合更多外部数据的可扩展性。在推广过程中不断验证完善数据的准确性，同时持续扩大客户数据采集范围，全力实现对公业务数据全覆盖，确保CRM中"数据"的准确、及时、全面、有效。

第二步：流程。

流程属于大家谈到的OCRM（Operational CRM，操作型客户关系管理）的范畴。围绕对公客户营销、销售、服务主要业务流程，对公CRM面向客户经理、产品经理、风险经理以及行领导等角色，提供相应的应用功能和管控节点。

第三步：分析。

在基础数据完全准确可用、业务流程线上化的基础上，CRM将加强分析功能。利用已有的基础数据，结合公司金融条线各级业务人员管理、营销、分析需要，对数据进行加工、计算与分析，并形成数据分析结果，供业务人员决策参考使用。

第四步：管理。

在业务流程透明化、全面实现数据分析的基础上，CRM支持对当前业务管理模式进行优化转型。根据数据分析的结果，在系统中实现营销管理、绩效管理、过程管理等管理功能，使CRM成为集数据、分析、管理为一体的综合性对公业务发展支持服务平台。

6.3 智能获客方案

6.3.1 智能获客目标

有了CRM积累的丰富客户数据资产，银行的客户营销和服务数字化转型逐步向数据分析、客户智能方向推进。在笔者多年辅导国内外多家商业银行的客户营销和服务数字化转型实践中，一个优先级高的需求是从存量客户（数据）中挖掘出高质量的新销售线索。尤其国外商业银行在提升获客能力方面的诉求更为强烈，这和国外（发达经济体）相对成熟的金融市场、有限的客户体量等因素密不可分。

智能获客方案是最大限度利用商业银行存量客户历史数据等现有数据资产、基于“大数据与人工智能”技术打造智能获客营销管理平台，挖掘存量客户的业务潜力、业务机会，实施有精准目标的产品推荐。

智能获客方案的创新点有两个。

（1）改变以往依靠主观判断与个人经验的客户管理模式，将其转为交易银行理念（见图 6-2），从客户行为、资金流向、客户需求、产品配置等方面进行综合分析，为营销人员进行客户拓展、产品组合与销售提供强大的在线营销武器。

图 6-2 交易银行理念

（2）选取适用金融机构的机器学习算法、验证及训练模型，形成高效处理、深度挖掘的能力。智能获客结果不受传统算法在处理数据维度、体量、效率上的限制。比如采用大数据处理技术可以突破传统数据处理技术对数据量、数据格式的限制。使得智能获客结果更客观、预测准确度更高、更能反映市场变化。

6.3.2 智能获客应用架构

智能获客利用大数据、并行计算及人工智能等新技术手段实现批量获取潜在客户，发现存量客户业务机会。为客户属地的营销体系提供携带业务导向、产品方向、客户关系等关键信息的目标客户清单，实现有明确目标的精准营销，见图 6-3。

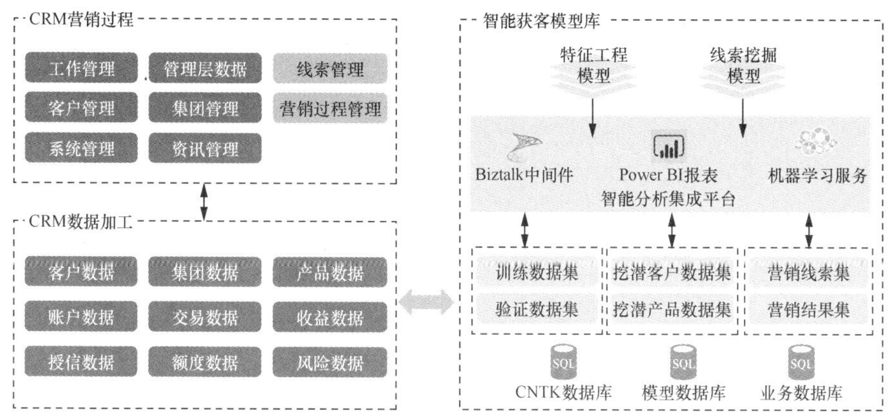

图 6-3　智能获客应用架构

1. CRM 数据加工

对公 CRM 积淀的客户数据资产，包括客户数据、账户数据、产品数据、收益数据、风险数据、集团数据等，是智能获客模型自学习依赖的业务数据，或者称为数据样本。用在学习阶段，称为学习样本。用在验证阶段，称为检验样本。

对公 CRM 的客户数据资产绝大多数归类为事务型数据。很难直接被智能获客模型引用，需要有一个数据建模和加工处理的过程。

取决于不同的获客模型，有些模型需要的数据可能在 CRM 系统中是没有的，比如行业研报。此类外部数据需要特殊的数据接入手段和大数据处理技术来获取。

2. 智能获客模型库

智能获客模型库是支持多模型并存的智能分析集成平台。不同的智能获客模型可能会有不同的业务数据集、算法模型。考虑到将来会有更多智能获客的模型纳入，智能获客应用架构应具备可扩展性。

但是，智能获客模型库的输出模式（结果集）和格式是统一的。不同的智能获客模型会按统一的销售线索格式输出给 CRM 营销过程，比如某个销售线索归属哪个客户、关联哪个产品、线索有效跟进期、线索被挖掘的原因描述等。客户经理作为销售线索的直接受益者和跟进责任人，能够在不需要深度了解智能获客模型的条件下，理解、管理和跟进销售线索。

3. CRM 营销过程

获客模型挖掘的结果，即销售线索会按客户归属分派给相关的客户经理或者团队跟进。跟进销售线索的过程即 CRM 营销过程所管理的范围。每家商业银行客户营销和服务的管理流程有所不同，本书不详细描述。

作为智能获客模型闭环的最后一个节点，销售线索的跟进结果需反馈回具体的获客模型，以衡量单一获客模型的有效性，指导下一步可能的改进方向。

6.3.3 智能获客模型建设

这里以某单一智能获客模型为例，描述智能获客模型的建设过程。

智能获客模型建设细分为概念模型设计、数据处理、特征工程、算法建模、线索挖掘、营销过程反馈等几个阶段，见图 6-4。

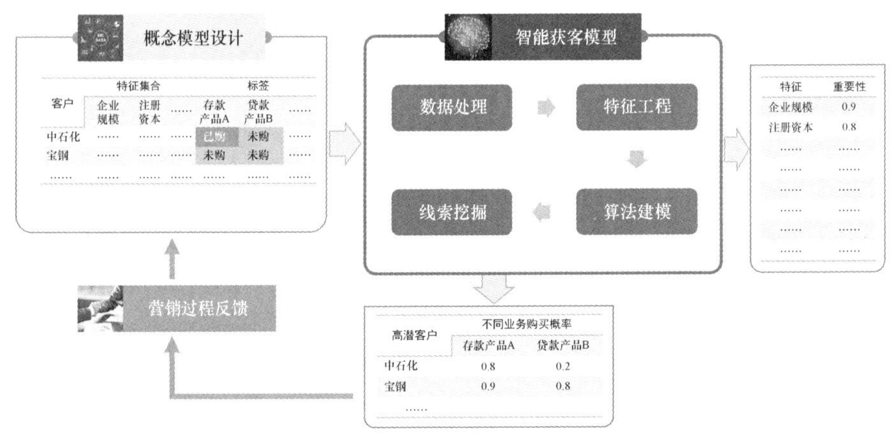

图 6-4 智能获客模型建设过程

6.3.3.1 概念模型设计

概念模型设计的出发点是业务专家经综合判断认为按特定获客业务场景可以获取高质量的销售线索，从而才有后续模型库的建设过程。

确认一种（或者一类）智能获客概念模型，需要综合业务专家、人工智能专家、CRM 专家等的智慧。大致会经过以下几个步骤（见图 6-5）。

（1）建立概念模型。从交易银行理论出发，概括待挖掘的获客模型是从客户行为分析、资金流向分析、产品配置分析、客户需求分析等单一方向或者组合方向延伸出来的业务场景。

（2）细分业务模型。从概念模型进一步细分。比如明确了是产品配置相关的，则进一步判断待挖掘的获客模型是客户存款分析延伸出来的，还是客户贷款分析或者组合分析等。

（3）量化业务模型。概念模型需要具体到业务场景并且形成的业务模型是可量化的。获客模型库也是在这个粒度建设的。比如，由“客户存款分析”细分业务模型可细化为不同的、与提升客户存款相关的、可量化的业务场景，如下面谈到的高时点低日均存款客户量化分析模型。

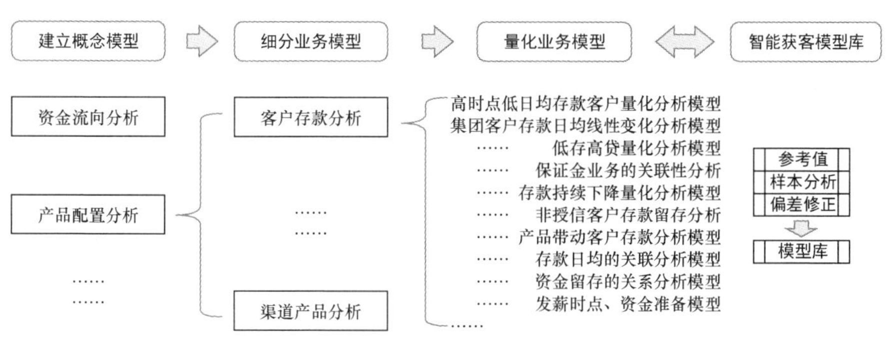

图 6-5　概念模型设计

这里以高时点低日均存款客户量化分析模型量化业务场景为例，描述智能获客概念模型的组成要素。

① 智能获客模型名称：高时点低日均存款客户量化分析。

② 适用客户细分：参考“行业类型”下的存款参考值，选择在该行业类型下具有高时点低日均存款特征的客户，然后根据客户的“企业发展阶段”差异化特征，进行特定存款类产品的推荐。

③ 业务规则和算法模型。

• 首先采用线性回归算法，以 CRM 中客户的行业类型、存款业务数据为数据样本，统计不同细分行业类型下客户的日均存款与时点存款比率。以此作为参考值，见图 6-6。

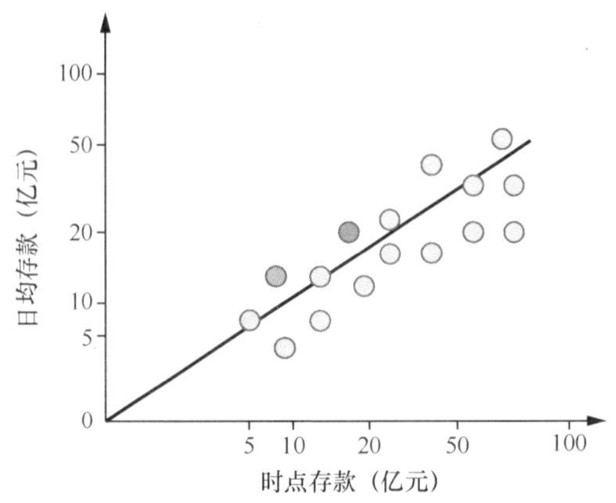

图 6-6 线性回归统计某行业类型客户的日均存款与时点存款比率（参考值）

• 根据以上参考值，对行业类型下的存量客户进行识别，分析是否存在潜在的存款线索。

• 针对挖掘出来的存款线索，结合客户所在的“企业发展阶段”差异化特征，并参考图 6-7 所示的企业发展阶段和适用金融产品的参照关系，进一步明确存款线索的目标存款产品。

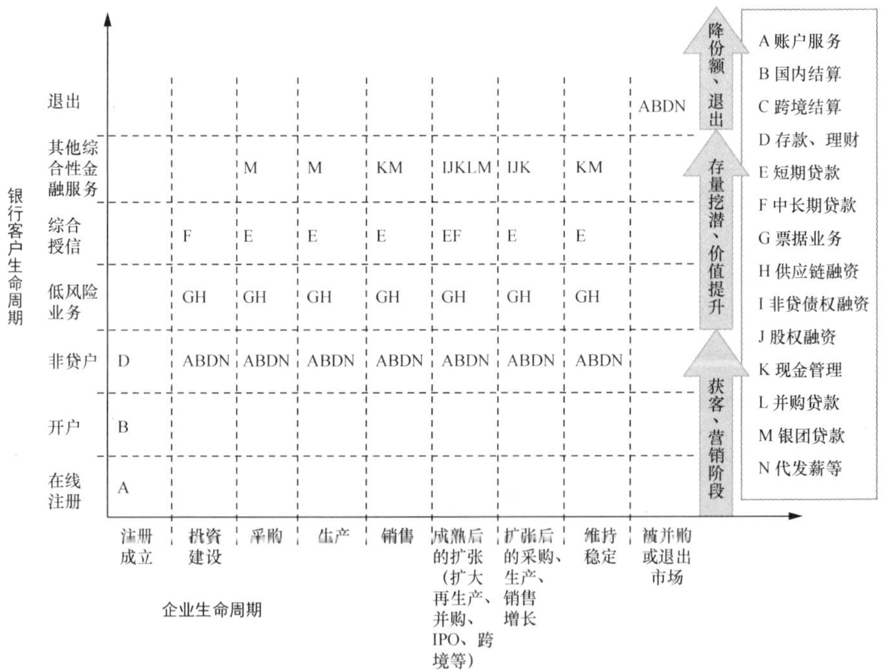

图 6-7 企业发展阶段和适用银行金融产品的关系

④ 潜客线索输出。基于客户不同的行业特征、客户的日均存款与时点存款比率，和客户的企业发展阶段差异化特征，输出客户潜在的存款销售线索。

6.3.3.2　数据处理

不同智能获客模型，使用的业务数据可能不同。因此需要按需进行样本数据，包括学习样本、检验样本的准备。

同样地，若有些模型需要的数据在 CRM 系统中是没有的，比如行业研报。则此类外部数据需要特殊的数据接入手段和大数据处理技术来获取。

6.3.3.3　特征工程

特征是算法模型的输入属性或者影响因素，通常是多个属性或者影响因素组合一起确定获客线索的识别标准。本书第 5 章金融机构客户分类案例中，工商企业的 24 个属性确定了企业分类结果，这 24 个属性就是 24 个特征。

特征选择通常依靠专家经验。各特征不可能都是孤立存在的。比如，在对客户购买运动鞋的消费行为进行分类时，客户的年龄、每周平均运动时间两个因素均可作为消费行为建模的特征。但两个特征在实际问题中存在一定程度上的交互性，即客户的年龄越大，每周平均运动时间越短。而这种特征交互性可能会干扰算法模型自学习的效率，这种问题通常称为搜索空间的不确定性。因此，在有些业务场景下需要对特征选择进行优化。选择适用的特征，或者对特征进行优化的技术，称为特征工程。

经过特征工程的过程，可能会减少无用的特征，也可能增加有用的特征或者特征组合。总之，特征工程的结果是找到能提高算法模型自学习效率的特征（组合）。

6.3.3.4　算法建模

针对不同的知识发现主题，有多种挖掘算法或者统计分析方法可供选择。像本章的高时点低日均存款客户量化分析模型采用线性回归算法。本书第 5 章金融机构客户分类案例则采用了神经网络算法。

这里仅对市场上常用的几种数据挖掘算法做了汇总，如表 6-1 所示，仅供参考。

表 6-1 常用的数据挖掘算法

序号	数据挖掘主题	常用算法	描述
1	分类	C4.5	C4.5 是机器学习算法中的一个分类决策树算法
2	聚类	k-means	k-means 算法是一个聚类算法，把 n 的对象根据它们的属性分为 k 个分割（$k < n$），目标是使各个群组内部的均方误差总和最小
3	回归	SVM	支持向量机（SVM），是一种监督式学习的方法，它广泛地应用于统计分类以及回归分析中
4	关联	Apriori	Apriori 算法是一种挖掘布尔关联规则频繁项集的算法
5	聚类	EM	最大期望（Expectation Maximization, EM）算法是在概率模型中寻找参数最大似然估计的算法
6	链接质量	PageRank	PageRank 根据网站的外部链接和内部链接的数量和质量，衡量网站的价值
7	分类	AdaBoost	AdaBoost 是针对同一个训练集训练不同的分类器（弱分类器），然后把这些弱分类器集合起来，构成一个更强的最终分类器（强分类器）
8	分类	KNN	K 最近邻（K-Nearest Neighbor, KNN）分类算法的思路是：如果一个样本在特征空间中的 k 个最相似（即特征空间中最邻近）的样本中的大多数属于某一个类别，则该样本也属于这个类别
9	分类	Naive Bayes	朴素贝叶斯分类器（Naive Bayesian Classifiev, NBC）模型所需估计的参数很少，对缺失数据不太敏感，算法也比较简单。理论上，NBC 模型与其他分类方法相比具有更小的误差率
10	分类	CART	分类回归树（Classification and Regression Trees, CART）有两个关键的方法：第一个是关于递归地划分自变量空间，第二个方法是用验证数据进行剪枝

实现一个智能获客特定业务场景，仅仅选择算法模型远远不够，还需要通过算法建模、自学习、检验、再自学习、再检验等环节，才能训练得出适用的算法模型。结合本书第 5 章采用 BP 神经网络进行金融机构客户分类的

案例，算法建模大致经过以下节点，如表 6-2 所示。

表 6-2　算法建模常规过程

节点	动作	描述
1	算法建模	人工智能专家确定算法模型的参数
2	自学习	使用数据处理环节得出学习样本，进行算法模型的自学习。此时会得出初步的算法模型（结果）
3	检验	使用检验样本检验算法模型（结果）是否在接受的误差范围内
4	再自学习、再检验	检验未通过，会进行下一轮的自学习、检验。直到算法模型（结果）逐步得到优化，达到应用的标准

6.3.3.5　线索挖掘

线索挖掘是把训练好的算法模型（结果）应用到其他存量客户数据，挖掘出潜在的销售线索的过程。

6.3.3.6　营销过程反馈

训练成熟的智能获客模型通过对接 CRM 营销过程管理，才有可能把智能获客成果转化为实际的收益。智能获客挖掘的销售线索，以线索分派为起点，经过客户经理的线索确认、营销过程等，把营销结果反馈给智能获客模型，从而一方面验证智能获客模型，另一方面为进一步优化智能获客模型提供参考，见图 6-8。

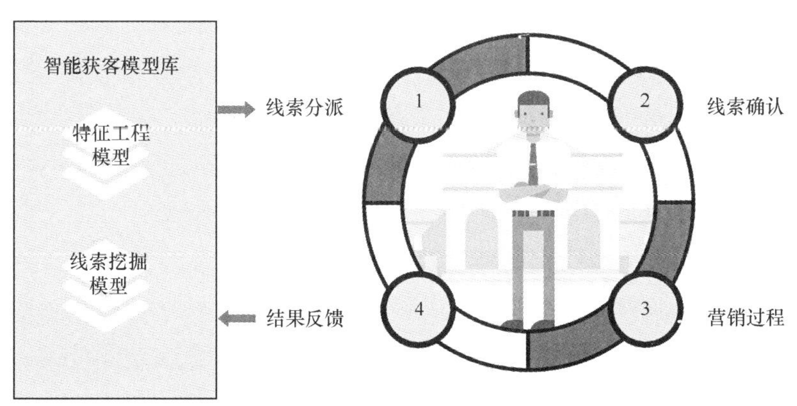

图 6-8　智能获客结果应用到 CRM 营销过程

6.4 本章小结

智能获客通过 CRM 历史数据和人工智能模型，通过特征工程计算出影响获客的关键特征要素，减少非关键要素。然后，通过机器学习算法等人工智能技术，学习、训练得出适应特定业务场景的智能获客模型。动态（通常在月初）为销售人员提供高质量的潜客线索，为下一步的交叉销售、促进销售和客户财富规划提供支持。

该案例在以下方面有进一步提升的空间。

（1）提高模型的可解释性。选取适用公司金融业务的机器学习模型，验证及训练模型，形成高效处理、深度挖掘的不受传统算法处理数据维度限制的成熟模型。并且，努力使智能获客模型具有可解释性。具有可解释性才具有信服力，有利于后续营销活动的开展。

（2）提高模型的可配置性。汲取业务专家经验和智慧，打造灵活 / 可配置的业务规则引擎，最大限度适应公司金融市场变化。

（3）使用数据挖掘技术，通过分析客户资金、供应链的信息流向和资金流向，俘获核心客户上下游中未在商业银行开户的潜在客户。结合外部购买的专业数据、客户标签、客户识别和资金流向，获取行外客户和核心客户的关联关系，将其纳入智能获客模型库，拓宽销售线索的源头。

第 7 章

精准营销：客户智能在零售业的应用

7.1 业务背景

电商与移动互联网的发展给传统零售渠道带来新的变革，零售业营销模式随之发生巨大变化。移动化、社交化、O2O（Online To Offline，线上到线下）以及云计算、人工智能等新兴技术，正从根本上改变全球消费者购买、使用产品以及服务的方式。渠道的多元化、终端的多元化、客户获取产品和服务信息的多元化，把零售企业推向数字化转型的前沿。零售企业必须要建立数字化管理体系，推动从战略到运营的数字化转型。

这里把零售企业面临的新机遇或者挑战汇总如下，供读者或者零售企业数字化转型时参考。

（1）线下零售门店流量少，线上及新零售业态不断分流。

线上电商的蓬勃发展已经把线下零售门店的流量带走了一部分，这是必然的发展趋势。但不意味着社会不再需要线下零售门店，线下零售门店需要关注如何去整合线上、线下的联动营销模式。线下零售门店本身需要规划好线下客户体验在整个联动营销模式中的定位。

以亚马逊推出的线下体验式书店和三胞集团推出的宏图 Brookstone

为例，由于明确把客户群定位在 20 岁至 30 岁的中青年，从线下零售门店的设计风格、服务模式等客户体验细节反而能够吸引目标客户群。所以，线下零售门店的明确定位有助于提升品牌形象，带动线上电商业务量。

（2）客户渠道分散，多渠道互动性差。

客户会通过各个渠道了解到产品或服务信息。如果零售企业做不到与客户多渠道沟通的良好互动性，客户会在不同渠道获得不一致的产品、服务信息，从而获取差的客户体验。

建立全渠道零售（Omni-Channel Retailing）是解决渠道分散的有效途径。零售企业采取实体渠道、电子商务渠道和移动电子商务渠道整合的方式销售产品或服务，提供给客户在任何时候、任何地点、以任何方式购买产品和服务的无差别的客户服务体验。

（3）客户黏性低，复购率低，缺少差异服务。

客户黏性低是零售业态一直都存在的问题。比如传统商超，一般采用办理会员卡方式提高用户复购率，但是会员卡积分制吸引力较弱，难以培养忠实客户群体。客户黏性低带来的直观结果就是客户复购率低。

以上问题出现的主要原因是，线下零售门店基本无营销手段，缺少主动引导客户消费的营销方式。因此，零售企业应充分进行客户行为分析等分析，更加科学地制定营销和服务策略。另外，要对客户进行细化分类管理，实现精准营销、差异化服务，促进销售转化和提高复购率。

（4）无法动态掌握客户消费行为。

传统零售企业几乎无法掌握客户消费行为数据。只有在客户有购买行为时，这部分客户交易行为才是被掌握的，并不掌握除客户交易行为之外的客户行为数据，如客户消费习惯。也就是说，零售企业在掌握客户消费行为上是被动的。这种被动局面带给零售企业的就是被动等客户上门，做不到主动营销。

零售企业迫切需要掌握客户消费行为数据，主动营销把潜在客户转化为交易客户。

（5）零售企业迫切需要获取第一手客户信息。

互联网和电子商务的发达促进了传统营销方式的改变和创新。有些商品的营销模式，比如保健品，传统通常采用经销商的渠道销售给终端客户。在数字化转型的推动下，多数商家转向“直销模式”。“直销模式”就是去掉中间商，降低商品的流通环节成本并满足客户利益最大化需求的一种高效率的营销方式。简言之，直销模式就是生产商不经过中间商而是直接把商品销售给客户、减少中间环节和销售成本的一种销售模式。

用电子商务的术语来讲，从原来的 B2B2C 营销模式，转变为 B2C，或者 B2C + B2B2C 混合营销模式，见图 7-1。这种模式上的转变，对产品商家的最大利好是使他们能够获取终端客户的第一手信息（客户数字资产）。如果能在客户智能的辅助下，做好对客户数字资产的分析，可以很好地支持产品商家、经销商的客户营销和服务。

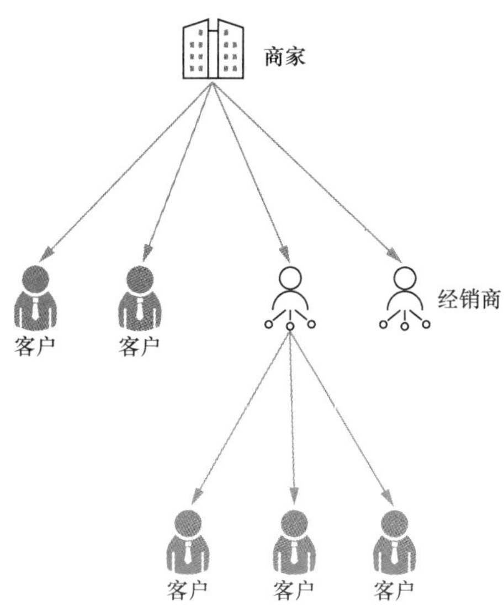

图 7-1　B2C + B2B2C 混合营销模式

7.2　零售 CRM 方案

全渠道营销零售 CRM 方案见图 7-2。该零售 CRM 方案重点强调以下特点。

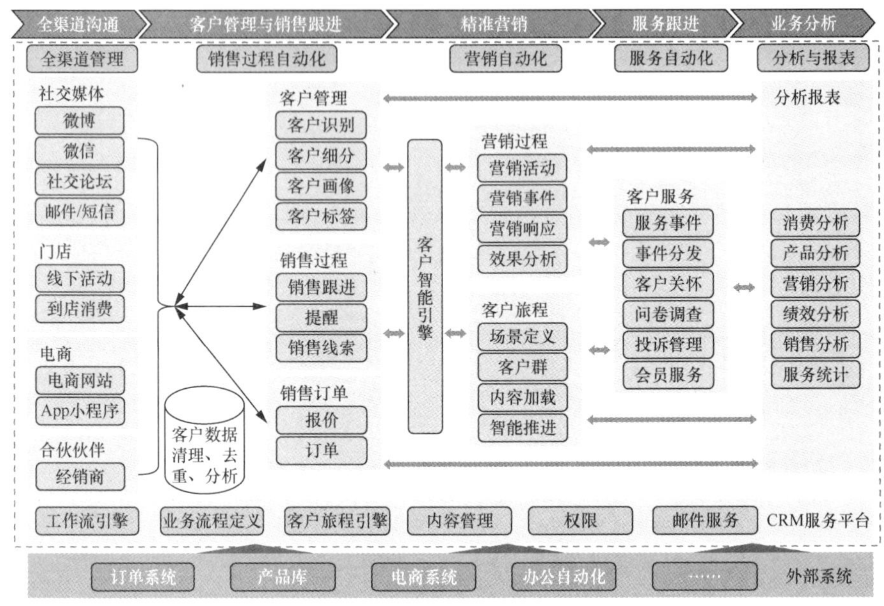

图 7-2 零售 CRM 解决方案

1. 全渠道营销

全渠道营销是指线上和线下双线营销，或称为 OAO（Online And Offline）。面向零售门店、电商、经销商、社交媒体、呼叫中心、会员自助门户等所有客户接触渠道，向客户提供统一产品、信息等客户体验服务，如图 7-3 所示的描述。在各渠道之间，做到客户信息共享。

2. 客户智能驱动的客户体验

建立客户智能驱动的客户体验提升机制，即构建客户的数据画像，以客户行为分析为基础挖掘客户价值，提供差异化客户服务策略建议。负责服务客户的全渠道前端根据差异化服务策略或者建议进行营销服务，目标是预测客户行为，提供超出预期的客户体验服务。该机制可描述为图 7-4。

3. 建立客户大数据平台

建立企业客户大数据平台，实现多渠道客户统一管理。

4. 优化客户忠诚度模型

建立零售企业的多模式、多维度的忠诚度计划和会员积分体系，促进客户互动和提升客户忠诚度。

客户
电商
客户自助门户
邮件
经销商
社交媒体
手机
呼叫中心
RFQ/
RFP
直邮DM
● 客户视图
● 产品查询
● 订单管理
● 交易查询
● 会员管理
● 营销活动
● 在线客服
● ……
客户关系/客户体验
● 客户关系管理
● 营销自动化
● 业务线索管理
● 客户服务与支持
● 数据分析
● 客户画像
● 积分规则
● 会员服务
● 产品目录
● ……

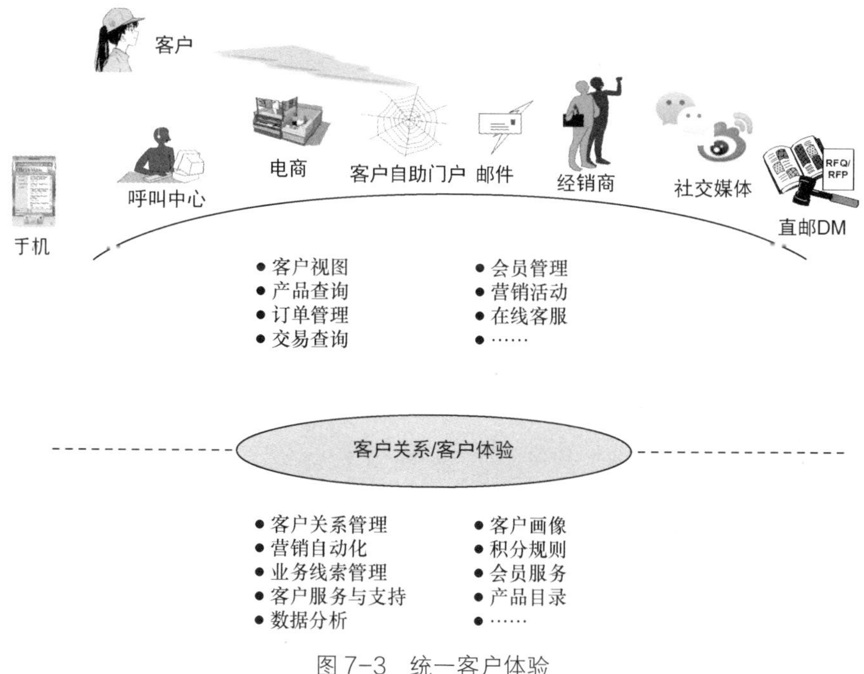

图 7-3　统一客户体验

基于策略的
行动
客户与企业
的互动
客户价值
识别
执行
互动
服务支持
客户智能
CRM
市场自动化
公司
客户
客户
体验
数据分析
评估
需求
客户行为
客户数据搜集
建立客户大数据
平台
优化客户忠诚度
模型
精准客户营销
O2O整合
客户洞察分析

图 7-4　客户智能驱动的客户体验提升机制

5. 客户精准营销

根据客户智能结果进行目标客户细化，进行场景化、多体系的客户互动营销，以增加客户 ROI，延长客户生命周期。

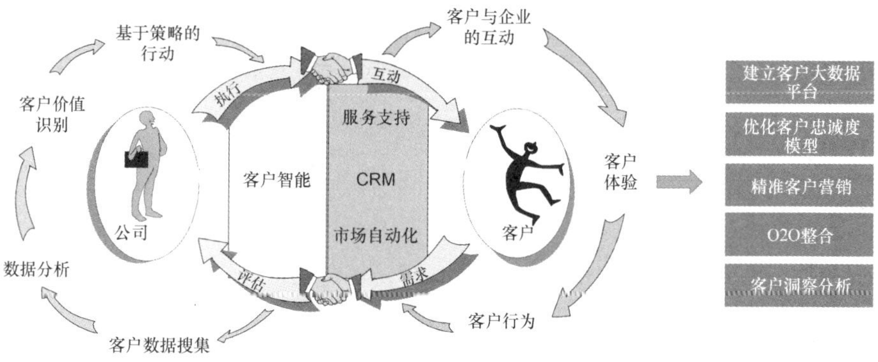

7.3 零售 CRM 的客户智能方案

7.3.1 客户旅程驱动的客户智能方案

客户旅程正在成为管理企业客户和用户体验计划的关键工具，对管理客户体验至关重要。客户旅程地图（Customer Journey Map）描述在客户端到端的触点旅程中，根据客户的过往交易、行为数据主动预测客户消费行为，提供有针对性的营销、服务活动指引，主动引导客户消费行为进程。

面对庞大的客户数量规模，要满足终端客户、经销商的个性化需求，除了要有数字化转型、客户智能分析的支持之外，更为重要的是能够做到客户旅程自动化、以客户旅程为引擎的客户营销和服务自动化。客户旅程的自动化还要考虑以下因素：

（1）实现客户旅程的过程管理（阶段）；

（2）对客户旅程进行漏斗管理，提供从管理的视角对客户旅程进行实例化的操作；

（3）把客户、产品、订单和经销商与客户旅程紧密关联；

（4）整合线下和线上的销售线索；

（5）通过市场活动促进客户的转化和进阶；

（6）通过销售活动促进客户的转化和进阶。

多年数字化转型的努力，使得零售业的主要业务线中有较大比例客户营销和服务业务已经线上化，且能够通过移动端完成。客户身份在线识别和行为追踪，为零售业产品商家实施由客户旅程驱动的客户智能应用累积了个性化营销的数据基础。

客户数据基础结合人工智能算法，可帮助实现个性化营销和智能化营销的场景。比如：

（1）基于用户电商行为分析识别产品需求，向客户主动推荐商品；

（2）通过完善相关业务系统为客户推荐适合的凑单商品，促进客户增购并顺利下单；

（3）通过电商端“订单未提交”和“订单未支付”提醒功能，主动跟进客户，推进购买进程；

（4）提升业务系统对经销商营运的决策支持能力，比如帮助经销商识别关键营销切入点和触达客户；

（5）提升数据赋能能力，提升经销商识别客户、细化客户的能力。比如，经销商接洽了 10 个潜在客户，业务系统帮助识别出其各自的优先级。

这些场景做到基于对客户数据的分析洞察，准确对营销痛点、断点提供解决方案，有效促进购买转化。

7.3.2　客户智能方案示例

这里以保健品行业为例，以线下体验、线上营销的潜在客户营销为场景描述客户智能方案。

7.3.2.1　业务需求场景

1. 业务需求场景

（1）针对现场体验中心或者体验门店（以下统称体验门店）参与现场健康检测项目的客户，根据检测结果推送相关产品推荐，刺激客户产生购买行为。

（2）分析客户在线上电商端的交易情况。

（3）针对在体验门店参与过现场检测项目但是没有购买产品的客户，在指定周期后推送提醒消息。有选择地建议客户再次前往体验门店进行检测，了解身体各项指标的变化。

2. 业务目的

（1）通过产品推荐推送，提升指定产品的购买率。

（2）实现线上和线下双线营销。

（3）获取客户交互行为，实现精准客户营销。

7.3.2.2　客户旅程设计

本章描述覆盖以上业务需求场景的客户旅程设计。

1. 场景 1：D+0 体验门店检测 + 产品推荐

（1）客户旅程：现场健康检测、产品推荐，见图 7-5。

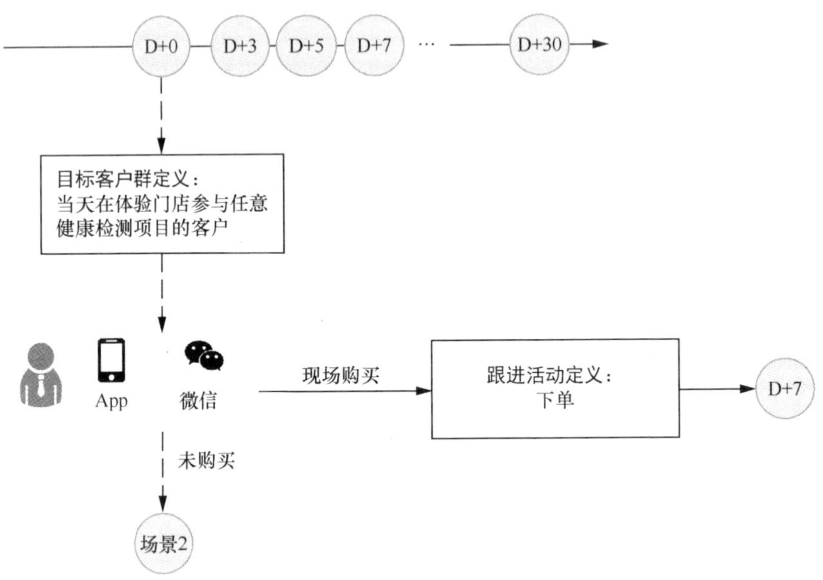

图 7-5　D+0 客户旅程设计（线下）

（2）目标客户：当天在体验门店参与任意健康检测项目的客户。

（3）客户触点：健康检测、现场下单。

（4）推送渠道：线下。

2. 场景 2：D+0 推送客户关怀消息 + 产品推荐

（1）客户旅程：完成现场健康检测离场后，对未现场下单客户进行客户关怀，见图 7-6。

（2）目标客户：当天在体验门店参与任意检测项目且未现场下单的客户。

（3）客户触点：点击产品链接、下单。

（4）推送渠道：线上（App、微信公众号）。

（5）数据抽取频次：每日 1 次。

（6）推送周期：D+0（当日）。

（7）推送内容：见图 7-6。

可选类型	要求
文本推送 + 产品链接	产品链接：点击文本中关键词，跳转产品页面
图片推送	图片限制：小于 2MB。支持格式：JPG
内容模板（示意）	保健体验会 大转盘 边看健身，边保健，特定商品品牌折上折 4月5-6日所有护肤用品在原折上8折 你有1张优惠券可用 你有1000积分可用

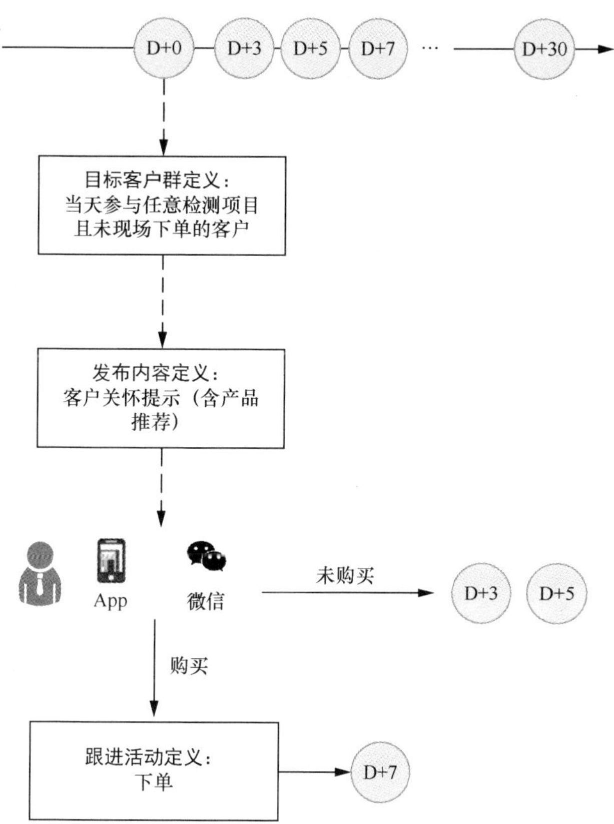

图 7-6　D+0 客户旅程设计（线上）

3. 场景 3：D+3 推送客户关怀消息 + 产品推荐

（1）客户旅程：对之前关注过产品但没有下单的客户进行客户关怀，以保持线索热度，见图 7-7。

可选类型	要求
文本推送 + 产品链接	产品链接：点击文本中关键词，跳转产品页面
图片推送	图片限制：小于 2MB。支持格式：JPG
内容模板（示意）	 保健体验会 小别三日，期待您的回信呢 - 特定护肤用品只为您准备哦 5月5-6日所有护肤用品在原折上8折 你有1张优惠券可用 你有1000积分可用

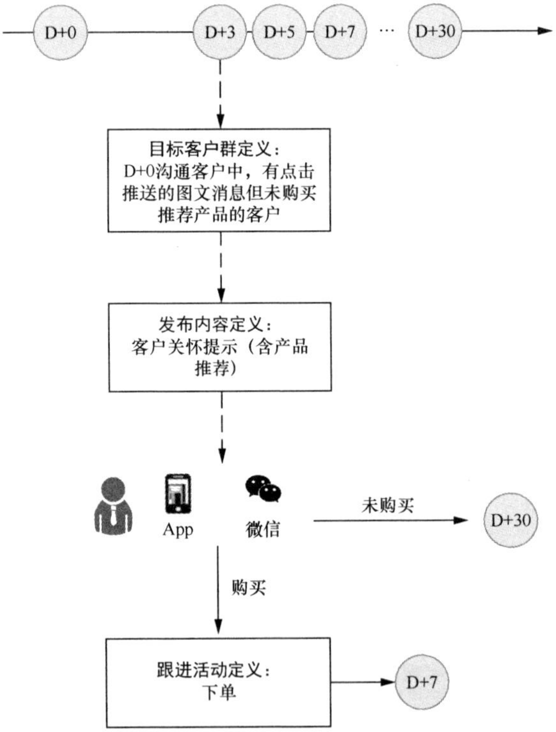

D+0　D+3　D+5　D+7　…　D+30

目标客户群定义：
D+0沟通客户中，有点击推送的图文消息但未购买推荐产品的客户

发布内容定义：
客户关怀提示（含产品推荐）

App　微信

未购买　D+30

购买

跟进活动定义：
下单

D+7

图 7-7　D+3 客户旅程定义

（2）沟通对象：D+0 沟通客户中，有点击推送的图文消息但未购买推荐产品的客户。

（3）推送渠道：线上（App、微信公众号）。

（4）数据抽取频次：每日 1 次。

（5）推送周期：D+3（现场检测后第 3 天）。

（6）推送内容：见图 7-7。

4. 场景 4：D+5 推送客户关怀消息 + 产品推荐

（1）客户旅程：向一直没响应（包括没点击产品链接）的客户推送第 2 轮客户关怀和产品推荐（替代产品，认为客户对第 1 轮推荐产品无兴趣），保持线索热度，见图 7-8。

（2）沟通对象：D+0 沟通客户中，没有点击推送的图文消息且未购买推荐产品的客户。

（3）推送渠道：线上（App、微信公众号）。

（4）数据抽取频次：每日 1 次。

（5）推送周期：D+5（现场检测后第 5 天）。

（6）推送内容：见图 7-8。

可选类型	要求
文本推送 + 产品链接	产品链接：点击文本中关键词，跳转产品页面
图片推送	图片限制：小于 2MB。支持格式：JPG
内容模板（示意）	

图 7-8　D+5 客户旅程定义

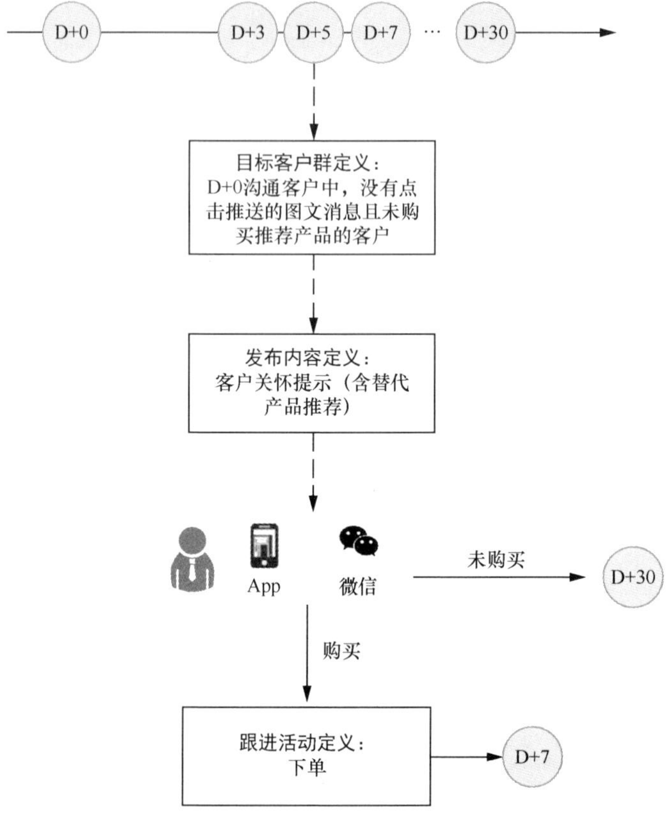

图 7-8 D+5 客户旅程定义（续）

5. 场景 5：D+7 推送客户回访消息

（1）客户旅程：定期回访已经购买产品的客户，提升客户满意度，见图 7-9。

（2）目标客户：D+0 沟通客户中，已经购买推荐产品的客户。

（3）推送渠道：线上（App、微信公众号）。

（4）数据抽取频次：每日 1 次。

（5）推送周期：D+7（现场检测后第 7 天）。

（6）推送内容：见图 7-9。

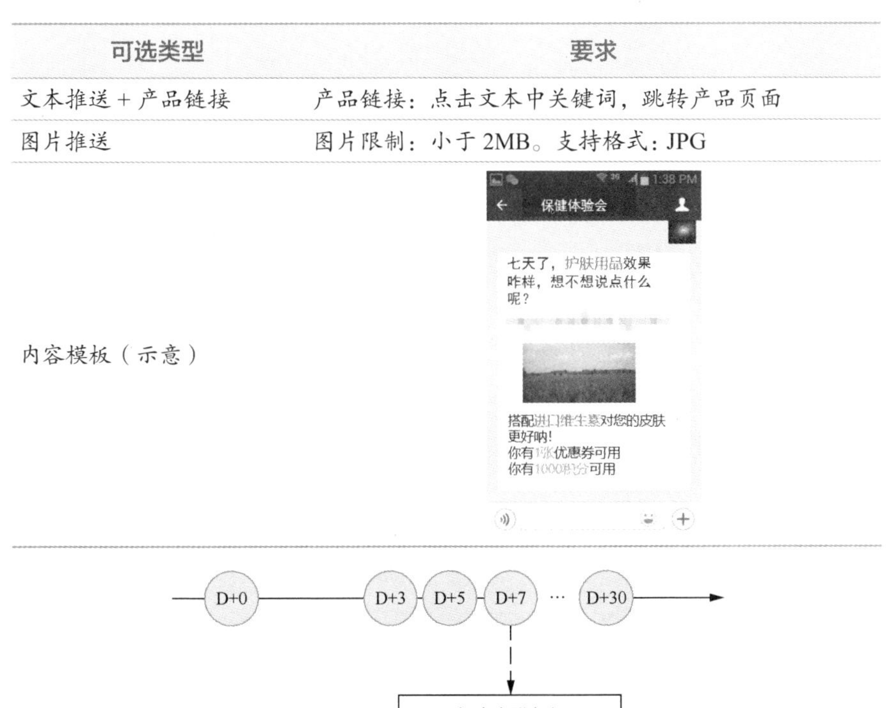

可选类型	要求
文本推送 + 产品链接	产品链接：点击文本中关键词，跳转产品页面
图片推送	图片限制：小于 2MB。支持格式：JPG
内容模板（示意）	保健体验会 七天了，护肤用品效果咋样，想不想说点什么呢？ 搭配进口维生素对您的皮肤更好呐！ 你有1张优惠券可用 你有1000积分可用

图 7-9　D+7 客户旅程定义

6. 场景 6：D+30 再次检测提醒

（1）客户旅程：向近一个月未购买产品的客户发送健康复检的邀请，提升线索热度，见图 7-10。

可选类型	要求
文本推送＋产品链接	产品链接：点击文本中关键词，跳转产品页面
图片推送	图片限制：小于 2MB。支持格式：JPG
内容模板（示意）	

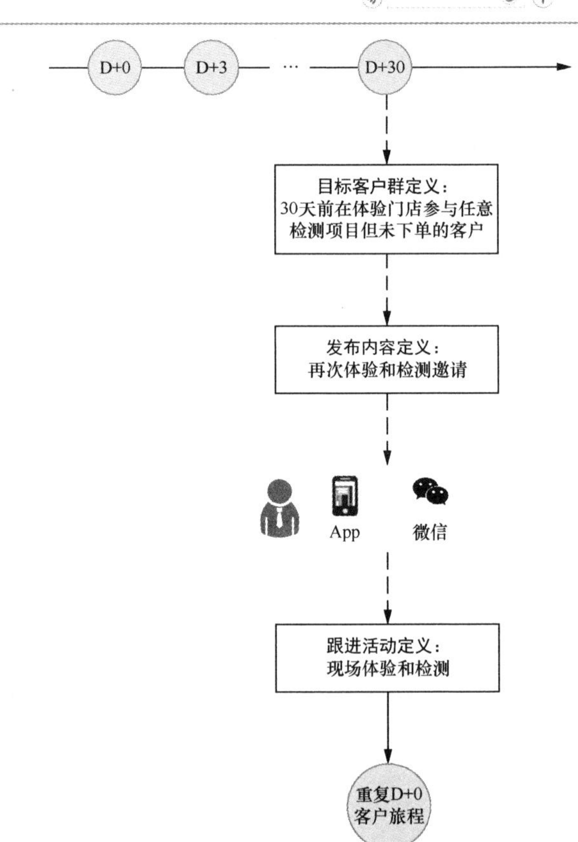

图 7-10 D+30 客户旅程定义

（2）目标客户：上个月在体验门店内参与任意检测项目，但未购买产品的客户。

（3）推送渠道：线上（App、微信公众号）。

（4）数据抽取频次：每日 1 次；

（5）推送周期：D+30（现场检测后第 30 天）。

（6）推送内容：见图 7-10。

7.3.2.3　效果分析

客户旅程根据捕获的客户行为上下文，做到个性化地引导客户消费行为，做到在不影响客户体验的情况下精准营销。即使这样，仍然需要量化每个客户旅程的实施效果，为下一步客户旅程优化做准备。

1. 效果分析模型

除场景 1 是线下外，其余是线上场景。线上场景可衡量以下指标（见图 7-11）。

（1）点击率：衡量推送的产品内容是否吸引目标客户，以及点击查看产品推荐链接的比率。

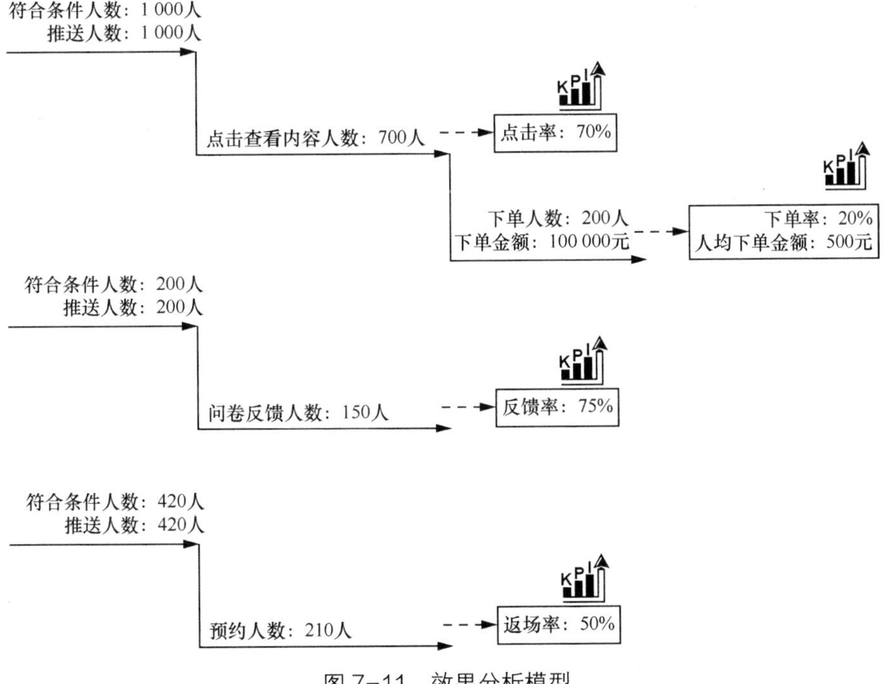

图 7-11　效果分析模型

（2）下单率：衡量下单客户数占目标客户的比率、推荐产品是否吸引目标客户。

（3）人均下单金额：衡量目标客户群体的消费行为。

（4）反馈率：衡量客户对推送的问卷调查或者消费回访的参与程度。

（5）返场率：衡量销售线索的热度。

2. 效果分析结果（示例）

场景的客户旅程效果分析（示例）见表 7-1。

表 7-1 场景的客户旅程效果分析

场景	效果分析 1	效果分析 2
场景 1	符合条件人数：1 000 人 下单人数：200 人 下单金额：100 000 元	下单率：20% 人均下单金额：500 元
场景 2	符合条件人数：800 人 推送人数：800 人 点击人数：600 人 下单人数：200 人 下单金额：100 000 元	点击率：75% 下单率：25% 人均下单金额：500 元
场景 3	符合条件人数：400 人 推送人数：400 人 点击人数：200 人 下单人数：100 人 下单金额：50 000 元	点击率：50% 下单率：25% 人均下单金额：500 元
场景 4	符合条件人数：200 人 推送人数：200 人 点击人数：100 人 下单人数：80 人 下单金额：32 000 元	点击率：50% 下单率：40% 人均下单金额：400 元
场景 5	符合条件人数：200 人 推送人数：200 人 反馈人数：150 人	反馈率：75%
场景 6	符合条件人数：420 人 推送人数：420 人 预约人数：210 人	返场率：50%

接下来，营销经理需要和渠道经理等部门人员一起分析不同场景的实施效果，识别客户旅程优化改进的方向。

7.4　本章小结

使用客户旅程作为设计器，对现场体验场景下客户的触点、响应、交易行为进行设计。同时，以客户旅程作为触发引擎，动态跟进客户交互行为并进行效果分析，提供下一步客户营销和服务的行动建议。最大化单个客户每个触点的产出直至赢得客户订单，同时又不降低客户体验。

该案例在以下方面有进一步提升的空间。

（1）理想的推送内容管理（参考案例中的客户关怀内容模板）建立在数字资产管理之上，做到内外部优秀内容资源的对接及自动化同步。同时，内容投放机制可支持自定义创建设置、自动化执行，以适应市场需求的快速变化。

（2）推送内容需要基于客户细分。不同的客户细化群体，推送的内容（或者产品）会有不同。比如，如果适用于老年的产品或者内容同样被推送给年轻人，会大大降低客户体验。

（3）即使是同一个客户细化群体，推送内容也应该有差别。比如，可参考个体客户的历史购买产品或者行为，推送关联产品内容。

第 8 章

精准财富规划：客户智能在零售银行的应用

8.1 业务背景

商业银行中的零售银行业务是指商业银行运用现代经营理念，依托高科技手段，向个人客户提供综合性、一体化的金融服务，包括存取款、贷款、结算、汇兑、投资理财等业务。

零售银行业务相对于对公银行业务而言，其主要特征包括：客户对象是个人客户、交易零星分散、交易金额较小、客户流动性强等。

个人客户基本上可分为三大类：普通个人客户、贵宾客户、私人银行客户。贵宾客户、私人银行客户大类下又细分不同子类。私人银行客户的客户营销和服务模式和前两者差异很大，有些大型银行还会将其作为单独的课题或者项目实施私人银行 CRM。或者说，在有些大型银行，零售银行 CRM 的客户对象是指不包括私人银行业务的零售银行客户。

其中，私人银行客户、贵宾客户是给零售银行带来收益的客户群，也是零售银行营销和服务的重点。从外部竞争上，近些年快速兴起的互联网金融，竞争的焦点也是这一高收益客户群体，大大吸引和分流了零售银行的客户。在内部管理上，笔者从辅导过的零售银行客户营销和服务数字化转型实践中，总结出零售银行在客户管理、营销和服务环节普遍存在的问题，具体如下。

（1）缺少客户统一视图。看不到客户全貌，无法及时提供有针对性的产品和服务。

（2）无法按照营销活动场景细分客户群体。营销活动无法精准定位目标客户群，营销效果差。

（3）缺少对不同客户细分的差异化业务支持模式，高端客户流失严重。

（4）缺少产品知识库支持，服务体系待完善。

（5）营销和销售的流程不标准，随意性强，有待规范。

8.2　零售银行 CRM 方案概览

8.2.1　业务目标

零售银行 CRM 有助于打造个人银行客户服务体系、优化客户服务流程、实施有针对性的客户营销，也有助于强化营销业绩考核，进而提升全行整体管理水平、营销效率和客户服务水平。每家商业银行实施零售银行 CRM 的具体目标有差异。通常商业银行通过实施零售银行 CRM，期望达到以下目标。

（1）建立完善的单一客户视图，整合个人客户各类基本信息、业务信息与关系信息，为便捷、客观、规范、全面了解个人客户打下基础。

（2）提供强大的客户生命周期管理流程，包括客户新增、客户分配、客户转移、客户升降级、客户流失等。

（3）提供总、分、支各级机构系统化的营销管理工具，实现目标客户群细分、挖掘和分析。

（4）建立完善的营销流程，实现营销计划设置、实施、组织、跟踪等的自动化营销流程。对营销计划、市场活动提供可量化的准确评估，提升银行营销活动的效率和效果，提升开拓市场的能力。

（5）建立完善的服务流程，方便各级用户规范地实施标准的服务流程。

通过迅速准确把握客户需求，提升客户服务与支持的能力；及时了解客户的投诉和要求，并解决问题，提升客户满意度和客户保留能力。

（6）通过产品和知识库管理，实现对产品的综合分析与评价，提供营销支持。

（7）实现涵盖全客户的综合分析与评价，提供营销绩效考核和差异化营销支持工具。

8.2.2 业务功能

零售银行 CRM 在功能层面通常包括以下内容，见图 8-1。系统的主要功能模块包括：客户管理、业务信息、活动管理、市场管理、销售自动化、服务自动化、综合分析与绩效等。

图 8-1 零售银行 CRM 功能架构

本书不再就每个功能做详细描述，有兴趣的读者可参考具体实施案例的相关内容。这里仅就一些关键功能进行描述。

8.2.2.1　客户统一视图

客户统一视图是零售银行客户的基础，主要目标是以客户为中心整合各渠道的客户数据、展示客户数据，让面向客户的营销、销售和服务的人员看到一致的客户视图。图 8-2 所示是零售银行客户、私人银行客户统一视图的示例。

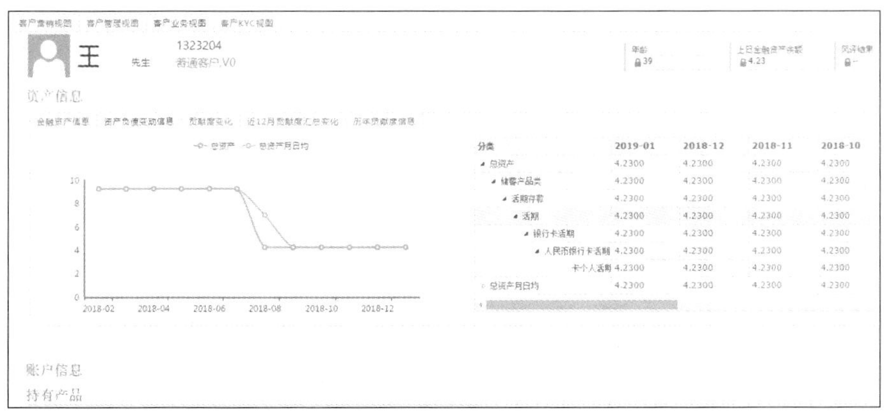

（a）零售银行 CRM 的客户统一视图（示例）

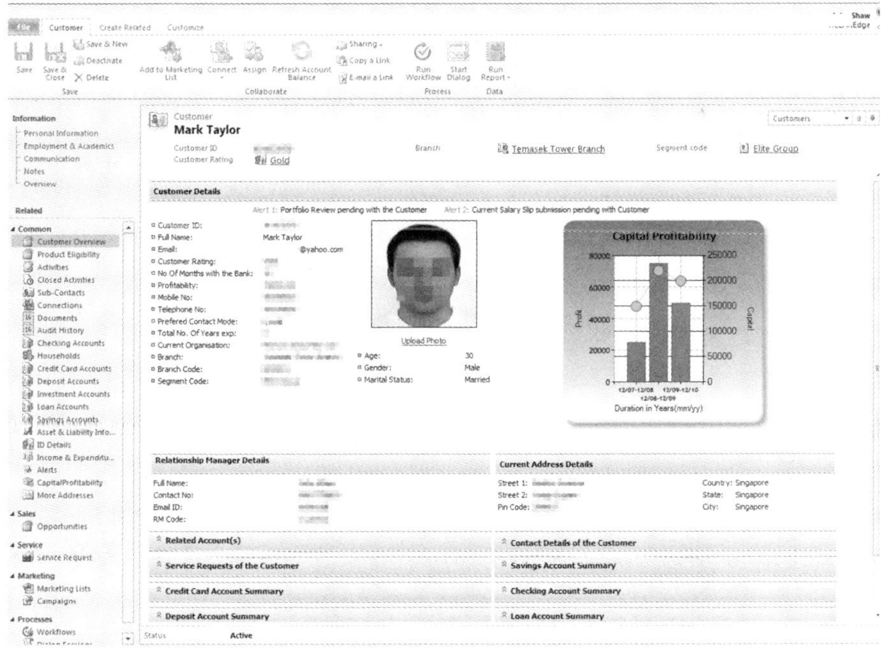

（b）私人银行客户统一视图（示例）

图 8-2　客户统一视图示例

零售银行 CRM 的客户统一视图通常包含以下客户数据内容：

（1）客户基本信息，如姓名、性别、工作单位、家庭等；

（2）客户分类标签，标识普通客户、贵宾客户等分类信息等；

（3）客户生命周期信息，跟踪从获取、价值变动，到客户流失；

（4）客户业务数据，如存款、贷款、中间业务等产品持有情况、交易历史等；

（5）客户营销活动历史；

（6）客户服务历史。

8.2.2.2 营销管理

营销经理和产品经理制订营销计划，针对营销目标有计划地发起营销活动。每一个营销活动，事先筛选确定目标客户群，针对该目标客户群发起市场活动。

开展批量营销的一种方式，包括利用批量短信、直邮、E-mail、网上银行或者微信公众号发布营销信息。

另一种方式，通过 CRM 向下级机构或者客户经理发布各类营销活动安排以开展一对一营销活动。两种营销活动分发流程见图 8-3。当筛选出的营销活动目标客户有所属客户经理或者理财经理时，则自动分派下发到人员跟进。

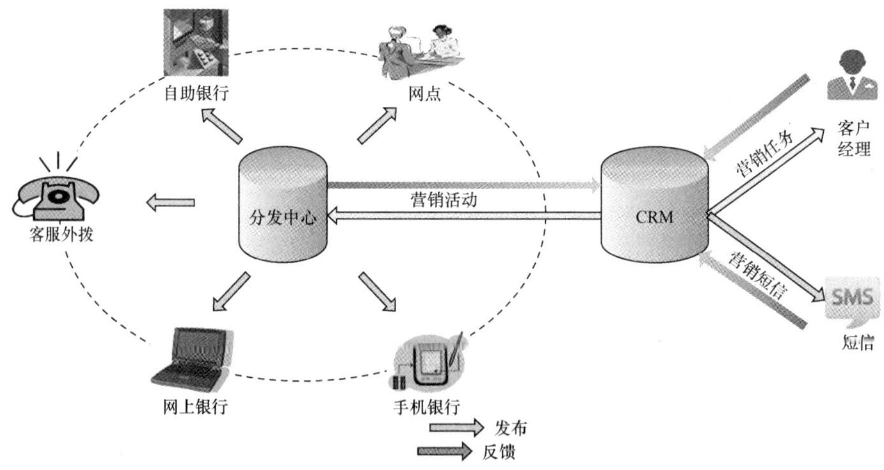

图 8-3 营销活动分发流程

同时 CRM 跟踪营销计划和营销活动的实施效果分析，评价营销活动的成本费用与效果。这里的实施效果包括获取线索数量、线索质量、签约数量、签约金额等关键绩效指标。图 8-4 汇总了营销活动的整个管理流程。

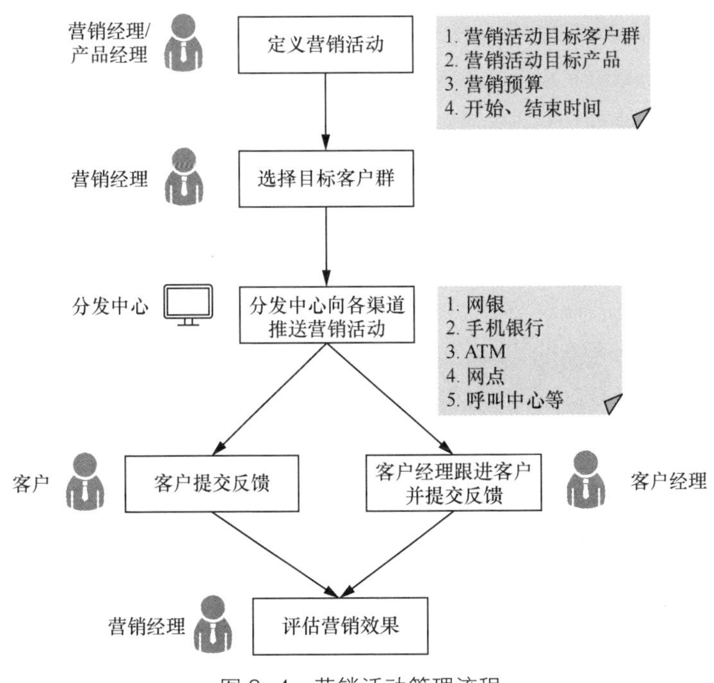

图 8-4　营销活动管理流程

营销活动需要商业银行在人员、费用上的投入。为了达到营销活动的最佳投入产出比，这里总结了一些最佳实践，供实施营销管理数字化转型参考。

（1）在客户分析、客户细分的基础上进行目标客户筛选。做到目标客户精准化，单一客户的投入产出比才有可能做到最高。

（2）营销活动策划考虑金融产品交叉销售、提升销售的关联性，以及目标客户筛选也要同步考虑客户金融产品持有情况，提高目标客户签约可能性。

（3）促进营销活动管理过程中的工作协同。开展营销活动不是营销经理、产品经理单方面的任务，客户经理、理财经理要了解营销活动的出发点、目标并及时跟进。

（4）持续获取潜在客户反馈，动态跟踪营销活动效果。其包括收集客户经理、理财经理的反馈，营销经理需要总结和持续优化下一步营销活动计划。

8.2.2.3 销售自动化

零售银行 CRM 另一收益点在于能够标准化客户营销的流程，指导客户经理依照销售管理的要求或者销售流程的最佳实践跟进销售线索，提升赢单概率。比如，营销活动挖掘了客户 A 有理财产品 B 的销售机会。依照银行对销售特定理财产品 B 的管理要求，有以下跟进活动要求：

（1）理财产品 B 销售第一步：KYC（Know Your Customer，了解你的客户）风险评估，授予资格；

（2）理财产品 B 销售第二步：和理财经理、产品经理沟通，制定理财方案；

（3）理财产品 B 销售第三步：为客户提供理财方案建议；

（4）理财产品 B 销售第四步：客户签约或者放弃，线索关闭。

可视化的销售线索跟进流程有助于客户经理了解跟进状态、管理待跟进事项。并且，跟进阶段可随着跟进活动不断更新，当达到指定的条件时即可自动推送销售活动提醒，或者推进跟进阶段，做到销售自动化、标准化，如图 8-5 所示。

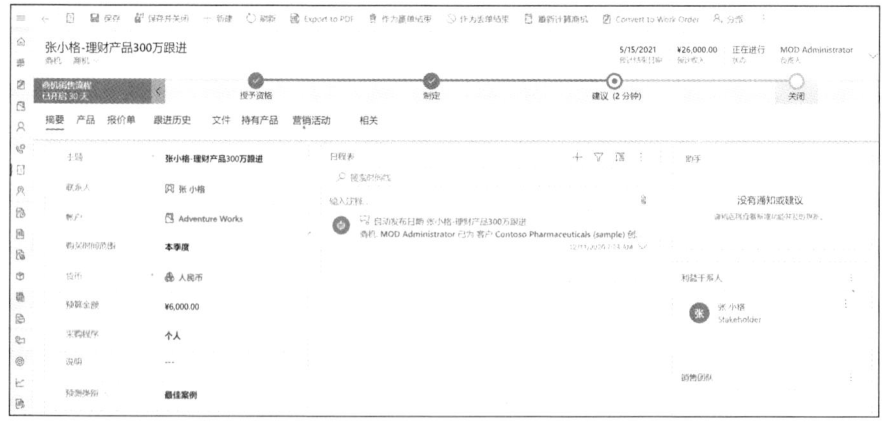

图 8-5　可视化销售流程提升销售效率

8.2.2.4　服务自动化

零售银行 CRM 中的服务自动化接收来自多个客户交互渠道（E-mail、电话、柜台、网银、微信公众号、手机银行等）的服务请求，典型的服务请求见图 8-6，并且按照服务等级协议（Service Level Agreement, SLA）跟进服务请求、关闭服务请求，并通过回访等形式收集客户对产品、服务的反馈。

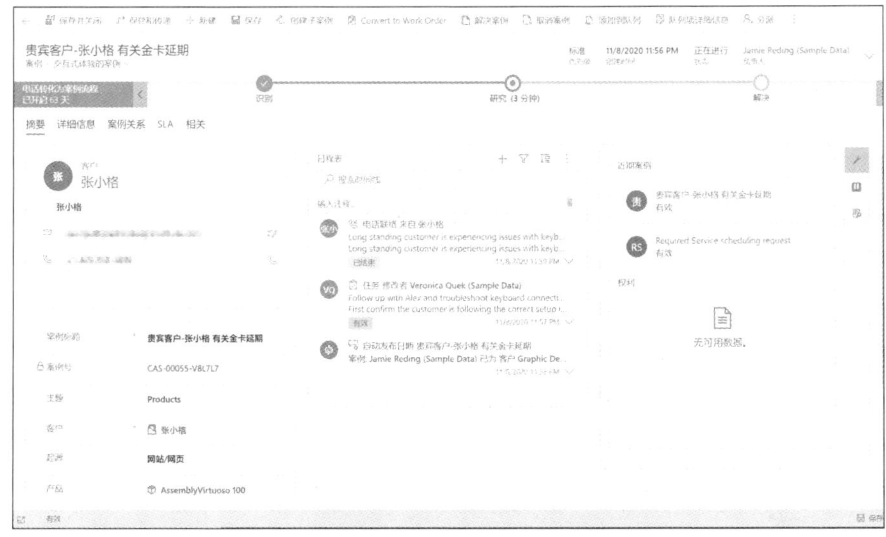

图 8–6　典型服务请求界面

整个服务自动化的流程如图 8-7 所示。

服务自动化建立在多渠道客户信息整合的基础上，客户在不同渠道获取统一客户体验，有助于提高客户满意度。

在现实应用上，服务自动化模块通常不是国内零售银行 CRM 的实施重点。主要原因有两个，一个是现阶段应用重点放在促进客户营销、挖掘销售线索上。另一个原因是很难做到承诺的服务等级协议（SLA）。而国外零售银行 CRM 则相反，基于 SLA 的服务自动化模块是用来解决客户实际诉求、提升客户满意度的重要手段。这种区别和国外（发达经济体）相对成熟的金融市场、饱和的客户体量等因素密不可分。

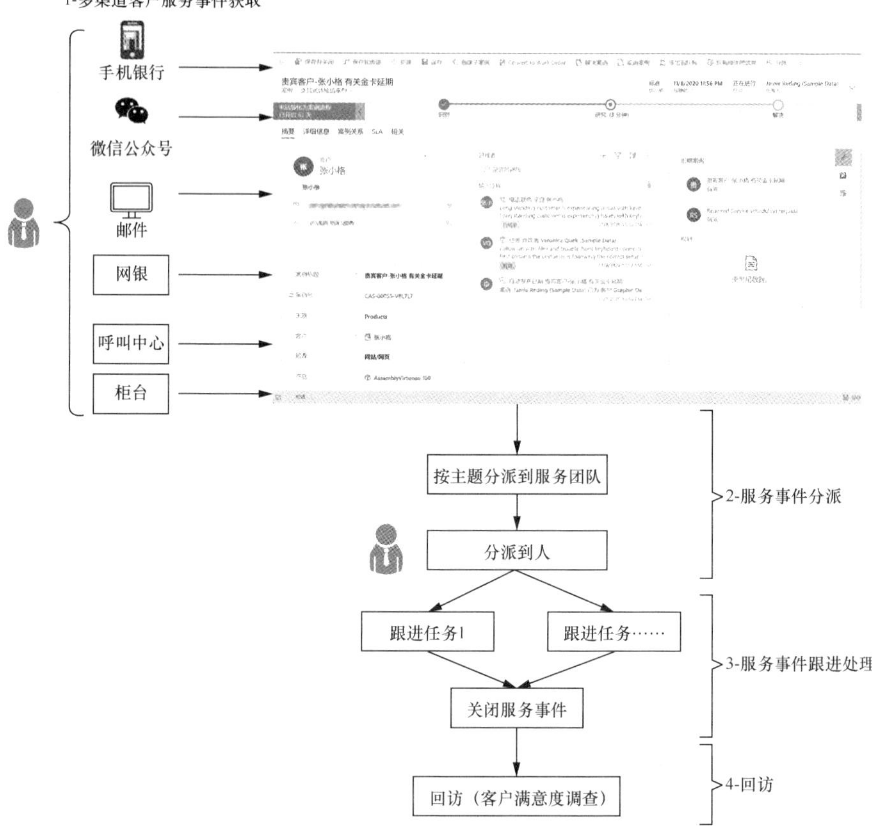

图 8-7 服务自动化流程

8.2.3 功能权限

零售银行 CRM 涉及总分支机构或者网点的行领导、团队主管、产品经理、营销经理、风险经理、理财经理、客户经理、大堂经理、考核管理员等岗位用户，见表 8-1。

不同零售业务相关用户在零售银行 CRM 上的职能有所不同，表 8-2 仅标识了一级功能层面。不同银行在机构层级、部门设定、人员岗位等具体设置上会有所不同。

表 8-1　零售银行 CRM 用户岗位矩阵

机构	机构属性	管理类		系统类		专业类		营销类			
		行长 / 副行长	团队主管	系统管理员	考核管理员	产品经理	风险经理	营销经理	理财经理	客户经理	大堂经理
总行	营销管理部	√	√	√	√			√			
	产品渠道部		√		√	√		√			
	财富管理部		√						√	√	
	私人银行部		√		√				√	√	
	风险管控部		√				√				
分行	管理机构	√	√		√						
	营业机构		√								√
	理财专区		√						√		
	营销团队		√			√		√	√	√	
	私人银行中心		√						√	√	
	风险管控		√				√				
二级分行	管理机构	√	√		√						
	营业机构		√								√
	理财专区		√						√		
	营销团队		√					√	√	√	
	私人银行中心		√						√	√	
支行 / 网点	管理机构	√	√		√						
	营业机构		√								√
	理财专区		√						√		
	营销团队		√					√	√	√	

表 8-2　零售银行 CRM 功能权限矩阵

功能模块	一级功能	管理类		系统类		专业类		营销类		
		行长 / 副行长	团队主管	考核管理员	产品经理	风险经理	营销经理	理财经理	客户经理	大堂经理
客户管理	客户统一视图	√	√	√	√	√	√	√	√	√
	客户分配		√							
	客户转移		√					√	√	
市场管理	市场活动管理	√	√				√	√	√	
	目标客户群		√				√			
	事件营销		√				√	√	√	
销售管理	销售线索管理		√					√	√	√
	营销记录		√					√	√	
	财富规划		√					√		
	产品知识库	√	√	√	√	√	√	√	√	√
服务管理	服务事件		√			√		√	√	√
	知识库	√	√		√	√		√	√	√
	服务过程管理	√	√			√		√	√	√
绩效管理	业绩分配		√	√						
	绩效考核	√	√	√				√	√	
统计分析	综合分析	√	√	√	√	√	√	√	√	

8.3　客户智能助力精准财富规划

基于客户智能技术的财富规划充分利用零售银行 CRM 的客户数据（年龄、家庭状况、财务状况、风险偏好、理财目标等信息），依据现代投资组合理论、效用函数理论、行为金融学理论等基础知识，应用一系列智能算法为个人客户量身定制资产配置方案，并对投资组合进行实时跟踪和自动再平衡。

理财顾问收集客户的相关理财信息，如财务状况、理财目标等，根据客户的财务状况（资产、负债、收入、支出、风险承受能力等），分析客户的各种财务目标、风险保障、风险类型，从而制订个性化的投资组合规划，并能够以本机构推荐的金融产品为主，根据投资组合建议，对客户进行产品推荐。最后，可以打印财富规划书，并以此作为金融产品购买和今后投资目标管理的依据。整个客户智能的财富规划方案可以用图 8-8 表示。

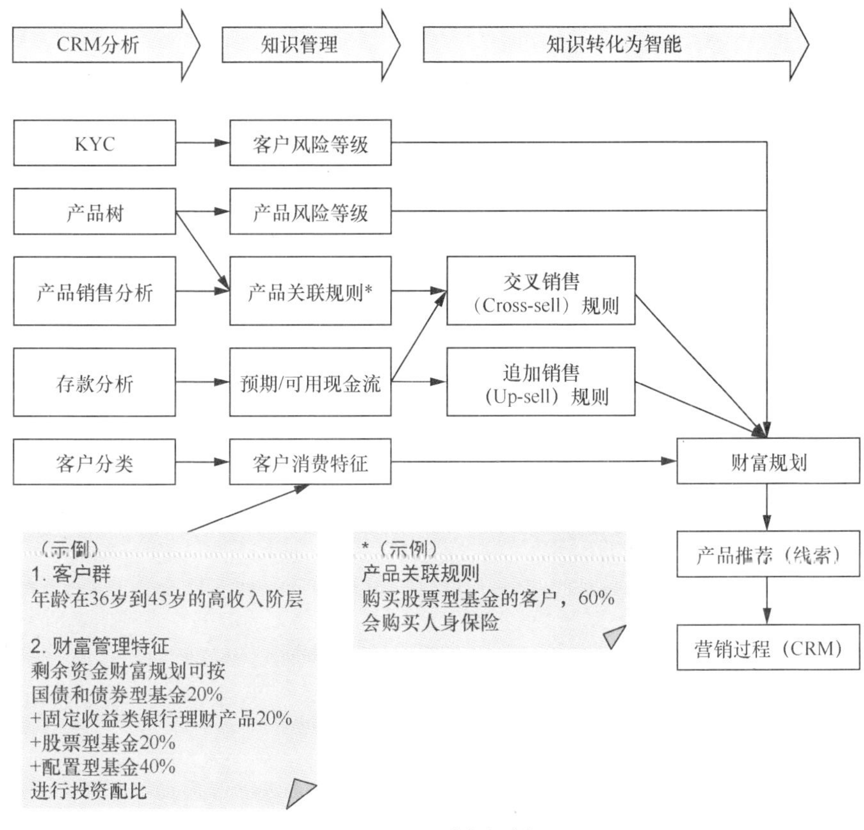

图 8-8　财富规划

8.3.1　产品树和产品组合

产品树是理财顾问正确理解、选择投资产品的基础。产品树有助于客户经理理解并向客户推荐金融产品。零售银行对基金、保险及各类理财产品、产品组合进行管理，同时提供产品分析功能。比如以多种图形的方式，比较和研究产品的业绩表现、投资组合、价格、费用、风险和评级等状况。

8.3.2 客户分类和客户分析

CRM 中的客户统一视图记录了客户基本信息、客户分类和财务状况（资产、负债、收入、支出、风险等级等）。客户资产分析、消费行为特征分析等客户分析结果作为输入参数，对财富规划的个性化、精准化起着决定性的作用。

8.3.3 财富规划

财富规划提供了实施的整个过程所需要的业务支持。理财经理可以方便、快捷地为客户制定理财方案和产品配置方案，科学地、合理地安排客户的财富，以获得长期、稳定的客户关系。

财富规划模块（见表 8-3）包括风险等级、战略资产配置、产品选择、假设性分析、资产组合平衡工具、财富规划建议书生成和各种金融计算器，用于提供客户优化投资组合建议。先进的资产组合管理工具使零售人员可以为贵宾客户量身打造资产组合理财方案，为客户提供具有针对性的财务和资产组合深度分析。

表 8-3 财富规划模块

功能 / 数据	说明
个人数据	客户数据
家庭成员数据	家庭成员的详情
财务数据	当前财务信息、保险覆盖状态，计算客户的净资产和可支配收入
家属财务数据	配偶的财务信息、保险覆盖状态，以合并家庭的净资产和可支配收入

续表

功能 / 数据	说明
风险等级	为对金融服务感兴趣的投资者提供风险特征调查问卷，以确定其风险特征。风险特征调查问卷可以容易地客户化，并且设置客户层面的资产配置方案，系统使不同的配置方案与客户的风险特征相匹配
战略资产配置（Strategic Asset Allocation,SAA）	个人客户明确特定理财目标下的战略资产配置
财富预测（蒙特卡罗模拟）	针对理财目标和选定的 SAA，运用蒙特卡罗模拟，对资产组合的价值和可能性进行预测
产品选择	快速和容易地根据选定的资产配置，按照历史表现排序，比较、选择基金、保险或者其他证券产品
资产组合平衡	提供易于使用的界面，调整投资和选定的产品
最少投资检查	弹出关于投资额低于最小初次投资要求的警告信息
假设性分析	提供一个假设性的资产组合分析工具，用于检验历史情况下的表现
财富规划建议书生成	允许将客户的财富规划书生成 PDF 文件

8.3.4 产品推荐

财富规划会有理财经理和客户的沟通过程。客户针对财富规划的内容表达金融产品选择的意向，抑或认同财富规划的结果，抑或由于经济状况的变化选择其他金融产品。产品推荐可视为对沟通结果的体现。

8.3.5 产品推荐转营销过程

财富规划中产品推荐的结果作为销售线索纳入 CRM 的营销过程。整个财富规划过程涵盖从数据收集到资产配置、营销过程的整个过程，根据个人客户的自身特点做到精准的财富规划，提升银行服务的专业性和客户满意度。

8.4 本章小结

零售银行应用 CRM 实现客户营销和服务数字化转型，使得零售银行成为广泛应用 CRM 的领域之一。零售银行的客户群，尤其贵宾客户群不断提升的客户体验诉求推动着商业银行不断地进行科技创新。从人脸识别，到智能柜员机、智能客服，甚至到无人银行的出现，一次次科技创新的背后，是科技金融致力于客户体验提升的不断实践。

这些科技创新中，有相当比例得益于人工智能技术的突飞猛进。

这里，笔者结合辅导过的几个大型零售银行 CRM 的案例，对案例中使用的人工智能技术、适用的客户智能场景进行了简单的汇总，见表 8-4。希望该汇总对理解人工智能技术如何提升客户智能有所帮助。

表 8-4 人工智能技术适用客户智能场景汇总

人工智能技术	适用客户智能场景	客户智能场景描述
语音识别	智能客服	打造个人金融助理形象：多模式融合的在线智能客服——实现语音识别、实时语义理解、客服助理等商业智能应用；自动推送客户特征、知识库等内容，借助微信公众号等平台，推出语音问答系统
	语音数据挖掘	基于语音和语义技术，可自动将电话银行的海量通话和各种客户单据内容结构化，打上各类标签，挖掘和分析有价值信息，为服务与营销等部门提供数据与决策支持
计算机视觉与生物特征识别	人脸识别	利用人脸识别技术验证客户身份，将人脸识别技术用于远程开户、刷脸支付等要验证客户身份的环节，提升客户体验
机器学习与神经网络	金融预测与反欺诈	大规模采用机器学习，导入海量金融交易数据，使用深度学习技术，从金融数据中自动发现模式，如分析信用卡数据、识别欺诈交易，并提前预测交易变化趋势，提前做出相应对策
	授信融资	通过整合多来源及不同性质的数据，做到在几分钟内运算出结果，并且贷款系统可以自动判断贷款要求是否合理；在贷后监控方面，通过数据筛选、建模和预测打分

续表

人工智能技术	适用客户智能场景	客户智能场景描述
机器学习与神经网络	信用卡等级划分	通过对信用卡客户的消费行为分析，决定客户信用卡等级划分，并为销售部门提供白名单预测
	投资决策	使用基于历史数据与统计概率的交易算法，让系统能够自动学习市场变化并适应新的信息
	辅助决策系统	根据金融交易历史数据，利用深度强化学习技术，给出当前经济形势预测、银行业某项关键数据趋势预测，辅助做出金融决策
	智能投资顾问	根据马科维茨的现代资产组合理论（Modern Portfolio Theory, MTP），结合客户个人的风险偏好和理财目标，利用人工智能算法和互联网技术为客户提供资产管理和在线投资建议服务，面向众多个人客户提供高质量的投资顾问服务
知识图谱	构建金融知识库	构建金融知识图谱，用于辅助智能客服、柜员业务办理等，提升客户体验和业务办理效率
	风险控制	基于大数据的风险控制需要把不同来源的数据（结构化、非结构化）整合到一起，它可以检测到不一致性，分析企业的上下游、合作、竞争、投资、对标等关系
	征信	大数据和人工智能的联合，将成为征信行业核心竞争力
大数据	数据库营销	通过收集和积累客户大量的信息，经处理后预测客户有多大可能购买某种产品，以及利用这些信息给产品精确定位
	客户细分	根据客户的属性、行为、需求、偏好以及价值等因素对客户进行分类，并提供有针对性的产品、服务和销售模式
	客户画像	将客户的每个具体信息抽象成标签，利用这些标签将客户形象具体化，从而为客户提供有针对性的服务
	交叉销售	挖掘现有客户的多种需求，并通过满足其需求而销售多种相关服务或产品
	客户流失分析	连接企业所有客户触点，分析客户流失节点和原因，为及时洞察客情、构建个性化客户互动体验提供支持
	客户信用评分	从客户经营能力、盈利能力、偿债能力、发展能力，以及客户素质和信用状况等方面，对客户进行综合评价和信用评级

第 9 章

打造精致客户体验：客户智能在整车销售中的应用

9.1 业务背景

4S 店是一种以“四位一体”为核心的汽车特许经营模式，包括整车销售（Sale）、零配件（Sparepart）、售后服务（Service）、信息反馈（Survey）等。它拥有统一的外观形象，统一的标识，统一的管理标准，具有渠道一致性和统一的文化理念。4S 店在提升汽车品牌形象、汽车生产企业形象上的优势是显而易见的。

随着汽车产业的发展，价格因素带来的影响越来越小，汽车经营的初级阶段由车价主导演变为由专业化的服务、售后服务、品牌形象以及汽车文化、汽车生活为主导。消费趋势更趋向于以品质消费和体验消费为主导的新零售消费模式，尤其中高端汽车品牌的车主群体更加认同品质消费和体验消费，对车价的敏感度没那么高。

为了获得良好的客户体验，掌握第一手客户信息并且拥有快捷、高效的客户营销和服务渠道，就显得尤其重要。于是一些中高端汽车品牌不断创新销售模式和服务模式，包括摒弃 4S 店经营模式，而采取直销模式。

汽车销售采用直销模式是为了有效地保证客户可以享受到优秀的产品和

良好的服务。这种创新的营销模式，最先受益的就是客户：省略渠道成本，价格更透明、实惠，从试驾、订车、交付到售后的一体化服务提供更多便利，从而会带来更好的客户体验。

9.2　客户智能中心（CIC）+ 客户体验中心（CEC）

汽车销售采用创新的直销模式，长期来看符合我国中高端智能出行和数字化体验的需求与趋势，不论对汽车品牌形象提升、销售还是售后服务都具有颠覆性。它要求以汽车销售公司为主体的直销生态链加大在数字化、电动化、智能化上的投入，吸收更多“互联网 +”和数字化转型的经验。

本书将这种创新的直销模式，称为 CIC+CEC 模式。这里 CIC 指客户智能中心（Customer Intellence Center），CEC 指客户体验中心（Customer Experience Center）。

9.2.1　客户智能中心（CIC）

客户智能中心（CIC）是该直销模式的心脏，是基于客户旅程定义的客户营销动力引擎。其核心作用是根据客户触点定义关键客户交互行为，并且结合客户行为的上下文向交互渠道（线上、呼叫中心、CEC、短信、社交渠道等）发送客户交互指令。简单理解，CIC 会感知或者预测单一客户的行为和预期，提前做出超出客户预期的决策判断。CIC 一切以提升客户体验为宗旨。

在组织架构上，CIC 可能会包含或者关联以下核心职能或者部门。

1. 客户体验管理

客户体验管理负责定义针对特定客户（潜在客户、车主、会员）的客户决策旅程，跟踪并优化客户体验。具体包括以下方面。

（1）数字客户旅程定义。

（2）客户体验设计、优化。

（3）客户满意度管理。

（4）会员管理。

2. 客户运营管理

客户运营管理负责定义市场促销、客户权益，对接客户体验中心和管理等。具体包括以下方面。

（1）车源和配件管理。

（2）客户权益管理。

（3）促销活动运营。

（4）电商运营。

（5）出行运营。

（6）客户体验中心规划和管理。

（7）车主俱乐部。

3. 呼叫中心

呼叫中心负责通过电话（呼叫中心）、微信、智能客服机器人、短信等渠道接收、响应客户需求。

9.2.2 客户体验中心（CEC）

客户体验中心（CEC）作为线下实体机构，接收 CIC 的客户营销或者服务指令，向客户提供现场体验的销售、服务活动，具体如下：

（1）场景式体验；

（2）试乘试驾；

（3）充电桩勘测、安装；

（4）签约；

（5）交车；

（6）维修；

（7）二手车评估、交易。

9.2.3 CIC+CEC 直销模式

CIC+CEC 直销模式采用的是体验中心店与网络直销两种渠道相结合的方式，为客户提供“看得见、摸得着”的服务体验。网上预约、网上下单购车甚至车辆售后服务将通过互联网来解决。体验中心店更多地专注于提供体验服务，而非一味地推销产品。这不仅是技术上的颠覆，更是营销模式的创新。

9.2.3.1 客户旅程定义

一个完整的整车销售的客户旅程可通过图 9-1 来描述，分为潜客转化、客户成交、客户用车、客户挽留几个阶段。每个阶段会根据不同的客户触点和业务场景衍生出许多子客户旅程定义。客户体验管理部门很重要的职责之一，是识别能够提升客户体验的客户旅程，然后定义在 CIC+CEC 数字化平台上。

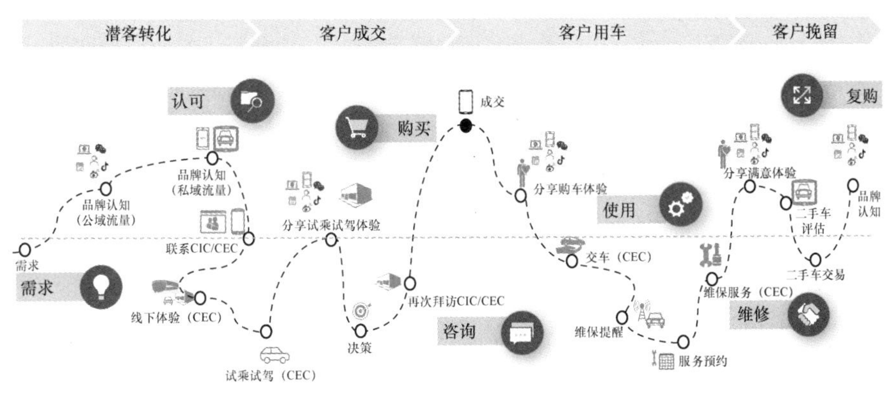

图 9-1 一个典型的整车销售的客户旅程

客户旅程定义的出发点是提升客户体验，从而达到产品销售的同时增进客户对品牌的认知、提高客户忠诚度。只是识别客户触点和业务场景是远远不够的，还需要从核心职能上设计应对的策略，以及设计 CIC+CEC 应该具备哪些能力去满足特定的业务场景。表 9-1 给出了 CIC+CEC 应该具备的能力（示例）。

表 9-1 CIC+CEC 直销模式能力

客户旅程阶段	客户旅程节点	CIC+CEC 核心职能定义	CIC+CEC 能力体现方式（示例）
潜客转化	需求——购车需求生成	获取线索、理解客户需求	线索热度提升小助手
潜客转化	认可——确定购车意向	激发客户对品牌的认可	线索转化小助手
客户成交	购买	线上下单和线下交车流程	提升客户体验

续表

客户旅程阶段	客户旅程节点	CIC+CEC 核心职能定义	CIC+CEC 能力体现方式（示例）
客户用车	咨询——用车知识咨询	用车知识库和按需推送用车知识	智能客服机器人
客户用车	使用——日常用车	• 增加用车体验 • 促进衍生产品销售	• 会员管理 • 场景式客户关怀（线上） • 场景式关联产品销售（线上）
客户用车	维修——维修 / 维保	线上下单和线下维修流程	提升客户体验
客户挽留	复购——二手车交易、新车购买	提升客户的复购概率（回头客 / 推荐购买）	• 会员管理 • 品牌忠诚度提升小助手（线上）

9.2.3.2 CIC+CEC 数字化平台全景图

CIC+CEC 直销模式需要一个强大的数字化平台作为支撑。图 9-2 所示为 CIC+CEC 数字化平台全景图。

部分客户旅程的核心功能点简要描述如下。

1. 客户旅程引擎

（1）客户画像。客户画像包括客户统一视图，有年龄、职业、家庭、爱好、车型、购车时间、会员等级等全方位的客户信息。

（2）分群标签。分群标签即客户标签。对不同类别的客户，可以采取差异化营销和服务策略。

（3）客户洞察分析。主要分为以下几个维度。

① 线索质量分析。

② 线索转化分析。

③ 客户行为分析。

④ 客户流失分析。

⑤ 客户特征分析。

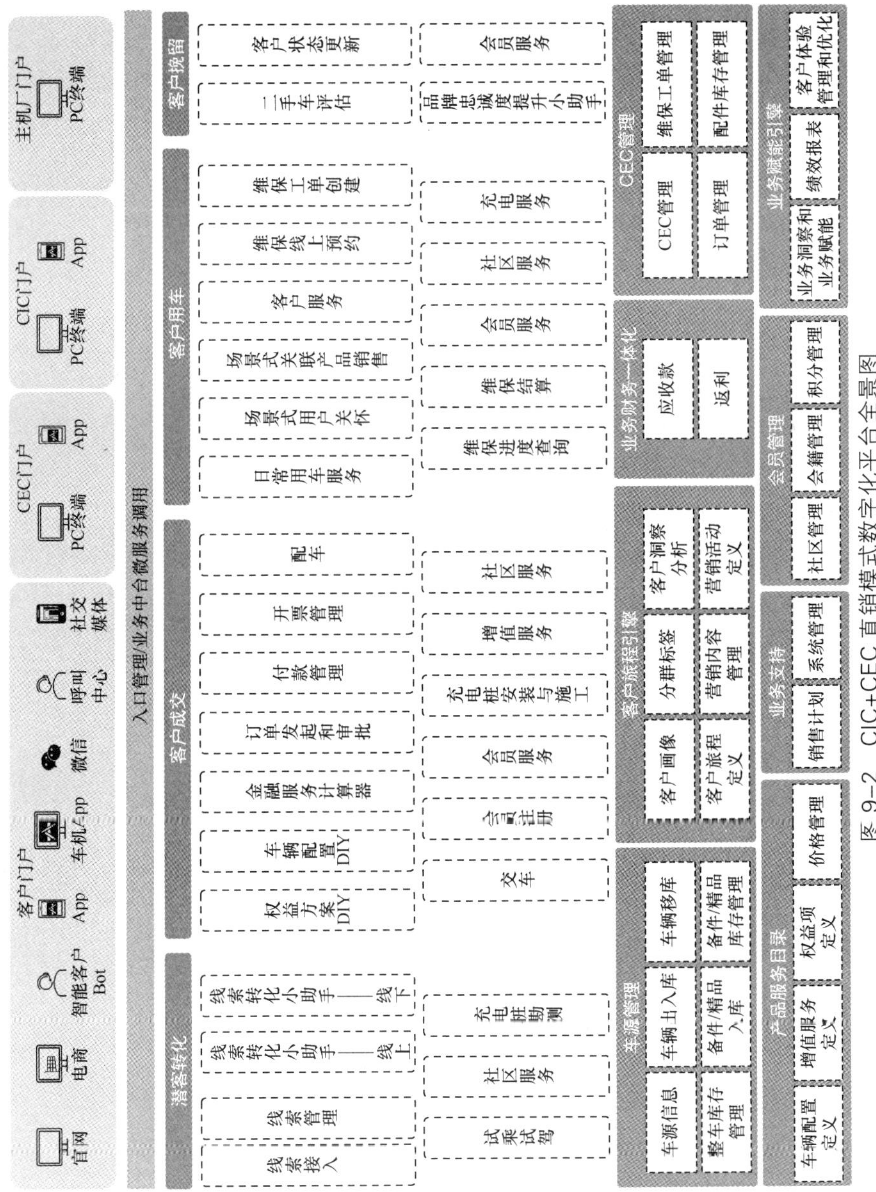

图 9-2　CIC+CEC 直销模式数字化平台全景图

（4）客户旅程定义。主要包括以下几方面的内容。

① 场景定义。

② 细分客户群筛选。

③ 内容投放定义。

④ 效果跟踪。

（5）营销内容管理。主要包含三个方面的内容。

① 内容标签管理。内容标签管理指根据外部热门话题、位置或关键营销内容等标签，展开相关内容的选题、策划。

② 内容投放管理。内容投放管理指内容投放机制的自动化执行。

③ 数字资产管理。数字资产管理指数字化内容资源的集中索引管理。

（6）营销活动定义。主要包含以下三方面。

① 为营销活动定义客户旅程。

② 细分客户群筛选。

③ 效果跟踪。

2. 客户体验管理和优化

（1）客户体验识别。客户体验识别包括客户体验主题识别、测评。

（2）体验分析报告。体验分析按细分客户群进行。

（3）体验提升识别。体验提升识别包括产品、服务改造机会识别。

3. 客户门户

客户门户是客户接收营销信息、服务的统一入口，为客户提供包括手机App、智能直连机器人、客服、微信公众号、电商等功能。

4. CIC 门户

CIC 门户是 CIC 管理 CIC+CEC 数字化平台的统一入口。

5. CEC 门户

CEC 门户是各个客户体验中心店使用 CIC+CEC 数字化平台的统一入口。

6. 主机厂门户

主机厂门户是主机厂面向 CIC+CEC 数字化平台进行车源管理的统一入口。

9.2.3.3　客户旅程业务场景（示例）

1. 场景 1：线索热度提升小助手——新内容发布

· 场景描述

目标客户群定位在潜客线索。当有新产品（新车型、新特性等）、新服务项目（有奖调查、新体验项目等）发布时，通过指定营销渠道（微信公众号、App、短信等）向特定潜在客户群推送信息，做到精准营销。

· 客户旅程设计

“新内容发布”客户旅程设计如图 9-3 所示。

· 客户旅程实例

“新内容发布”客户旅程实例如图 9-4 所示。

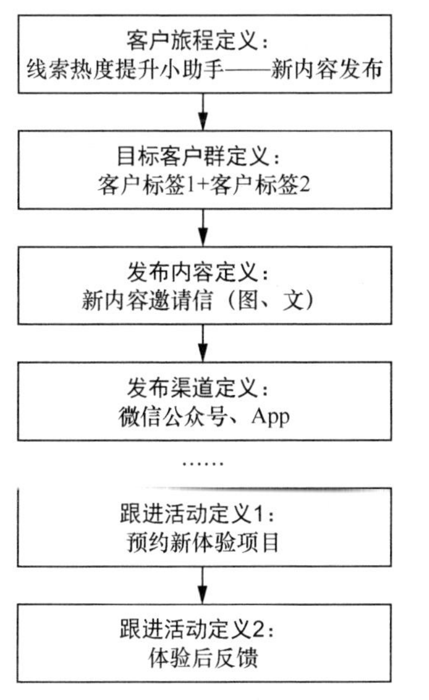

图 9-3　“新内容发布”客户旅程设计

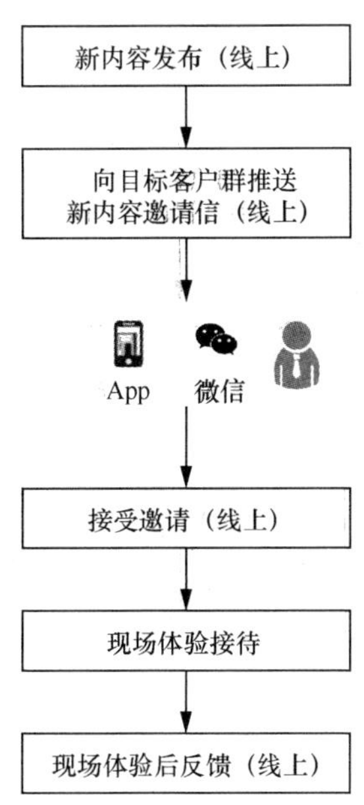

图 9-4　“新内容发布”客户旅程实例

2. 场景 2：线索转化小助手——价格促销 / 权益促销

· 场景描述

根据线索热度和潜客画像细分目标客户。

当有价格促销活动（如限时抢购），或者权益促销活动（如发放优购码、优惠券，赠送油卡等）发布时，通过指定营销渠道（微信公众号、App、短信等）向特定潜在客户群推送促销信息，做到精准营销。

- **客户旅程设计**

“价格促销 / 权益促销”客户旅程设计如图 9-5 所示。

- **客户旅程实例**

“价格促销 / 权益促销”客户旅程实例如图 9-6 所示。

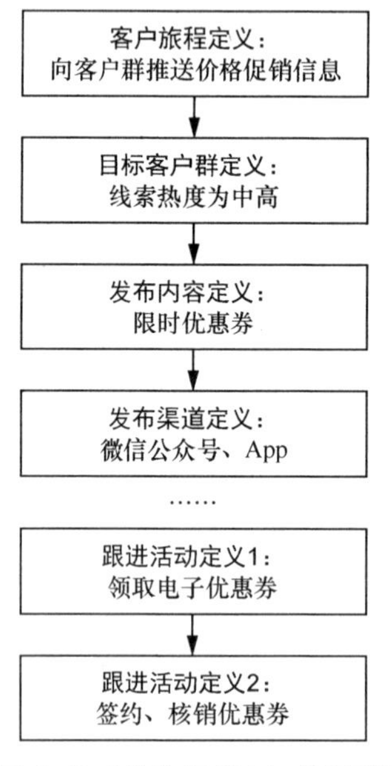

图 9-5 “价格促销 / 权益促销”客户旅程设计

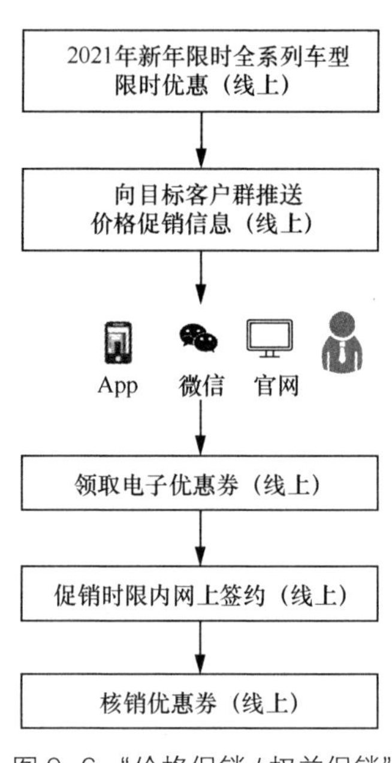

图 9-6 “价格促销 / 权益促销”客户旅程实例

3. 场景 3：节假日客户关怀

- **场景描述**

① 生日、结婚纪念日等节假日触发客户关怀（通过微信公众号、App、短信等）提醒。

② 提供免费检测车辆、优惠洗车、优惠修车、汽车知识讲堂等活动。

③ 提升品牌认可度和客户满意度。

- **客户旅程设计**

“节假日客户关怀”客户旅程设计如图 9-7 所示。

- **客户旅程实例**

“节假日客户关怀”客户旅程实例如图 9-8 所示。

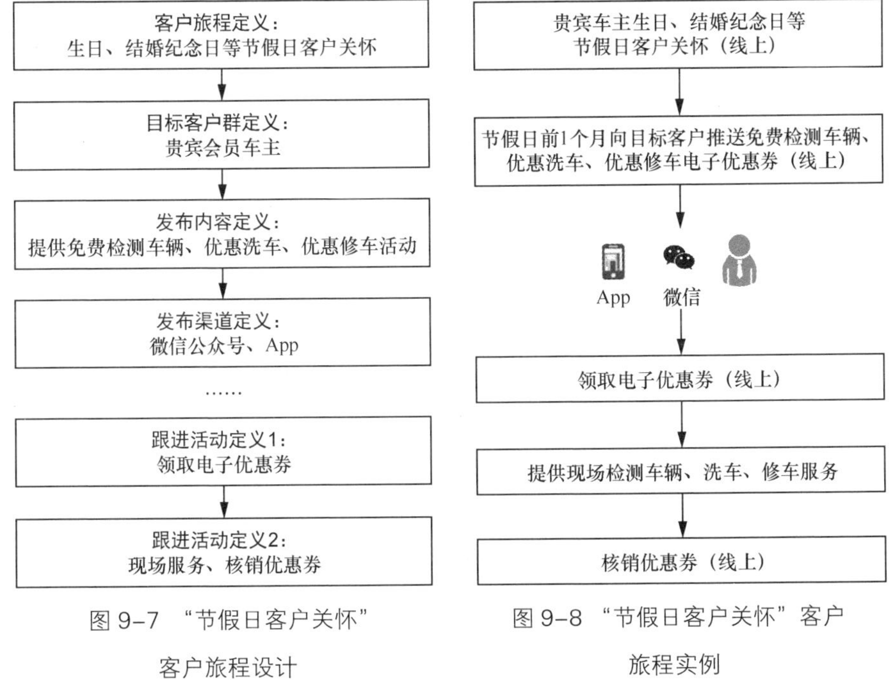

图 9-7　“节假日客户关怀”客户旅程设计

图 9-8　“节假日客户关怀”客户旅程实例

4. 场景 4：关联产品 / 服务销售：异地车险销售

· 场景描述

① 针对异地开车外出的客户，获取车辆位置信息（异地），推送异地车辆意外险，或者其他合作伙伴的产品 / 服务。

② 提升综合服务能力和品牌忠诚度。

· 客户旅程设计

“异地车险销售”客户旅程设计如图 9-9 所示。

· 客户旅程实例

“异地车险销售”客户旅程实例如图 9-10 所示。

5. 场景 5：品牌忠诚度提升小助手——车辆置换 / 重购

· 场景描述

① 根据客户画像（车辆购买时间、年龄、职业等）、车辆维护状态等细分客户群，推送车辆置换 / 重购促销信息。

② 获取车辆置换 / 重购线索，增加客户挽留概率。

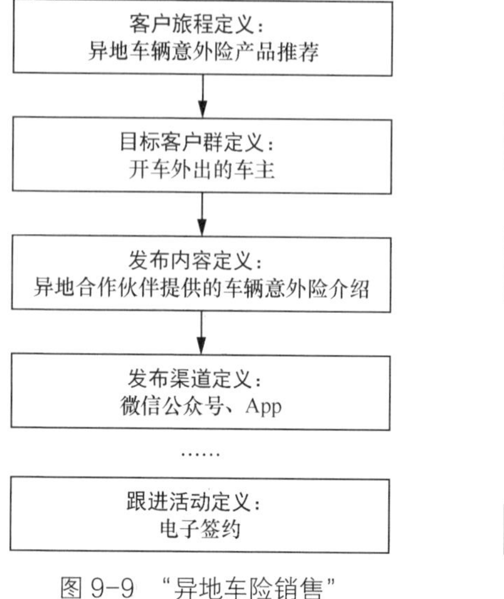

图 9-9 “异地车险销售”客户旅程设计

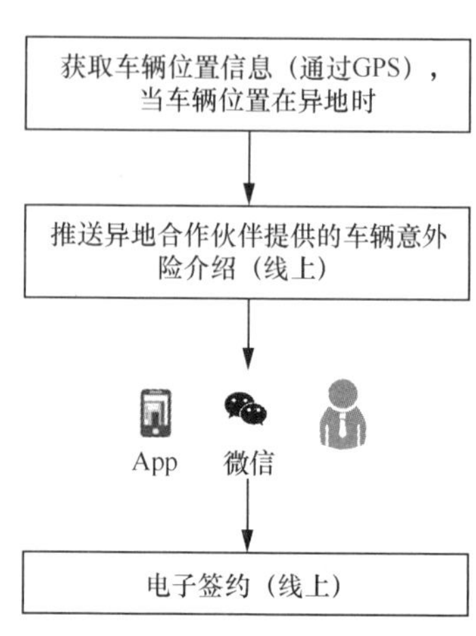

图 9-10 “异地车险销售”客户旅程实例

· **客户旅程设计**

“车辆置换 / 重购”客户旅程设计如图 9-11 所示。

· **客户旅程实例**

“车辆置换 / 重购”客户旅程实例如图 9-12 所示。

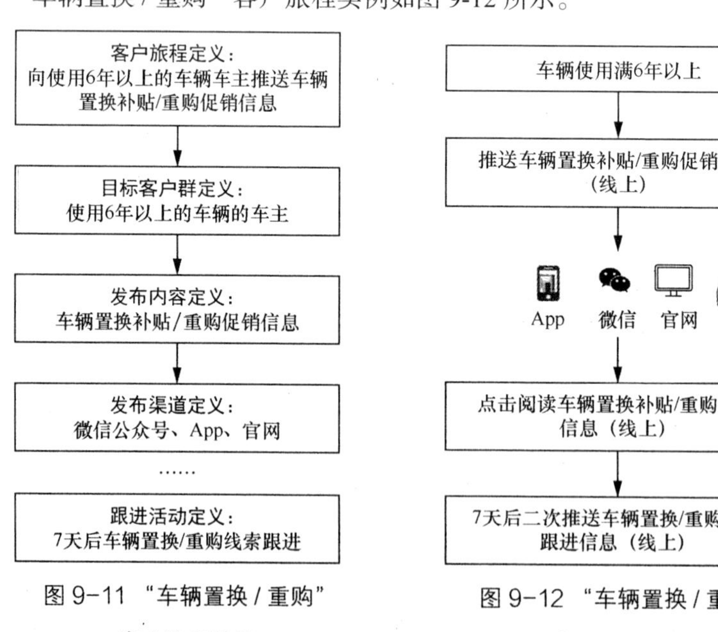

图 9-11 “车辆置换 / 重购”客户旅程设计

图 9-12 “车辆置换 / 重购”客户旅程实例

9.3 本章小结

本案例选取了 CIC+CEC 直销模式中常见的几个场景。在实践中随着业务的发展会有很多客户旅程业务场景，和上面的场景一样定义于客户旅程引擎。CIC+CEC 直销模式不仅是数字化平台的创新，而且是营销模式、管理模式的创新。把优化客户体验作为汽车营销和服务的精髓，通过数字化转型平台固化。

CIC+CEC 直销模式还提供了一套快速获取客户诉求、及时识别客户体验优化点、快速响应客户诉求的机制。未来，由于 CIC+CEC 直销模式掌握了第一手的人（客户）、车、场（场景）的动态信息，有机会扩展更多有针对性的客户服务场景，比如共享出行等延伸服务领域，逐渐打造不断创新的围绕人（客户）、车、场（场景）的生态链。

参考文献

[1] JACOBY J，ROBERT W C. Brand loyalty measurement and management [M]. New York：Wiley，1978：12-43.

[2] 迈克尔·波特. 竞争优势 [M]. 夏忠华，译. 北京：中国财政经济出版社，1988：12-32.

[3] AUGUSTINE A L. A Competency-based model of sustainable competitive advantage：toward a conceptual integration[J]. Strategic Management，1992（18）：77-91.

[4] DICK A S，BASU K. Customer loyalty：toward and integrated conceptual framework[J]. Journal of Academy of Marketing Science，1994(22)：99-113.

[5] TAN S D. IT management plateaus：an organizational architecture for IS[J]. Information Systems Management，1995（Winter）：44-53.

[6] 兰苓. 现代市场营销学 [M]. 北京：中国财政经济出版社，1996：59-63.

[7] 汪丁丁. 在经济学与哲学之间 [M]. 北京：中国社会科学出版社，1996：23-54.

[8] 赵振宇，徐用懋. 模糊理论和神经网络的基础与应用 [M]. 北京：清华大学出版社，1997：34-38.

[9] LEE M，CUNNINGHAM L F. Customer loyalty in the airline industry[J]. Transportation Quarterly1996（50）：57-72.

[10] STRUEBING L. Customer loyalty：playing for keeps[J]. Quality Progress，1996（29）：25-30.

[11] OLIVER R L. Satisfaction：a behavioral perspective on the customer[M]. New York：McGraw-Hill，1996.

[12] BEMOWSKI，KAREN. Americans' nostalgic affair with loyalty[J]. Quality Progress，1996（29）：33-36.

[13] 陈世福，陈兆乾. 人工智能与知识工程 [M]. 南京：南京大学出版社，1997：7-23.

[14] SULLIVAN H P. Profiting from intellectual capital：extracting value from innovation[M]. New York：John Wiley&Sons，1998.

[15] 吴季松. 21 世纪社会的新趋势：知识经济 [M]. 北京：北京科学技术出版社，1998.

[16] 彼得・圣吉. 第五项修炼：学习型组织的艺术与实务 [M]. 郭进隆，译. 上海：上海三联书店，1998：52-85.

[17] 张金成. 服务利润链及其管理 [J]. 南开管理评论，1999（1）：18-22.

[18] 屈云波，郑宏. 数据库营销 [M]. 北京：企业管理出版社，1999：29.

[19] 彼得・德鲁克. 知识管理 [M]. 杨开峰，译. 北京：中国人民大学出版社，1999：10-23.

[20] 菲利普・科特勒. 营销管理：分析、计划、执行和控制（第 8 版）[M]. 梅汝和，梅清豪，译. 上海：上海人民出版社，1999：54-62.

[21] 金占明. 战略管理：超竞争环境下的选择 [M]. 北京：清华大学出版社，1999：3-14.

[22] 陈劲，王如富. 知识经济与企业核心能力的培养 [J]. 中国软科学，1999（3）：77-79.

[23] BERSON A，SMITH J S. Data warehousing，data mining & OLAP[M]. New York：McGraw-Hill，1999.

[24] PEPPERS D，ROGERS M，DORF B. Is your company ready for one-on-one marketing[J]. Havard Business Review，1999（Jan-Feb）：151-160.

[25] KEENEY L R. Value of internet commerce to the customer[J].

Management Science，1999（45）：533-542.

[26] 马士华，林勇，陈志祥. 供应链管理 [M]. 北京：机械工业出版社，2000：14.

[27] 余光胜. 企业发展的知识分析 [M]. 上海：上海财经大学出版社，2000：24-54.

[28] 褚峻. 知识管理的资源性分析：基于企业微观层面 [J]. 图书情报知识，2000（2）：7-11.

[29] 许斗斗. 拓宽知识经济研究的视域 [J]. 理论经济学，2000（6）：23-25.

[30] 杨琴. CRM 营销时代 [J]. 中外管理，2000（8）：69-71.

[31] 高齐圣，张嗣瀛，潘德惠，刘晓华. 参数设计的模拟退火并行计算法 [J]，系统工程理论与实践. 2000（8）：41-44.

[32] 王众托. 信息化与管理变革 [M]. 大连：大连理工大学出版社，2000：1-7.

[33] 弗列德. 威尔斯马. 客户联盟 [M]. 杨继元，译. 北京：机械工业出版社，2000：31-43.

[34] 查尔斯·萨维奇. 第五代管理 [M]. 谢强华，译. 珠海：珠海出版社，2000：53-87.

[35] BERSON A，SMITH J S. Building data mining applications for CRM [M]. New York：McGraw-Hill，2000：74-89.

[36] WHITE J C. The IBM business intelligence software solution prepared for IBM[J]. DataBase Associates，2000（5）.

[37] NARARAJAN G. Knowledge management[M]，New York：McGraw-Hill，2000：32-35.

[38] KAMPAS J P. Road map to the E-revolution[J]. Information Systems Management，2000（2）：8-21.

[39] BLOSCH M. Customer knowledge[J]. Knowledge and Process Management，2000（7）.

[40] NARARAJAN G. Knowledge Management[M]. New York：McGraw-Hill，2000：11-32.

[41] 白长虹. 服务企业顾客感知价值模式研究 [D]. 天津：南开大学，2001.

[42] 王化成，刘俊勇，孙薇. 客户赢利性分析 - 支持客户满意战略的方法 [J]. 外国经济与管理，2001（3）: 17-21.

[43] 高隆昌，魏宇. 关系营销与企业竞争优势关系分析 [J]. 经管前沿，2001（1）: 21-24.

[44] 谢炜，徐晓飞，刘昊，李金龙. 商务智能：新一代决策支持领域 [J]. 计算机科学，2001（4）: 9-16.

[45] DUBOFF R，HEATON C. Employee loyalty：a key link to value growth[J]. IEEE Engineering Management Review，2000（28）: 41-44.

[46] 何磊，张德鹏. 以顾客忠诚确立竞争优势 [J]. 技术经济与管理研究，2001（4）: 49-50.

[47] 张珩，黄培清. 客户 - 供应商关系及其特性研究 [J]. 外国经济与管理，2001（3）: 22-25.

[48] 胡左浩，郑兆红. 顾客生涯价值概念及其对 CRM 的启示 [J]. 外国经济与管理，2001（4）: 43-48.

[49] 王子龙. 浅谈入世后我国商业银行与外资银行的竞争及对策 [J]. 北方经贸，2001（1）: 83-84.

[50] 王广宇. 客户关系管理（CRM）: 网络经济中的企业管理理论和应用解决方案 [M]. 北京：经济管理出版社，2001: 32-42.

[51] 成思危. 经济全球化与中国的应对 [J]. 中国软科学，2001（3）: 8-12.

[52] 杨林，黄立平. 面向 CRM 的综合决策支持系统研究 [J]. 物流技术，2001（2）: 28-30.

[53] BARNES G J. Secrets of customer relationship management：it's all about how you make them feel[M]. New York：McGraw-Hill Education，2001: 21-43.

[54] JIA W H，KAMBER M. Data mining：concepts and techniques[M]. San Francisco：Morgan Kaufmann，2001.

[55] GANE N. Customer loyalty and supplier quality competition[J].

Management Science，2002（48）.

[56] COPPOCK S D. Data mining and modeling : the many faces of customer lifetime value[J]. DM Review Online，2002（2）.

[57] 马翠华. 击中消费者：消费者心理及行为透视 [M]. 北京：中国纺织出版社，2002.

[58] 朱明. 基于知识管理的智能型贷款风险分类研究 [D]. 东华大学，2002：25-27.

[59] 白长虹，范秀成，甘源. 基于顾客感知价值的服务企业品牌管理 [J]. 外国经济与管理，2002（2）：7-13.

[60] 覃蓉芳，万宇，武振业. 浅谈以顾客价值为中心的企业战略模式 [J]. 软科学，2002（2）：36-40.

[61] 杰姆·巴诺斯. 客户关系管理成功奥秘 [M]. 刘祥亚，译. 北京：机械工业出版社，2002：54-64.

[62] 齐佳音，李怀祖. 客户关系管理（CRM）的体系框架分析 [J]. 工业工程，2002（5）：42-45.

[63] 杨林. 正确理解商业智能 [J]. 信息与电脑，2002（7）：35-38.

[64] AMEEN N，TARHINI A，REPPEL A，ANAND A. Customer experiences in the age of artificial intelligence[J]. Computers in Human Behavior，2020（9）.

[65] RODGERS W，YEUNG F，ODINDO C，DEGBEY Y W. Artificial intelligence-driven music biometrics influencing customers'retail buying behavior[J]. Journal of Business Research，2021（3）：401-414.

附录 A

基于客户价值的客户分类影响指标量化标准

附表 A-1　法人因素 – 基本情况（指标 1）量化标准

指标特征描述	量化取值
无主业、产权结构混乱	1
有主业，但不清晰	3
有主业，但无知名品牌	5
有知名品牌	7
有多个知名品牌	9

附表 A-2　法人因素 – 资信状况 – 违约记录（指标 2）量化标准

指标特征描述	量化取值
2 次或以上	1
1 次	3
无	5
获得资信证书	7
获得级别较高的资信证书	9

附表 A-3 法人因素 - 资信状况 - 经济纠纷（指标 3）量化标准

指标特征描述	量化取值
2起或以上	1
1起	3
无	5
在同业中口碑较好	7
公认的资信优良单位	9

附表 A-4 法人因素 - 经营管理 - 领导班子素质和经验（指标 4）量化标准

指标特征描述	量化取值
素质低，经验欠缺	1
素质不高，经验少	3
素质、经验一般	5
素质较高，经验较丰富	7
素质高，经验丰富	9

附表 A-5 法人因素 - 经营管理 - 经营机制（指标 5）量化标准

指标特征描述	量化取值
僵化、落后	1
不适应市场，较落后	3
一般	5
较灵活	7
灵活，市场反应能力强	9

附表 A-6 法人因素 - 经营管理 - 管理体系（指标 6）量化标准

指标特征描述	量化取值
制度不健全、管理混乱	1
不太合理	3
一般	5
较合理	7
合理、先进	9

附表 A-7　法人因素 – 经营管理 – 其他（指标 7）量化标准

指标特征描述	量化取值
团体不稳定，质量、成本控制差	1
团队不稳定，质量、成本控制不太好	3
一般	5
团队稳定，质量、成本控制较好	7
团队稳定，质量、成本控制好	9

附表 A-8　市场因素 – 产品竞争力 – 竞争范围等（指标 10）量化标准

指标特征描述	量化取值
国际竞争；国内高价且价格波动幅度在 100% 以上；技术水平一般；无销售网络；产品处于衰退期	1
部分国际竞争；价格高于国内平均水平 10%；价格波动幅度超过 50%	3
国内竞争；价格在国内平均水平 10% 以下；波动幅度在 30% ~ 60%；处于国内较先进水平，产品处于成熟期	5
地域竞争；价格低于国内平均水平 10%；波动幅度在 30% 以下；处于国际平均水平；在国内有较大销售网络	7
地区竞争；国内外最低价格且波动幅度小；国际先进水平；在国内外有销售网络；产品处于成长期	9

附表 A-9　市场因素 – 相关因素 – 国家政策、科技进步的影响（指标 14）量化标准

指标特征描述	量化取值
无政策支持或有限支持；科技进步对产品的需求、价格变动负面影响大	1
科技进步对产品的需求、价格变动影响一般	3
政策规定将淘汰替代品	5
有扶植政策	7

附表 A-10　财务因素 - 指标 15 ~指标 22 计算方法

序号	指标	计算方法	说明
指标 15	净资产收益率	净利润 ÷ 净资产额 ×100%	
指标 16	销售利润率	销售利润 ÷ 销售收入净额 ×100%	销售利润 = 销售收入净额 - 销售成本 - 销售费用 - 税金及附加
指标 17	应收账款周转率	赊销收入净额 ÷ 应收账款平均余额 ×100%	应收账款平均余额 =（期初应收账余额 + 期末应收账款余额）÷2
指标 18	存货周转率	销货成本 ÷ 平均存货余额 ×100%	平均存货余额 =（期初存货余额 + 期末存货余额）÷2
指标 19	资产负债率	负债总额 ÷ 资产总额 ×100%	该指标表示企业资产对债权人权益的保障程度。比率越低，表明债权的保障程度越高，风险也越小
指标 20	速动比率	速动比率 ÷ 流动负债 ×100%	速动资产 = 流动资产 - 存货 - 预付账款 - 待摊费用
指标 21	利息保障倍数	（税前利润 + 利息费用）÷ 利息费用 ×100%	该比率越高，表明企业支付利息费的能力越强。其中，利息费用包括流动负债利息费用、长期负债中计入损益的利息费用和计入固定资产原价的利息费用，以及长期租赁费用等
指标 22	销售收入增长率	（当前销售收入 - 上期销售收入）÷ 上期销售收入 ×100%	

样本集

注：序号 =1~30 是学习样本集，序号 =31~40 是训练样本集。

序号	指标 1	指标 2	指标 3	指标 4	指标 5	指标 6	指标 7	指标 8	指标 9	指标 10	指标 11	指标 12
1	5	3	7	9	5	3	7	0.88	−0.044	1	0.776	0.122
2	3	7	5	7	9	5	7	0.811	0.062 1	5	0.6	0.063
3	3	3	1	3	5	3	7	0.662	−0.012	5	0.732	0.091 2
4	3	5	3	1	5	3	3	0.575	−0.01	5	0.564	0.062
5	5	7	5	3	5	5	5	0.453	0.073	5	0.821	0.108
6	3	1	3	5	3	3	3	0.543	−0.001	1	0.435 6	0.047 6
7	1	5	3	5	3	5	5	0.61	0.000 4	3	0.521	0.023 1

续表

序号	指标 1	指标 2	指标 3	指标 4	指标 5	指标 6	指标 7	指标 8	指标 9	指标 10	指标 11	指标 12
8	3	3	5	7	5	7	5	0.765	0.067 5	7	0.877	0.132
9	5	5	3	5	7	7	5	0.78	0.096	7	0.89	0.15
10	5	5	3	7	5	5	7	0.854	0.076	7	0.753	0.098
11	3	1	3	5	3	5	3	0.765	0.064 4	3	0.543	0.043 2
12	5	5	3	7	5	5	3	0.875	0.075	5	0.73	0.065
13	3	3	5	5	3	5	3	0.57	0.045	5	0.546	0.045 8
14	7	5	1	3	5	3	5	0.84	0.053	5	0.63	0.032
15	5	3	3	3	5	5	5	0.63	0.062	5	0.721 3	0.073
16	3	5	5	5	3	7	3	0.342	0.035 4	5	0.463 3	0.122 3
17	7	5	5	7	7	7	7	0.966	0.128 6	5	0.923 2	0.254
18	3	5	3	3	5	3	5	0.543	0.062 3	5	0.672 3	0.052 3
19	3	5	3	3	3	5	5	0.244	0.042 2	3	0.821 1	0.163 3
20	1	5	5	5	3	3	3	0.177	0.222	5	0.223	0.166
21	3	5	5	5	7	3	3	0.677	0.244	5	0.555	0.24
22	5	7	5	3	5	3	7	0.773	0.5	5	0.245	0.35
23	3	3	3	5	5	3	3	0.235 5	0.255	3	0.325	0.042 4
24	5	3	5	3	5	3	7	0.645	0.223	3	0.63	0.354 5
25	3	5	5	3	3	3	3	0.245	1.66	3	0.51	0.277
26	5	3	1	1	3	3	3	0.42	0.22	5	0.664	0.11
27	3	7	7	5	5	5	5	0.77	0.5	5	0.333	0.113

续表

序号	指标 1	指标 2	指标 3	指标 4	指标 5	指标 6	指标 7	指标 8	指标 9	指标 10	指标 11	指标 12
28	7	5	5	7	7	5	3	0.954	1.364	7	0.876	0.424 5
29	3	5	7	5	5	5	5	0.833	1.233	5	0.533	0.203 5
30	1	5	3	1	3	3	1	0.134 3	0.033 2	1	0.436 5	0.023 7
31	3	3	3	5	3	5	3	0.323	1.346	3	0.356	0.255
32	3	3	1	3	1	1	3	0.253	0.23	1	0.44	0.266
33	1	3	5	3	1	5	3	0.102 4	0.42	3	0.114	0.023 4
34	1	3	3	3	3	5	5	0.203 3	0.254	1	0.25	0.046
35	5	3	5	5	5	3	5	0.422 3	0.155	5	0.523	0.36
36	5	3	3	5	3	3	3	0.343	0.001 2	1	0.456 5	0.023 7
37	7	5	5	5	7	5	7	0.92	1.464	7	0.834 6	0.453 5
38	5	5	5	5	7	3	5	0.728	0.064 6	5	0.639	0.255
39	5	5	5	5	5	7	7	0.234	0.23	5	0.135 4	0.52
40	3	5	3	5	5	7	5	0.638	0.109 6	5	0.835	0.235
序号	指标 13	指标 14	指标 15	指标 16	指标 17	指标 18	指标 19	指标 20	指标 21	指标 22	指标 23	评价
1	0.023	7	0.043	0.23	0.077	0.071	0.643	1.5	2.32	0.101	0.063 2	一般
2	0.163	5	0.057	0.187 7	0.102	0.065 4	0.54	1.64	2.11	0.164	0.167 5	高
3	0.083	5	0.023 1	0.073 3	0.12	0.07	0.622	1.43	1.47	0.133	0.047 6	低
4	0.095	3	0.011 2	0.067 5	0.075 3	0.071 1	0.74	0.86	1.63	0.103 2	0.102	低
5	0.13	7	0.034	0.094 5	0.154	0.084	0.5	1.76	2.64	0.165	0.21	高
6	0.187	3	0.008 5	0.074 4	0.043 2	0.046	0.9	0.543	1.456	0.076 5	−0.003	非常低

续表

序号	指标 13	指标 14	指标 15	指标 16	指标 17	指标 18	指标 19	指标 20	指标 21	指标 22	指标 23	评价
7	0.345	3	0.001 2	0.054 3	0.061	0.073	0.9	0.74	1.23	0.074 3	0.086	低
8	0.043 2	7	0.065 4	0.132	0.176 6	0.085 3	0.543	1.876	2.654	0.187	0.176 5	高
9	0.047	7	0.064	0.154	0.163	0.082 3	0.54	1.65	2.64	0.206	0.23	高
10	0.095	7	0.065	0.097	0.184 2	0.074 3	0.564	1.755	2.043	0.184	0.126	高
11	0.102 3	3	0.008 4	0.063	0.047	0.07	0.5	0.734	0.94	0.19	0.143	低
12	0.053	7	0.054 2	0.094	0.153	0.078 3	0.58	1.043	1.321	0.143	0.134	一般
13	0.05	3	0.008 4	0.068 4	0.082 3	0.035	0.73	0.832	1.324	0.095	0.203 2	低
14	0.104 2	5	0.062	0.172	0.093	0.043	0.49	1.38	1.74	0.405	0.32	一般
15	0.275 6	5	0.082	0.217	0.128	0.063 2	0.843 2	0.647	1.456 3	0.452 7	0.088 6	一般
16	0.145 4	5	0.021 1	0.325 5	0.083 3	0.014 5	0.632	1.255 5	2.244 3	0.263 2	0.073 3	一般
17	0.043 2	5	0.054 4	0.21	0.176 3	0.086 2	0.61	2.422	4.22	0.242 1	0.352	非常高
18	0.052 3	5	0.034 3	0.432 3	0.412	0.042 3	0.345 5	0.623 6	1.434	0.254 5	0.042	一般
19	0.102 3	5	0.062 3	0.255	0.422 5	0.033 4	0.155 5	1.63	1.011	0.24	0.032	低
20	0.176	5	0.033	0.266 6	0.042 3	0.053	0.14	1.766	2.12	0.266	0.266	一般
21	0.166	3	0.062	0.5	0.24	0.053	0.42	0.622	1.666	0.322	0.43	一般
22	0.425	5	0.032 3	0.243	0.255	0.042 2	0.324	0.576	1.66	0.023	0.156	一般
23	0.253 4	3	0.056 6	0.32	0.15	0.052 3	0.63	0.24	1.244	0.063	0.255	低
24	0.245	5	0.042 3	0.234 5	0.24	0.053 6	0.211	0.36	2.5	0.266 6	0.256 5	一般
25	0.111	5	0.025	0.121	0.055	0.071 1	0.63	0.88	1.77	0.366	0.31	一般
26	0.342	5	0.055	0.25	0.367	0.053 3	0.266	0.56	1.29	0.132 3	0.066 4	低

续表

序号	指标 13	指标 14	指标 15	指标 16	指标 17	指标 18	指标 19	指标 20	指标 21	指标 22	指标 23	评价
27	0.34	5	0.023	0.356	0.46	0.022	0.211 1	1.32	1.76	0.356	0.277	一般
28	0.064	7	0.067	0.364 5	0.153	0.093 3	0.532	3.11	4.522 3	0.411 2	0.335	非常高
29	0.064 3	7	0.021 1	0.414	0.064	0.047	0.135	2.54	1.209	0.255 6	0.015 3	一般
30	0.217	1	0.039 5	0.184 4	0.033 2	0.012 5	0.236 9	0.684 3	1.445 6	0.208 7	−0.002	非常低
31	0.367	3	0.026	0.436 6	0.325	0.056 5	0.235 6	1.225	0.226	0.462	0.054	低
32	0.023	3	0.035	0.221	0.015	0.055	0.26	1.66	0.103 3	0.42	0.013 4	低
33	0.032	1	0.042	0.104 4	0.055 3	0.064	0.24	0.563	1.53	0.255	0.046	低
34	0.253	3	0.052	0.143	0.254	0.036 5	0.153 4	0.654	0.643	0.245	0.034 2	低
35	0.522	5	0.043 5	0.245 5	0.325 5	0.042 3	0.36	1.43	1.225 4	0.34	0.042	一般
36	0.211 7	3	0.009 5	0.084 4	0.083 2	0.056	0.769	2.584 3	1.455 6	0.087 5	−0.001	非常低
37	0.426 4	7	0.065 2	0.384 5	0.435 3	0.089 3	0.132	3.231	4.632 2	0.423 1	0.364 5	非常高
38	0.244 7	7	0.033 4	0.254	0.121 3	0.052 3	0.145 4	2.435	2.054	0.340 5	0.23	高
39	0.356	7	0.067 4	0.346	0.223	0.053 4	0.464	1.356	0.254	0.452 2	0.035	一般
40	0.234 7	7	0.063 4	0.354	0.143	0.045 2	0.24	2.225	2.424	0.406	0.322 3	高

分类模式

W1（隐含层→输入层）

	指标 1	指标 2	指标 3	指标 4	指标 5	指标 6	指标 7	指标 8	指标 9	指标 10	指标 11	指标 12	指标 13	指标 14	指标 15	指标 16	指标 17	指标 18	指标 19	指标 20	指标 21	指标 22	指标 23	b
h_1	0.014 447	0.006 269	0.006 877	0.010 573	0.013 338	0.014 365	0.013 490	0.010 356	0.010 443	0.012 501	0.005 161	0.014 877	0.003 243	0.020 262	0.014 170	0.005 706	0.004 749	0.009 043	0.004 321	0.014 082	0.009 388	0.010 666	0.013 026	0.003 516
h_2	0.047 939	0.043 819	0.036 233	0.027 190	0.058 516	0.044 186	0.040 497	0.039 699	0.026 283	0.052 686	0.028 647	0.033 881	−0.017 993	0.073 747	0.050 480	0.031 675	0.014 817	0.032 701	−0.030 799	0.053 723	0.046 215	0.036 922	0.046 530	−0.005 483
h_3	0.013 181	0.015 055	0.004 848	0.011 260	0.014 184	0.009 769	0.006 964	0.010 621	0.003 377	0.013 119	0.005 016	0.009 290	0.004 079	0.013 836	0.007 861	0.012 216	0.003 333	0.011 620	−0.002 271	0.012 880	0.009 738	0.011 418	0.014 162	0.002 619
h_4	−0.010 464	−0.007 440	−0.006 291	−0.003 621	−0.013 321	−0.010 715	−0.011 772	−0.012 446	−0.003 303	−0.011 377	−0.002 469	−0.002 121	0.010 690	−0.022 083	−0.008 110	0.000 040	0.004 602	0.000 397	0.020 538	−0.009 877	−0.012 876	−0.009 862	−0.011 192	0.007 346
h_5	0.000 676	0.001 141	0.004 586	0.005 050	−0.001 825	0.003 633	0.005 530	0.005 021	−0.000 994	−0.001 518	−0.000 563	0.001 146	0.005 468	−0.006 125	−0.000 780	0.001 833	0.000 062	0.001 480	0.008 641	0.004 765	0.003 008	0.004 347	−0.003 084	0.001 829
h_6	−0.005 939	−0.007 828	0.000 54[illegible]	0.002 582	−0.002 517	−0.000 619	−0.008 042	0.000 379	−0.002 805	−0.008 485	0.001 567	−0.000 785	0.006 602	−0.012 804	−0.006 015	−0.000 060	−0.000 563	0.001 112	0.008 380	−0.004 975	−0.005 985	−0.000 160	−0.004 378	0.006 192
h_7	0.026 454	0.024 216	0.023 21[illegible]	0.012 506	0.027 981	0.024 853	0.018 494	0.024 568	0.015 650	0.029 354	0.022 804	0.017 263	−0.010 661	0.040 034	0.027 674	0.014 277	0.013 980	0.014 706	−0.006 236	0.023 480	0.027 184	0.019 750	0.022 362	0.004 111
h_8	0.041 561	0.033 562	0.024 487	0.029 285	0.042 981	0.039 231	0.030 681	0.039 362	0.020 170	0.035 247	0.027 971	0.032 518	−0.016 524	0.056 347	0.040 866	0.026 073	0.012 197	0.027 729	−0.013 962	0.038 590	0.033 831	0.030 092	0.039 577	−0.000 775
h_9	0.035 866	0.038 913	0.030 559	0.022 097	0.047 864	0.044 675	0.035 263	0.038 427	0.018 779	0.041 371	0.032 974	0.028 314	−0.010 395	0.062 099	0.044 267	0.028 284	0.017 066	0.030 569	−0.021 010	0.043 288	0.040 955	0.027 438	0.037 618	−0.002 735
h_{10}	0.043 881	0.041 704	0.035 058	0.029 966	0.049 931	0.042 792	0.041 308	0.041 153	0.019 250	0.041 958	0.027 185	0.039 187	−0.020 793	0.073 505	0.043 179	0.029 596	0.013 026	0.025 265	−0.025 406	0.044 459	0.042 768	0.035 490	0.038 802	−0.004 385
h_{11}	0.011 810	0.005 275	0.010 584	0.011 487	0.007 408	0.014 634	0.006 585	0.007 667	0.007 074	0.008 571	0.013 225	0.011 987	0.001 957	0.009 453	0.010 129	0.009 684	0.011 099	0.006 106	0.004 424	0.015 108	0.008 353	0.004 033	0.008 118	0.008 640
h_{12}	0.034 982	0.023 678	0.026 832	0.025 108	0.035 083	0.028 850	0.025 805	0.032 980	0.016 155	0.036 235	0.019 379	0.025 022	−0.013 426	0.043 213	0.029 481	0.020 547	0.017 849	0.023 983	−0.013 148	0.034 086	0.026 298	0.019 646	0.027 906	0.005 264
h_{13}	0.051 346	0.041 302	0.035 246	0.032 286	0.057 812	0.051 650	0.041 687	0.050 496	0.020 846	0.055 178	0.040 502	0.042 123	−0.024 265	0.085 580	0.058 119	0.032 244	0.018 668	0.031 588	−0.034 559	0.058 272	0.045 966	0.036 629	0.047 818	−0.001 444
h_{14}	0.015 393	0.006 763	0.013 383	0.013 297	0.014 914	0.012 801	0.007 793	0.008 536	0.012 141	0.007 329	0.009 044	0.007 636	0.001 886	0.020 724	0.008 572	0.010 768	0.009 689	0.010 446	0.001 023	0.013 101	0.011 358	0.010 754	0.010 595	0.007 659
h_{15}	0.046 934	0.043 190	0.032 969	0.023 160	0.049 009	0.048 261	0.041 703	0.044 099	0.023 536	0.047 006	0.029 952	0.033 532	−0.021 533	0.069 615	0.049 261	0.022 168	0.018 414	0.029 533	−0.019 589	0.045 854	0.042 650	0.028 415	0.044 592	−0.000 634

续表

	指标1	指标2	指标3	指标4	指标5	指标6	指标7	指标8	指标9	指标10	指标11	指标12
h_{16}	0.034 801	0.037 146	0.027 567	0.024 353	0.040 790	0.038 413	0.028 439	0.035 993	0.018 098	0.038 940	0.030 250	0.030 806
h_{17}	−0.003 458	−0.000 828	−0.000 234	0.001 394	−0.003 917	−0.003 076	0.000 669	0.002 672	0.001 374	0.004 466	−0.002 382	0.003 026
h_{18}	0.028 704	0.022 986	0.021 454	0.014 520	0.031 243	0.032 398	0.021 779	0.030 035	0.01[illegible] 223	0.025 602	0.023 777	0.018 200
h_{19}	−0.004 619	−0.004 057	0.002 638	0.002 828	0.001 960	0.002 826	0.003 540	0.003 771	−0.0[illegible]1 703	0.001 753	0.003 966	−0.000 988
h_{20}	0.034 596	0.029 362	0.026 454	0.024 903	0.031 372	0.027 788	0.031 792	0.028 556	0.01[illegible] 139	0.036 547	0.027 487	0.029 586

	指标13	指标14	指标15	指标16	指标17	指标18	指标19	指标20	指标21	指标22	指标23	b
h_{16}	−0.017 771	0.059 450	0.038 080	0.018 828	0.014 756	0.022 981	−0.014 32[illegible]	0.041 256	0.036 345	0.023 084	0.035 031	0.004 073
h_{17}	0.005 929	0.003 059	−0.003 283	0.003 234	0.003 294	−0.000 454	0.006 36[illegible]	−0.002 961	0.002 946	0.000 412	−0.002 037	0.006 493
h_{18}	−0.008 079	0.037 388	0.031 450	0.020 303	0.016 596	0.016 453	−0.008 6[illegible]	0.027 074	0.026 185	0.017 327	0.023 956	0.004 478
h_{19}	0.008 760	−0.005 859	−0.001 042	0.004 762	0.007 522	0.002 245	0.005 92[illegible]	0.003 928	−0.003 548	0.000 278	−0.003 060	0.007 812
h_{20}	−0.008 637	0.042 708	0.037 631	0.018 546	0.012 396	0.026 070	−0.018 1[illegible]7	0.035 325	0.024 089	0.018 281	0.031 827	0.005 676

W2（输出层→隐含层）

	h_1	h_2	h_3	h_4	h_5	h_6	h_7	h_8	h_9	h_{10}	h_{11}
结果	−0.010 138	0.142 616	−0.014 434	−0.106 03[illegible]	−0.058 793	−0.080 122	0.045 590	0.099 767	0.111 153	0.126 687	−0.021 138

	h_{12}	h_{13}	h_{14}	h_{15}	h_{16}	h_1	h_{18}	h_{19}	h_{20}	b
结果	0.068 437	0.161 556	−0.011 521	0.129 107	0.095 477	−[illegible]062 377	0.052 358	−0.061 855	0.072 999	−0.313 249

注：1. 模式参数：网络结构 23-20-1；学习速率 η=0.15；动量系数 a=0.075；

2. 训练误差 error=0.0014；

3. 在进行分类操作前，样本进行了归一化处理。用 max_min.dat 记录样本的特征信息，将分类结果结合样本的特征信息进行归一的逆操作，与分类目标集映射后输出分类结果。

总结与展望

2020年是让所有人铭记的一年，人们的生活、工作方式由线下转向了线上。包括笔者辅导过的几家企业在内，很多企业得益于数字化转型，客户营销和服务工作可以远程通过手机端居家如常进行。希望本书对客户营销和服务数字化转型领域，以及其背后的客户智能理论、实践有所贡献。

1. 总结

总结起来，本书的研究主要在以下方面实现了创新。

（1）从广义和狭义两个角度定义了客户智能，并对狭义的客户智能进行了详细研究；认为客户智能是基于客户知识的，其本质是创新、使用客户知识创造客户价值。本书认为，客户价值概念的深入研究和应用必将带来市场营销领域的一次飞跃，基于客户价值的企业管理和市场营销理论应该引起研究人员的关注；本书提出了基于狭义定义的客户智能体系，认为新时代面向客户的决策需要以一个新的战略思想为指导——客户发展战略。客户发展战略是对企业战略非常有影响力的竞争战略。

（2）本书认为应该加强与客户相关理论的研究，尤其关注在客户资源有限而竞争加剧的情况下如何提高客户忠诚度。在本书中，以上理论被归为客户智能理论基础的范畴。本书扩展了Reichheld的客户LTV（生命周期价值）的概念，在此基础上进行了基于客户价值的客户忠诚建模，突破了定性研究客户忠诚的局限性。该模型对提高客户忠诚度和其他基于客户价值的企业建模具有借鉴意义。

（3）在客户智能系统（CIS）研究部分，本书探讨了基于商业对象的客户智能系统实现。本书强调了统一的客户视图在客户智能中的重要地位，探讨了客户画像的内容和实现形式；对客户知识的分类和如何通过客户知识发现过程发掘客户知识进行了定义和研究。本书分析了 CRM 理论研究和应用存在的局限性，针对性地完成了 I-CRM 建模。

（4）本书以某商业银行的客户分类为例介绍了实现客户知识发现类型的客户智能的一般过程，可作为实现其他类别客户智能的参考。另外分享了在银行、零售、汽车销售等行业的 4 个案例，分别介绍客户智能如何助力智能获客、精准营销、精准财富规划、精致客户体验等业务场景。成功应用客户智能的案例还有很多，相信随着客户营销和服务数字化转型的不断普及，有机会在后续的介绍中呈现更多典型的客户智能案例。

2. 展望

当然，由于客户智能体系是一个多学科、多理论交叉的理论和应用体系，仅通过本书的论述很难面面俱到。应该承认，有些研究的深度还不够，本书的研究不可避免地存在一些不足的地方。本书主要存在以下不足，改进这些不足是笔者以及关注客户智能的研究人员努力的方向。

（1）客户价值是客户智能理论基础研究的基础。由于研究的需要，本书基于客户价值的客户忠诚进行了详细的建模。但是，客户智能理论基础涉及的内容很多，基于客户价值的客户理论研究却几乎是空白。这主要是因为该领域的研究人员对客户价值的重要程度认识不够以及认识上存在偏差。所以，一方面应该加强客户价值研究，另一方面必须加强基于客户价值的客户理论建模研究。

（2）有许多研究客户满意的公认的成果，包括度量客户满意的指标——客户满意度。本书虽然进行了客户忠诚的研究，但是缺少对客户忠诚的测评，有必要提出和研究客户忠诚度这一度量指标。初步认为，客户忠诚测评方法大致可为两类：一类是直接测评，利用已知的客户满意度、市场份额等指标，以及它们与客户忠诚之间的逻辑关系（Christopher D. Jeffery, 1999）进行测评；另一类是间接测评，就像客户满意度的测评方法一样，通过发现影响客户忠诚度的因素和计算相应的分配权值进行测评。

（3）客户知识的种类很多，本书仅就分类客户知识的实现过程进行了研究。好在许多研究人员已经或正在致力于知识发现所有知识类型的实现研究，所以其他客户知识类型的实现可以借鉴类似的研究成果。

（4）在实践中人们对客户知识的展现形式很关注。本书采用 BP 神经分类网络实现了分类客户知识，分类客户知识的展现是通过 BP 神经网络分类模式来完成的，未能突破 BP 神经分类网络知识表示的不足，使分类客户知识内在的逻辑关系不能友好地展示在用户面前，在一定程度上会影响该算法的普及。有必要加强 BP 神经分类网络知识表示方法的研究。

（5）当前 CRM 应用已经呈现面向行业的趋势。本书中的 I-CRM 是一个相对通用的理论和应用架构，没有深入某一个具体行业的具体方案。如果有可能，下一步会致力于面向特定行业的 I-CRM 建模。

最后，感谢本书提到的企业对本书的大力支持，以及项目团队的大力支持。在编写过程中，上海大学的孙颖博士提供了很多帮助，在此表示感谢。在编写过程中参考的重要书籍、资料等已在参考文献中列出，在此一并向这些文献的作者表示感谢。

笔者个人水平有限，书中难免存在不足。请各位读者不吝赐教，笔者将悉心接受，我们共同提高，谢谢。

杨林

2021 年 5 月